Primeros pasos en SAP® PP (Planificación de la producción) con S/4HANA®

José Miguel Hernández Jaramillo

¡Gracias por comprar este libro de Espresso Tutorials!

Al igual que una taza de café expreso, los libros de SAP de Espresso Tutorials son concisos y eficaces. Sabemos que su tiempo es valioso, así que presentamos la información de una manera breve y directa para que nuestros lectores adquieran los conceptos relacionados con SAP en un corto período de tiempo. Nuestros libros gozan de un alto grado de reconocimiento por parte de la industria al proporcionar instrucciones y vídeos que muestran paso a paso a modo de tutorial cómo trabajar con SAP de manera eficiente.

Eche un vistazo a nuestro canal de YouTube y vea nuestros vídeos en *https://forum.espresso-tutorials.com/*.

Otros títulos relacionados de Espresso Tutorials:

- Sebastian Brunner, Martin Munzel, Philipp Reichhardt, Íñigo Montoya:
  Primeros pasos en SAP S/4HANA®
  https://es-tu.de/PRUm
- Luis Mariano De García Mérida, Maddie Allenspach-Kukura:
  Primeros pasos en contabilidad financiera con SAP S/4HANA®
  https://es-tu.de/QSCK
- Robin Schneider, Adrian Aldave Aguado:
  Guía práctica Interlocutor comercial en SAP® – Funciones e integración en SAP S/4HANA®
  https://es-tu.de/8Q3WJe
- Francisco José Ramírez, Mike Juchem:
  Ventas con SAP S/4HANA® – SAP SD Novedades de Customizing
  https://es-tu.de/7VDEj
- Aušra Gustainienė, Damian Jordan, Daniel Mateo:
  Estrategias y mejores prácticas en despliegues de SAP S/4HANA®
  https://es-tu.de/hmDGW
- Francisco Javier García Somolinos, Matthew Johnson, Jawad Akhtar:
  Maestro de materiales de SAP® en SAP S/4HANA® – Guía práctica
  https://es-tu.de/AUBprD

La plataforma de aprendizaje SAP digital para empresas

Formación para su equipo

A un coste inferior y sin tener que viajar

- Más de 1000 libros electrónicos y videotutoriales en inglés, alemán, francés, japonés, español y portugués
- Planes de aprendizaje personalizados a roles concretos
- Acceso mediante navegador o aplicación (iOS/Android)
- Se actualiza con nuevo contenido en tiempo real
- Precios definidos según el número de usuarios
- Autoservicio en la gestión de usuarios y estadísticas

Plataforma de aprendizaje SAP:
https://et.training

Obtenga una prueba gratuita de 7 días sin ningún compromiso:
http://free.espresso-tutorials.com

Solicite un presupuesto para su equipo:
http://company.espresso-tutorials.com

José Miguel Hernández Jaramillo
Primeros pasos en SAP® PP (Planificación de la producción) con S/4HANA®

ISBN: 978-3-960124-66-5

Corrección de textos: Montero Language Services

Diseño de portada: Philip Esch/Olesia Donchenko

Foto de portada: iStockphoto.com | Liufuyu No. 186930555

Diseño gráfico: Johann-Christian Hanke

1.ª Edición 2025, Gleichen

URL: *www.espresso-tutorials.com*

Comentarios
Agradecemos enormemente cualquier comentario que tenga respecto a este libro. Le rogamos nos escriba a *info@espresso-tutorials.com*.

José Miguel Hernández Jaramillo
Primeros pasos en SAP® PP (Planificación de la producción) con S/4HANA®

ISBN: 978-3-960124-66-5

Corrección de textos: Montero Language Services

Diseño de portada: Philip Esch/Olesia Donchenko

Foto de portada: iStockphoto.com | Liufuyu No. 186930555

Diseño gráfico: Johann-Christian Hanke

1.ª Edición 2025, Gleichen

URL: *www.espresso-tutorials.com*

Comentarios
Agradecemos enormemente cualquier comentario que tenga respecto a este libro. Le rogamos nos escriba a *info@espresso-tutorials.com*.

Tabla de contenidos

Prólogo

En un entorno empresarial cada vez más dinámico y competitivo, la capacidad de integrar tecnología para gestionar eficientemente los recursos y procesos productivos se ha convertido en un factor determinante para el éxito de cualquier organización. Los sistemas de planificación de recursos empresariales (ERP) han surgido como herramientas tecnológicas indispensables para alcanzar este objetivo y, entre ellos, SAP destaca como uno de los más completos y extendidos a nivel global. Presente en la mayoría de las grandes empresas, SAP ofrece soluciones integrales que permiten optimizar la gestión de los procesos clave de una organización. Dentro de este ecosistema, el módulo Planificación de la producción (PP) ocupa un lugar central, ya que facilita la planificación, la ejecución y el control de los procesos productivos de manera eficaz y alineada con los objetivos estratégicos de la empresa.

Este libro nace con el propósito de ser una guía accesible y práctica para todos aquellos que dan sus primeros pasos en el fascinante mundo de la planificación de la producción (PP) a través de SAP. Ya seas un estudiante, un profesional en formación o un experto en otras áreas que busca ampliar sus conocimientos, este texto te acompañará de manera clara y didáctica en el descubrimiento de los conceptos básicos y las funcionalidades principales del módulo PP. Para ello, no es necesario que cuentes con experiencia previa en consultoría o en la implementación de SAP, ya que a lo largo de estas páginas encontrarás explicaciones detalladas, consejos y ejemplos que te ayudarán a comprender los procesos, en ocasiones complejos, que se pueden gestionar con este módulo.

La motivación principal que ha guiado la creación de este libro ha sido la de ofrecer el recurso que yo mismo hubiera deseado tener cuando comencé mi andadura en el mundo de la consultoría hace casi tres décadas. La experiencia acumulada implementando SAP PP en diversos proyectos y empresas de sectores muy diferentes me ha permitido sintetizar en esta obra aquellos aspectos clave que son esenciales para construir una base sólida de conocimiento del módulo. A partir de esta base, podrás explorar conocimientos más específicos o avanzados dentro de este vasto módulo.

Esta obra está estructurada en cuatro capítulos. En el primero, ofreceremos una visión panorámica de SAP y, en particular, del módulo PP, para que comprendas su relevancia y alcance. El segundo capítulo se centra en los datos maestros, elementos fundamentales que definen el comportamiento de los procesos productivos. Los dos últimos capítulos están dedicados a las dos grandes áreas de la gestión de la producción: la planificación de lo que se va a producir (capítulo tercero) y el control de la ejecución de dicha producción (capítulo cuarto). Cada sección ha sido diseñada para que avances de manera progresiva, consolidando tus conocimientos paso a paso.

Confío en que este libro se convertirá en un compañero de viaje invaluable, y que sus páginas serán el punto de partida hacia un futuro lleno de posibilidades profesionales y personales. Te doy la bienvenida a este viaje de descubrimiento y crecimiento.

José Miguel Hernández Jaramillo

Indicaciones

Hemos añadido los siguientes iconos para destacar información importante:

Consejo

Los consejos sirven para destacar información, por ejemplo, ofreciendo algún detalle importante sobre el asunto descrito y/o información básica adicional.

Ejemplo

Los ejemplos ayudan a explicar mejor un determinado punto, relacionándolo con casos en situaciones reales.

! Aviso

Los avisos sirven para destacar aspectos importantes que hay que tener en cuenta cuando siga por su cuenta los ejemplos de este libro.

Finalmente, una nota respecto a los derechos de autor: todas las capturas de pantalla impresas en este libro están protegidas por los derechos de autor de SAP SE. Todos los derechos reservados por SAP SE. Los derechos de autor hacen referencia a todas las imágenes de SAP en esta publicación. Por razones de simplicidad, esto no se menciona específicamente debajo de cada captura de pantalla.

1 Introducción al módulo SAP PP

En este capítulo no solo exploraremos en detalle qué es y cómo funciona el módulo PP de SAP, sino que también brindaremos una visión general de SAP en su conjunto. Este enfoque integral permitirá comprender mejor el papel del módulo PP dentro de este sistema ERP y sentará las bases necesarias para contextualizar y enriquecer los contenidos que se desarrollarán en los capítulos siguientes.

Estamos a punto de adentrarnos en el fascinante mundo de SAP como sistema ERP global, explorando su capacidad para integrar y optimizar los procesos empresariales en organizaciones de todos los tamaños y sectores. Analizaremos cómo SAP se adapta a las necesidades específicas de cada empresa a través de las distintas opciones de personalización y configuración que ofrece, mediante una implementación flexible y alineada con los objetivos estratégicos de cada organización.

Además, centraremos nuestra atención en el módulo PP, desglosaremos su estructura interna y destacaremos su papel fundamental en la gestión de los procesos productivos. También comentaremos los distintos tipos de fabricación que pueden gestionarse con este módulo.

Para cerrar el capítulo, presentaremos un ejemplo práctico de proceso productivo que servirá como hilo conductor a lo largo de esta obra. Este caso, basado en un escenario productivo realista, nos permitirá ilustrar de manera clara y aplicada los conceptos y funcionalidades que iremos desarrollando en los siguientes capítulos.

1.1 ¿Qué es SAP?

SAP es un sistema de planificación de recursos empresariales (ERP) que tiene como finalidad gestionar todos los procesos de una empresa de una forma integrada. Fue creado en Alemania en 1972, y su nombre proviene de las siglas de *Systems, Applications and Products in data processing* (Sistemas, aplicaciones y productos en procesamiento de datos).

SAP es actualmente el ERP más utilizado a nivel global con casi 400 000 clientes, y esto se debe principalmente a que todos los procesos empresariales están integrados en un único sistema, lo que permite una gestión eficiente que conlleva reducción de costes y optimización de procesos al trabajar con datos en tiempo real. Aunque normalmente SAP está presente como software de gestión en grandes corporaciones, también puede ser operativo en pequeñas y medianas empresas.

1.1.1 Características principales

A continuación, vamos a exponer brevemente algunas de las ventajas de implementar SAP en una empresa:

- **Información centralizada y unificada**. Esto significa que todos los datos de las diferentes áreas empresariales se gestionan dentro de un único sistema integrado. Esto garantiza que la información sea accesible de manera eficiente por todos los departamentos, eliminando la duplicidad de datos y reduciendo errores asociados al registro redundante. Una vez que los datos se introducen en el sistema, estos están disponibles para todas las áreas relevantes, sin tener que registrar la misma información repetidamente en cada departamento. Esta integración no solo optimiza los procesos internos, sino que también mejora la coherencia y la fiabilidad de la información en toda la organización.
- **Automatización de procesos**. Siempre que es posible, SAP proporciona acciones automatizadas que reducen tiempo humano y minimiza errores.
- **Herramientas analíticas avanzadas**. SAP proporciona potentes herramientas que permiten consolidar, agrupar y visualizar datos de manera eficiente. Esto facilita el proceso analítico y de toma de decisiones a todos los niveles.
- **Personalización**. Aunque SAP es un software estándar, es obvio que las necesidades y operativas pueden variar significativamente entre organizaciones de diferente tamaño y sector. Por ello, ofrece avanzadas opciones de personalización para adaptar el sistema a los procesos específicos de cada empresa, como veremos un poco más adelante.
- **Escalabilidad**. SAP está diseñado con una arquitectura modular, donde cada módulo se corresponde con un área o departamento específico de la empresa. Esta estructura flexible permite a las organizaciones implementar únicamente los módulos que consideran necesarios en función de sus prioridades operativas. Además, ofrece la posibilidad de comenzar gestionando ciertas áreas y, a

medida que evolucionen las necesidades del negocio, ampliar su uso incorporando nuevos módulos de forma progresiva. Esto garantiza una integración fluida y escalable, que se adapta al crecimiento y a los cambios en la estrategia empresarial. Cada uno de estos módulo se identifica con dos letras. Alguno de los principales son los siguientes:

- **Finanzas** (FI): gestión financiera y contable
- **Control de costes** (CO): análisis de costes y rentabilidad
- **Ventas y distribución** (SD): gestión de ventas, distribución y clientes
- **Gestión de materiales** (MM): gestión de inventarios y procesos de abastecimiento (compras)
- **Planificación de la producción** (PP): planificación y control de procesos productivos
- **Gestión de calidad** (QM)
- **Mantenimiento de planta** (PM)

1.1.2 Opciones de instalación

SAP ofrece diversas opciones de instalación para adaptarse a las necesidades específicas de cada organización. Algunas de las más comunes son las siguientes:

- **Local** (*on-premises*). El software SAP se instala y ejecuta en servidores propios, dentro de las instalaciones de la organización. En este caso, la empresa es responsable de la infraestructura, incluyendo hardware, servidores, almacenamiento, redes y seguridad. También se debe encargar de tener un equipo propio de personas que realicen tareas de mantenimiento del sistema.
- **Nube pública** (*public cloud*). SAP se ejecuta en una infraestructura compartida proporcionada por un proveedor de servicios en la nube, que es quien se encarga de su mantenimiento. Esto reduce la carga de trabajo para el equipo de sistemas de información de la empresa, así como los costes de implantación.
- **Nube privada** (*private cloud*). SAP se ejecuta en una infraestructura en la nube dedicada exclusivamente a una organización, que puede ser gestionada por la propia empresa o por un proveedor externo. A diferencia de la nube pública, la privada ofrece un mayor control sobre los datos y la configuración del sistema, aunque los costes son algo más altos.

1.1.3 Interfaces de usuario

En SAP los usuarios pueden emplear varias interfaces. Cada una de ellas tiene características específicas que se adaptan a diferentes necesidades y dispositivos. Vamos a describir brevemente dos de las principales: **SAP GUI** y **SAP Fiori**.

SAP GUI (Graphical User Interface)

Es la interfaz clásica que se ha empleado en SAP, que consiste en una aplicación instalada en el equipo del usuario, y que permite interactuar con el sistema SAP a través de una estructura de menús y transacciones.

Las **transacciones de SAP** son unidades funcionales que permiten a los usuarios ejecutar tareas específicas dentro del sistema. Cada transacción se identifica mediante un **código de transacción**, que generalmente consta de 4 o 5 caracteres alfanuméricos, acompañado de una descripción que indica su propósito. Este código puede introducirse en la barra de comandos de SAP, lo que facilita el acceso rápido y directo a la funcionalidad deseada. Algunos ejemplos de transacciones son la *MM01* para crear un nuevo material, la *CO01* para crear una orden de fabricación, o la *COOIS* para obtener un listado de órdenes de fabricación.

> **☛ Modos en SAP GUI**
>
> En SAP GUI es posible trabajar de manera simultánea con hasta seis transacciones diferentes. Cada una se ejecuta en ventanas independientes conocidas como *modos*. Esta funcionalidad permite a los usuarios consultar información o ejecutar múltiples operaciones al mismo tiempo.

SAP Fiori

La interfaz SAP Fiori es una solución moderna diseñada para optimizar la experiencia del usuario en entornos SAP, que ofrece un diseño intuitivo, visualmente atractivo y centrado en la usabilidad. Fiori se caracteriza por su capacidad para ejecutarse desde múltiples dispositivos, como equipos de escritorio, tabletas o teléfonos inteligentes, ya que funciona directamente desde un navegador web sin requerir ningún tipo de instalación de software adicional.

Una de sus innovaciones clave es el **Fiori Launchpad**, un portal centralizado que organiza las funcionalidades en las denominadas *tiles* (aplicaciones representadas mediante iconos interactivos). En el launchpad, las personas que trabajen en SAP pueden seguir la disposición estándar de aplicaciones, o personalizar su propio espacio de trabajo, reorganizando las aplicaciones según sus necesidades.

En esta publicación todos los ejemplos, aplicaciones y pantallas que se mostrarán se refieren a la interfaz de Fiori, en lugar de a transacciones de SAP GUI.

Aplicaciones de Fiori

Las aplicaciones en Fiori son equivalentes a las transacciones en SAP GUI. En ellas, desaparecen los códigos de transacción por lo que únicamente es posible acceder a las mismas desde el launchpad o bien mediante funciones de búsqueda.

1.1.4 Opciones de configuración de SAP

Como mencionamos anteriormente, SAP ofrece una amplia gama de opciones para adaptar su funcionamiento a los procesos específicos y requerimientos de cada empresa. Entre las principales opciones de adaptación, destacan tres enfoques fundamentales: la **parametrización**, el **desarrollo** de funcionalidades adicionales y la **personalización** que cada persona usuaria puede realizar. A continuación, profundizaremos en cada una de estas opciones para comprender su alcance y aplicación en el entorno SAP.

Parametrización

La parametrización, también conocida con su denominación en inglés *customizing*, es el proceso de configurar el sistema SAP mediante el ajuste de parámetros y opciones de configuración predefinidos con el objetivo de adaptar el comportamiento de SAP a los procesos específicos de cada organización. La parametrización no implica modificar el código fuente del sistema, lo que garantiza su estabilidad y facilita las futuras actualizaciones. SAP proporciona una amplia variedad de opciones de parametrización tanto a nivel global como en cada módulo específico, para conseguir una adaptación relativamente rápida y sencilla. Normalmente el equipo de implementación o personas expertas en consultoría son las encargadas de las tareas de parametrización.

SAP ofrece una serie de entornos interconectados diseñados para parametrizar opciones, realizar pruebas y garantizar que los cambios funcionen correctamente antes de implementarse en el sistema productivo. Por lo general, se definen al menos los tres entornos siguientes:

- **Desarrollo**. Este es el entorno dónde se realiza la parametrización y la programación de nuevas funcionalidades. Cada cambio que se realiza en este entorno se registra en una *orden de transporte*, que opera como un paquete que contiene todas las nuevas modificaciones realizadas.
- **Pruebas**. En este entorno, se validan las nuevas parametrizaciones o desarrollos antes de su implementación definitiva. Para ello, las órdenes de transporte generadas en el entorno de desarrollo se transfieren automáticamente al de pruebas en el momento que se desee. De esta manera, se permite realizar las pruebas exhaustivas que sean necesarias para comprobar que los cambios realizados funcionan según lo esperado y no causan efectos colaterales en otros procesos.
- **Productivo**. Este es el entorno que utilizan en su labor cotidiana las personas de los distintos departamentos de la organización. Una vez que los cambios han sido probados y validados en el entorno de pruebas, las órdenes de transporte se traspasan desde este último al entorno productivo. A partir de ese momento, los cambios se vuelven operativos.

Parametrización

Podemos acceder a la parametrización del sistema a través de la transacción **SPRO** en SAP GUI, la cual despliega un extenso árbol de opciones organizado en múltiples niveles. Estas opciones se clasifican por módulos y, dentro de cada uno, por las distintas áreas funcionales que lo componen, facilitando una navegación estructurada, precisa y eficiente.

Desarrollo

En casos donde las funcionalidades estándar de SAP, incluida la parametrización, no cubren por completo las necesidades de la empresa, es posible recurrir al desarrollo de nuevas funcionalidades, transacciones o aplicaciones de Fiori, o la modificación de las existentes. Para ello, SAP utiliza herramientas para desarrollar código fuente en un lenguaje de programación propio denominado ABAP (*Advanced Business Application Programming*). Con estas herramientas, las personas especializadas que se dedican a la programación pueden desarrollar nuevas funcionalidades personalizadas, así como integrar SAP con sistemas externos. Sin embargo, es importante utilizar estos desarrollos con precaución, ya que pueden incrementar significativamente el esfuerzo necesario para el mantenimiento del sistema. Además, al implementar futuras actualizaciones o versiones de SAP, existe el riesgo de incompatibilidades, lo que podría complicar estas operaciones. Por ello, es fundamental equilibrar este tipo de personalización con el uso de las capacidades estándar del sistema siempre que sea posible.

Programación en SAP

SAP permite el desarrollo de aplicaciones en otros lenguajes de programación como java o javascript, especialmente en los entornos de aplicaciones Fiori.

Personalizaciones de usuario

SAP también ofrece opciones de personalización que permiten a las personas que trabajan con SAP realizar ciertas adaptaciones según sus preferencias y necesidades individuales. Esto incluye la configuración de disposiciones de listados (*layouts*), la creación de variantes o plantillas reutilizables de ciertas transacciones o aplicaciones, la definición de transacciones favoritas, de menús personalizados o la de agrupación de aplicaciones en Fiori según algún criterio, entre otros. A diferencia de la parametrización y el desarrollo, estas personalizaciones no afectan el funcionamiento global del sistema, sino que están diseñadas para mejorar el empleo de SAP a los usuarios en su trabajo cotidiano.

Personalización de layouts

Muchas funcionalidades de SAP permiten la personalización de listados, con la que podemos añadir o eliminar columnas, cambiarlas de orden, filtrar por ciertos valores, ordenar por alguna columna o exportar los datos a ficheros de texto o de diferentes herramientas ofimáticas. Estos *layouts* se pueden guardar para su uso posterior y evitar repetir la personalización de los listados cada vez que se accede a los mismos.

1.1.5 Proyectos de implantación de SAP

Como hemos comentado anteriormente, SAP es un software estándar que puede implementarse en organizaciones tan diversas como una empresa productora de alimentos o una dedicada a la automoción. Para ello, es necesario adaptar el funcionamiento del sistema a los requerimientos específicos del negocio mediante la parametrización o la configuración de datos maestros y, si fuera necesario, el desarrollo personalizado de nuevas funcionalidades, como vimos anteriormente. Todas estas tareas de adaptación se llevan a cabo a través de los llamados proyectos de implantación, que suelen ser desarrollados por empresas especializadas en consultoría y gestión de proyectos de SAP.

A la hora de llevar a cabo un proyecto de implantación de SAP, se puede optar por seguir algunas de las metodologías de gestión de proyectos, que determinan las fases o etapas a seguir y cómo organizar internamente el trabajo para cumplir con los objetivos dentro del plazo previsto. En cualquier caso, prácticamente todas estas metodologías contemplan las siguientes etapas:

1. **Preparación del proyecto**. En esta primera fase, se establecen las bases del proyecto y se define el alcance, los objetivos, así como el equipo y los recursos necesarios.

2. **Exploración**. En esta fase se analiza, entre otros aspectos, qué tipo de instalación de SAP es más adecuada (*nube pública, nube privada, local*, etc.), así como qué módulos implementar, su ámbito, en qué secuencia se realizará la implantación en las diferentes ubicaciones o países de la organización, etc.

3. **Análisis de requerimientos**. A través de una serie de sesiones de trabajo, el equipo del proyecto se reúne con los diferentes actores del negocio (gerentes, jefes de equipo y personal especializado) para analizar el funcionamiento actual de cada departamento, los problemas o cuellos de botella existentes, la tecnología empleada, así como las necesidades futuras.

4. **Diseño detallado de la solución**. Basándose en la información recopilada en la fase anterior, el equipo de implantación del proyecto diseña los nuevos procesos que se llevarán a cabo en SAP. El resultado de estas dos últimas etapas queda reflejado en un documento llamado **BBP** (*Business Blueprint*), que debe ser validado y aceptado por el negocio.

5. **Realización**. En esta etapa, se parametrizan los distintos módulos que se van a implementar para que el sistema refleje los procesos aprobados en el documento BBP. Si es necesario, se realiza la programación de nuevos desarrollos o de interfaces que conecten SAP con otros sistemas externos.

6. **Pruebas**. Una vez completada la parametrización, se realizan pruebas exhaustivas para asegurar que el funcionamiento de los procesos sea el deseado. Se suelen realizar pruebas en varios niveles:

    - **Pruebas unitarias**, realizadas por el equipo de implementación para comprobar el correcto funcionamiento de cada proceso individual.
    - **Pruebas de integración**, donde se prueban escenarios que pueden involucrar varios procesos interconectados, incluso de diferentes módulos.
    - **Pruebas de aceptación de usuario**, también conocidas como UAT (*User Acceptance Tests*), por sus siglas en inglés, donde las personas que van a trabajar con SAP prueban todos los procesos, identifican correcciones necesarias y finalmente, una vez que el funcionamiento es el deseado, se constata la aprobación de la solución.

7. **Preparación del arranque** (*Cutover*). Esta fase incluye todas las tareas que deben realizarse justo antes de que se comience a operar con SAP. Entre ellas, se encuentran la migración de datos maestros y transaccionales, la configuración de interfaces, la creación de usuarios, la asignación de roles y permisos, o la programación de *jobs* o procesos automáticos.

8. **Arranque** (*Go-live*). En una fecha acordada, se desconecta el sistema que se empleaba para la gestión de los procesos empresariales y se activa SAP para que comience a operar.

9. **Soporte post-arranque** (*Hypercare*). Durante un periodo de transición, que puede variar desde unas pocas semanas hasta varios meses, el equipo de implantación brinda soporte intensivo a las personas que comienzan a trabajar con SAP. Este periodo es necesario para ajustar o corregir aspectos de la configuración del sistema que solo se detectan una vez que SAP está en funcionamiento.

1.2 Introducción al módulo SAP PP

El módulo Planificación de la producción está diseñado para gestionar y optimizar los procesos productivos de una organización, con el objetivo de garantizar que los recursos disponibles—materiales, humanos y técnicos—se utilicen de manera eficiente. Su función principal es alinear la capacidad productiva de la organización con la demanda del mercado, asegurando que los productos se fabriquen en el momento adecuado y en las cantidades requeridas. Este módulo está completamente integrado con otras áreas clave de SAP, como ventas y distribución (SD), gestión de materiales y compras (MM), calidad (QM), mantenimiento de planta (PM), gestión de proyectos (PS), finanzas (FI) y contabilidad (CO), lo que permite un flujo de información coherente y en tiempo real entre todos los departamentos involucrados en el proceso productivo.

El módulo PP se estructura en dos pilares fundamentales: la planificación de la producción y la ejecución de la producción. En la fase de planificación, que se aborda en detalle en el Capítulo 3 se utilizan herramientas como la gestión de la demanda y el MRP (*Material Requirements Planning*) para transformar los pronósticos de ventas y la demanda del mercado en planes detallados de producción. Estos planes incluyen la determinación de los materiales necesarios para realizar la producción, la secuencia de operaciones y la asignación de recursos. Por otro lado, en la fase de ejecución, que se explora en el Capítulo 4, se permite controlar y monitorear la producción a través de órdenes de fabricación. Estas órdenes integran información esencial para el proceso productivo, como por ejemplo los tiempos de comienzo y fin, la duración de las distintas etapa, las líneas de producción empleadas, los materiales que se van a utilizar, las cantidades que se van a producir o los costes asociados. Todo ello facilita un seguimiento en tiempo real del progreso de la fabricación y la identificación de posibles desviaciones.

Un aspecto esencial para el buen funcionamiento del módulo PP es el correcto y preciso mantenimiento de los datos maestros, que sirven como base para todos los procesos de planificación y ejecución. Entre los datos maestros más importantes se encuentran el **maestro de materiales**, que define características y parámetros relevantes para la producción de cada material; las **listas de materiales**, que detallan la estructura de un producto, o qué componentes son necesarios para su fabricación; los **puestos de trabajo**, que representan las áreas, los equipos, las máquinas o las líneas de producción donde se ejecutan las operaciones productivas; las **hojas de ruta**, que especifican la secuencia de operaciones y los recursos requeridos en cada una; y las **versiones de fabricación**, que indican las diferentes alternativas que pueden existir para producir un mismo artículo. En el segundo capítulo se profundiza en la configuración y gestión de estos datos maestros, que son fundamentales para garantizar la precisión y la eficiencia de la gestión de los procesos de producción.

1.2.1 Estructuras organizativas en PP

En SAP, las **estructuras organizativas** son elementos fundamentales para representar cómo se organiza internamente una empresa dentro del sistema y gestionar sus procesos de negocio. Estas estructuras reflejan la división de la empresa en unidades lógicas, permitiendo modelar su funcionamiento interno de manera coherente y eficiente. En SAP se definen algunas estructuras organizativas denominadas transversales, pues son empleadas en varios módulos diferentes, así como otras que son específicas de cada módulo que responden a las necesidades particulares de cada área funcional.

Uno de los elementos clave de la estructura organizativa en SAP es el **centro** (*plant*), que es empleado por diversos módulos, y que representa una ubicación física o lógica donde se desarrollan actividades empresariales, como producción, almacenamiento, compras, ventas, etc. Por ejemplo, si una empresa cuenta con cuatro fábricas y dos centros de distribución, podría definir una estructura organizativa basada en seis centros, uno para cada ubicación. En algunos casos, una misma instalación física puede dividirse en varios centros dentro del sistema SAP, o bien puede suceder al contrario, que varias ubicaciones físicas diferentes se agrupen bajo un único centro. Los centros se identifican en SAP mediante un código alfanumérico de cuatro caracteres.

Además, cada centro se puede subdividir en una o más **áreas de almacenamiento** (*storage locations*), que permiten gestionar y controlar el inventario del centro a nivel más detallado. Estas áreas suelen corresponder con almacenes específicos o con divisiones dentro de un mismo almacén físico. Por ejemplo, un área de almacenamiento puede representar la ubicación destinada a almacenar las materias primas, y otra puede estar dedicada a los productos terminados que se van produciendo, independientemente de que ambas se encuentren físicamente en el mismo o en distintos edificios. Las áreas de almacenamiento también se codifican con cuatro caracteres alfanuméricos y cada una está asignada a un centro (Figura 1.1). Esta estructura jerárquica facilita la gestión precisa del inventario y asegura que los productos físicos que tengamos estén correctamente organizados y localizados.

Tanto los centros como las áreas de almacenamiento son estructuras organizativas comunes a todos los módulos de SAP. Estas se gestionan a través de la parametrización del sistema, lo que significa que su creación, modificación o eliminación solo puede ser realizada por personal autorizado del departamento de sistemas o por el equipo encargado de la implementación de SAP.

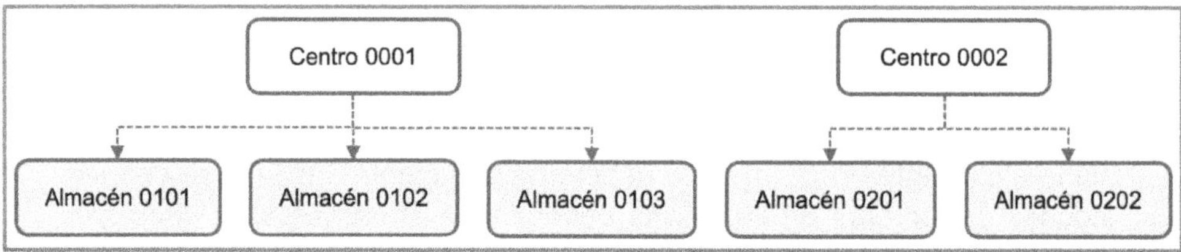

Figura 1.1: Ejemplo de estructura de centros y almacenes

En el caso específico del módulo PP, existen algunos elementos adicionales que pueden considerarse estructuras organizativas relacionadas con la gestión de materiales y la producción: los planificadores y los responsables de control de producción.

Los **planificadores** (*MRP controllers*) son responsables de la planificación de materiales dentro del sistema. Cada material puede tener asignado un planificador en su maestro de materiales. De esta forma, se permite agrupar los materiales (tanto aquellos que produzcamos como los que se aprovisionan externamente) según las personas o equipos encargados de su planificación.

Por otro lado, los **responsables de control de producción** (*production supervisors*) supervisan la ejecución efectiva del proceso productivo (órdenes de fabricación). Al igual que los planificadores, estos responsables se pueden asignar directamente en el maestro de materiales para cada material producido.

1.2.2 Tipos de producción

El módulo PP de SAP puede gestionar tres tipos principales de producción: fabricación discreta, fabricación repetitiva y fabricación por procesos (PP-PI). Cada uno de ellos está diseñado para adaptarse a las necesidades específicas de diferentes industrias y modelos de producción, ofreciendo funcionalidades y enfoques particulares para optimizar los procesos productivos. Estas diferencias se reflejan no solo en la forma en que se organizan y ejecutan las operaciones, sino también en los datos maestros y los procesos operativos asociados a cada tipo. A continuación, se describen brevemente cada uno de estos tipos de producción.

Fabricación discreta

La fabricación discreta es ideal para entornos personalizados donde los productos se fabrican en unidades individuales o en lotes específicos. La planificación y control de la fabricación de cada lote o unidad se realiza mediante órdenes de producción.

Los datos maestros clave incluyen las listas de materiales, dónde se especifican los componentes necesarios para fabricar un producto; las hojas de ruta, que especifican las operaciones necesarias para la producción y su secuencia; los puestos de trabajo, que representan las ubicaciones donde se ejecutan las operaciones.

El proceso productivo comienza con la creación de una orden de produc ción basada en la demanda. Posteriormente, se libera cada orden y se realiza la producción física de la orden, a la que se le realiza un seguimiento detallado de su progreso y su resultado (cantidad producida, cantidad consumida, tiempo empleado, etc.). Los costes de producción se imputan a cada orden de fabricación.

Fabricación para industria de procesos (PP-PI)

La fabricación por procesos, conocida como PP-PI (*Production Planning for Process Industries*), está orientada a procesos productivos que tienen restricciones regulatorias muy estrictas. Normalmente está diseñada para industrias como la farmacéutica, alimentaria o química, donde la producción se basa en fórmulas, recetas o procesos químicos. En este tipo de producción, los materiales se pueden transforman a través de reacciones o mezclas, y el control de calidad es un aspecto crítico.

En PP-PI se emplean órdenes de proceso que son ligeramente diferentes a las órdenes de fabricación empleadas en la fabricación discreta. El ciclo de vida de una orden de proceso es análogo a la de una orden de fabricación, incluyendo habitualmente integración con sistemas externos de control de la producción.

Algunos datos maestros también son ligeramente diferentes, por ejemplo, los siguientes:

- Se utilizan recetas (*master recipes*) que son el equivalente a las hojas de ruta.
- Los recursos son el equivalente a los puestos de trabajo y representan equipos o instalaciones específicas empleadas en el proceso productivo.

Fabricación repetitiva

La fabricación repetitiva es un modelo de producción ampliamente utilizado en entornos donde se requiere fabricar productos de manera continua y normalmente en grandes volúmenes. Este enfoque se caracteriza por su alta eficiencia, ya que la producción se lleva a cabo en líneas de producción o montaje de una manera continua con mínimas variaciones entre los artículos que se producen. Debido a su naturaleza estandarizada, la fabricación repetitiva generalmente sigue el modelo denominado producción contra stock, produciendo en función de previsiones o demandas que suelen ser bastante regulares en el tiempo.

Producción contra stock vs. producción conta pedido

En SAP podemos configurar para que la producción de un material pueda realizarse independientemente de la demanda específica, de manera que, una vez terminada la producción, pueda almacenarse y quedar lista para su venta. En este caso estamos ante un escenario de producción contra stock (*make-to-stock*). También es posible la producción contra pedido (*make-to-order*), en la cual lo que desencadene la producción de un material sea un pedido de venta concreto. En dicho caso, una vez terminada la producción, se hace la expedición de dicho pedido de venta empleando el stock producido. La fabricación contra pedido se emplea normalmente cuando el material que se produce es muy específico para un determinado cliente.

A diferencia de la fabricación discreta, la fabricación repetitiva no requiere órdenes de fabricación individuales para cada producto. En su lugar, el proceso se gestiona mediante notificaciones simplificadas que registran las cantidades que se van produciendo, así como los componentes consumidos y las actividades realizadas. De esta manera, se reduce significativamente la carga administrativa que conlleva el proceso productivo.

En cuanto a los datos maestros, la fabricación repetitiva utiliza los mismos elementos básicos que la fabricación discreta. Sin embargo, una diferencia clave radica en la gestión de costes. En la fabricación repetitiva, los costes asociados a la producción no se imputan a órdenes de fabricación individuales como sucedía en la fabricación discreta, sino que se consolidan en un objeto contable denominado colector de costes del producto. Este colector, que agrupa todos los costes relacionados con la producción repetitiva, simplifica el control financiero. En contraste, en la fabricación discreta, como vimos anteriormente, los costes se asignan directamente a cada orden de fabricación individual, lo que permite un seguimiento más detallado pero también implica una mayor carga administrativa.

☛ Tipo de producción abordado en esta publicación

Dado el objetivo introductorio del módulo PP de esta publicación, únicamente nos centraremos en describir en detalle los datos maestros y procesos implicados en la fabricación discreta, que es quizás el tipo de producción más extendido entre los diferentes tipos de industria.

1.3 Ejemplo de proceso productivo

A lo largo de este libro, utilizaremos un ejemplo práctico y detallado para ilustrar las distintas etapas del proceso de producción. Vamos a suponer que implementamos el módulo PP en una empresa dedicada a la fabricación de lápices. Estos pueden ser tanto negros como de colores (en cinco tonalidades diferentes). Los lápices negros incluyen una goma de borrar en uno de sus extremos, mientras que los de colores no contarán con este componente. Este proceso productivo se divide en dos fases claramente diferenciadas: en primer lugar se debe realizar la producción de las minas, y en segundo lugar, la fabricación de los lápices que albergarán dichas minas.

Los componentes que necesitamos para fabricar las minas son los siguientes:

- Grafito
- Arcilla
- Agua
- Caolina (pigmentos para las minas de colores)

- Aceite
- Cera

El proceso productivo de las minas lo podemos resumir de la siguiente forma:

1. Se mezcla el grafito, la arcilla con algo de agua y se deja reposar hora y media. Para los lápices de colores se añade también caolina del color deseado.
2. Se moldea la mezcla obtenida hasta conseguir una forma cilíndrica y se deja secar media hora.
3. Para los lápices negros se cuecen las minas agregándoles aceite por tres horas y se deja enfriar dos horas (los lápices de colores no se cuecen).
4. Agregar cera para obtener una escritura más suave (tanto a lápices negros como de colores).

Para la producción de los lápices son necesarios los siguientes componentes:

- Tablillas de madera de cedro
- Minas (previamente producidas)
- Virula de aluminio, dónde irá insertada la goma de borrar (únicamente para los lápices negros)
- Goma de borrar (únicamente para los lápices negros)
- Barniz o pintura

En la producción de los lápices se llevan a cabo las siguientes operaciones:

1. Hacer ranuras en las tablillas de cedro donde irán insertadas las minas.
2. Insertar las minas en las ranuras de cada tablilla.
3. Pegar otra tablilla a las que contienen las minas en la ranura. Esta operación se conoce como «sándwich».
4. Fresado o modelado para obtener de las tablillas pegadas cada lápiz con la forma que tendrá (hexagonal, cilíndrico, ...).

5. Pintar el lápiz del color correspondiente. Una vez pintado se debe secar un par de horas.
6. Estampado de la marca o modelo.
7. Tajado, para sacar punta a los lápices mediante lijado.
8. Insertar la virola de aluminio y la goma de borrar mediante presión.

También vamos a producir en nuestra empresa un par de estuches de cartón dónde se venderán los lápices en dos presentaciones diferentes: uno que contiene tres lápices negros y otro que contiene cinco lápices de colores (cada uno de un color).

- Lápices
- Cajas de cartón (donde irán embalados los lápices)

La producción de cada uno de estos estuches consiste únicamente en la siguiente operación:

1. Empaquetado de los lápices en cajas para su venta.

A lo largo de los siguientes capítulos, utilizaremos este ejemplo para mostrar cómo configurar correctamente los datos maestros de cada producto y cómo diseñar los distintos procesos de producción. Este enfoque práctico facilitará la comprensión y asimilación de los conceptos y contenidos explicados, haciendo que el aprendizaje sea más sencillo e intuitivo.

2 Datos maestros para producción

En este capítulo se describen los distintos datos maestros relevantes para producción, que son la base para el correcto funcionamiento de los procesos involucrados en el módulo PP.

En todo sistema de gestión empresarial son necesarios principalmente dos tipos de datos, los datos maestros y los transaccionales. Los primeros contienen los datos de configuración necesarios para el correcto funcionamiento de los procesos empresariales. Ejemplos de datos maestros son materiales, estructuras de productos, etc. Los datos transaccionales son los generados día a día por dichos procesos empresariales, por ejemplo, órdenes de producción, pedidos de compra, etc. Los datos maestros una vez configurados no suelen cambiar con frecuencia, mientras que los transaccionales son creados continuamente y tienen una vida relativamente corta, en comparación con la de los datos maestros.

Los principales datos maestros empleados en fabricación discreta son los siguientes:

- MATERIALES. Contienen información de todos los materiales empleados en las distintas áreas de la empresa. Para los materiales de producción se registran parámetros que controlan cómo se planifica y realiza su producción.
- LISTAS DE MATERIALES. Contienen las estructuras de materiales, qué materiales componen cada producto y en qué cantidad.
- PUESTOS DE TRABAJO. Máquinas o personas donde se realizan actividades de producción.
- HOJAS DE RUTA. Contienen información detallada de las distintas operaciones involucradas en el proceso productivo.
- VERSIONES DE FABRICACIÓN. Indican las distintas formas que tenemos de producir un mismo material.

En función del tipo de producción, la denominación de algunos de estos datos maestros varía. Para industria de procesos (PP-PI), los puestos de trabajo y las hojas de ruta se denominan recursos y recetas respectivamente.

Cada conjunto de datos maestros en SAP se puede configurar para un determinado nivel organizacional. En el caso de los datos maestros de producción, todos se registran en el nivel de **centro**, esto es, para distintos centros de nuestra organización, los datos maestros pueden tener valores diferentes.

Ejemplo de datos maestros por centros

En el centro 0001, un material A puede estar compuesto por los materiales B, C y D, mientras que en el centro 0002, el mismo material A puede estar compuesto por B, C y E.

Los datos maestros deben ser mantenidos con procesión e integridad, y deberán reflejar la realidad, en la medida de lo posible. Cuantos más precisos sean los datos maestros, mejores resultados obtendremos en los diferentes procesos de planificación y control de la producción, como, por ejemplo, el cálculo de las estimaciones de cantidades a fabricar o a consumir de componentes, cuándo hay que fabricar, cuánto durará la producción de un material, cuáles fueron los costes de producción, etc.

En los siguientes apartados se explicarán los campos que se emplean con más frecuencia de cada conjunto de datos maestros. Es posible que para la completa comprensión del significado de algunos de ellos sea necesaria la lectura de los capítulos siguientes, donde se mostrará cómo intervienen en los distintos procesos de producción.

2.1 Materiales

El maestro de materiales contiene toda la información relativa a cada uno de los materiales empleados en las distintas áreas de la empresa, como ventas, compras, producción, gestión de almacenes, etc. Para ello, el maestro de materiales se estructura en diferentes vistas (Figura 2.1), donde cada una contiene campos relativos a un área de la empresa. Normalmente cada departamento se encarga del correcto mantenimiento de los datos del material relativos a su área.

Figura 2.1: Principales secciones del maestro de materiales

Cada material se identifica por un número de material único que se puede configurar como interno (número secuencial dentro de un rango definido) o externo (se asigna manualmente un identificador del material, no necesariamente secuencial). Cada material también se define con un determinado tipo de material y ramo que determinarán qué vistas y campos son relevantes para el material:

- TIPO DE MATERIAL. Sirve para agrupar materiales que tienen características similares. SAP proporciona numerosos tipos de material predefinidos; sin embargo, es posible definir nuevos tipos de material personalizados en parametrización. Algunos de los tipos de material más habituales son:
  - Producto terminado
  - Producto semielaborado
  - Materia prima
  - Material de embalajes
  - Material configurable
  - Servicio

- RAMO. Corresponde con el sector industrial al que pertenece el material. SAP proporciona algunos predefinidos, como comercio, farmacéutico, químico, ingeniería industrial o ingeniería mecánica; sin embargo, es posible crear nuevos ramos en parametrización.

2.1.1 Estructura del maestro de materiales

Anteriormente comentamos que la información de un material se agrupa en una serie de vistas correspondiente a cada una de las distintas áreas de la empresa. Vamos a ver en detalle las vistas del maestro de materiales que contienen campos relevantes para producción. Son las siguientes:

- DATOS BÁSICOS
- CLASIFICACIÓN
- PLANIFICACIÓN DE NECESIDADES
- PREPARACIÓN DEL TRABAJO

A continuación, repasaremos los campos más relevantes de cada una de estas vistas.

> **Campos del maestro de materiales**
>
> Aunque en el maestro de materiales existan una multitud de campos que son relevantes para procesos de las distintas áreas de la compañía, únicamente nos centraremos en aquellos más habituales o que sean relevantes específicamente para procesos de producción.

Datos básicos

Los datos básicos del material están divididos en dos vistas diferentes: DATOS BÁSICOS 1 y DATOS BÁSICOS 2, y una sección de DATOS ADICIONALES, que contienen información general del material relevante para todas las áreas empresariales, como la descripción, la unidad de medida, las unidades de medida alternativas, el peso, el volumen, si el material es configurable, etc. Estos datos son generales para todos los centros que tengamos en nuestra organización, esto es, no podremos configurar, por ejemplo, diferentes valores del peso del material en distintos centros, sino que su valor será el mismo para todos ellos.

En la vista DATOS BÁSICOS 1 (Figura 2.2) podemos registrar la siguiente información.

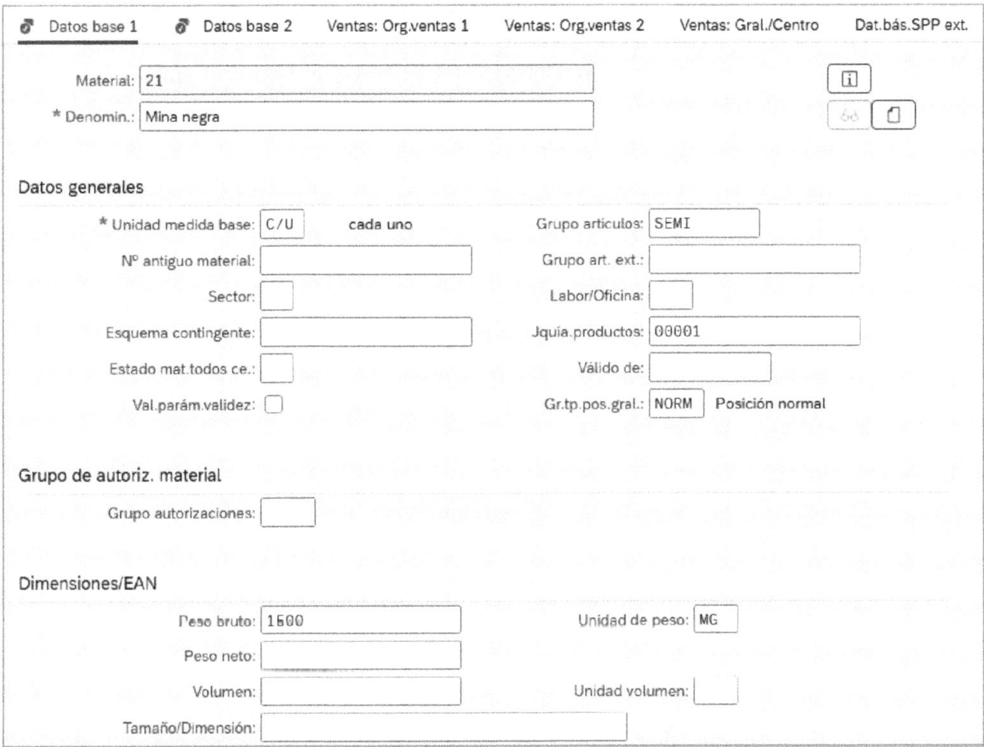

Figura 2.2: Maestro de materiales. Vista «Datos base 1»

> **Campos obligatorios en SAP**
>
> En SAP, los campos que son obligatorios están marcados con el símbolo asterisco rojo (*).

Algunos de los campos que se emplean con más frecuencia de esta vista son los siguientes:

- DESCRIPCIÓN. Descripción del material.
- UNIDAD DE MEDIDA BASE. Unidad de medida en la que se gestiona el stock del material.
- GRUPO DE ARTÍCULOS. Podemos agrupar varios materiales que contengan características similares en grupos de artículos que previa-

mente se han registrado en parametrización. Este campo servirá para filtrar o buscar materiales en diversas aplicaciones de FIORI.

- N.º ANTIGUO DEL MATERIAL. Codificación del material en el sistema de gestión existente antes de la implementación de SAP. Permitirá realizar búsquedas de material por su código antiguo en aplicaciones de FIORI.
- JERARQUÍA DE PRODUCTOS. Los materiales se pueden agrupar jerárquicamente en varios niveles atendiendo a determinadas características comunes, lo cual sirve para el análisis y la determinación de precios.
- DIMENSIONES. Es posible indicar algunos datos de las dimensiones del material como PESO BRUTO, PESO NETO, VOLUMEN, etc. Esta información se puede emplear, por ejemplo, en los procesos de gestión de almacenes para determinar la capacidad de las distintas ubicaciones en el almacén.

En la Figura 2.3 se muestra la vista DATOS BÁSICOS 2, que contiene la siguiente información.

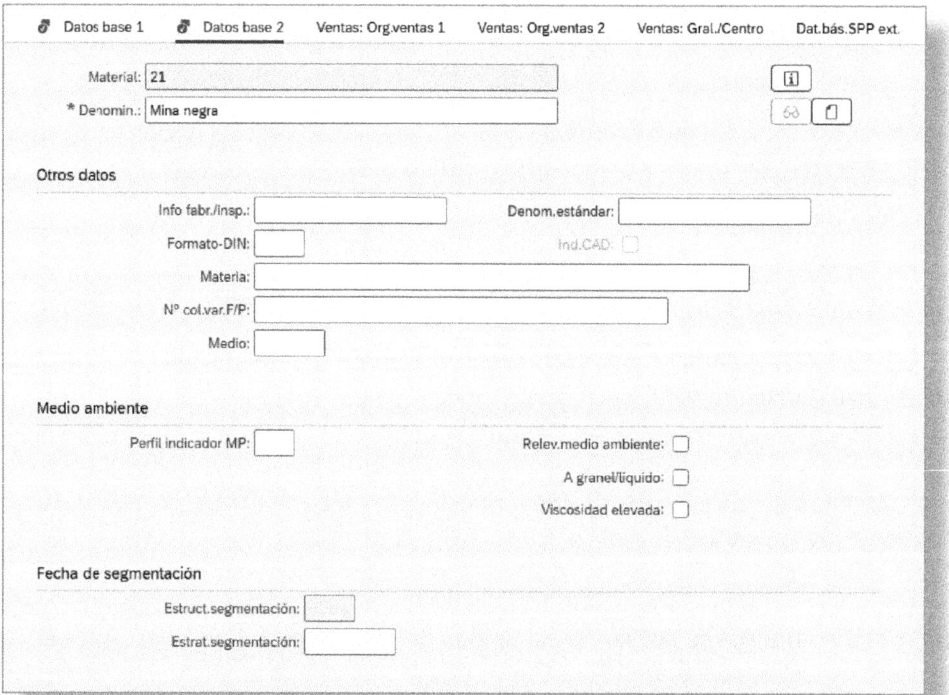

Figura 2.3: Maestro de materiales. Vista «Datos base 2»

Los principales campos son los referentes a materiales configurables en la sección CONFIGURACIÓN ESPECÍFICA DE MANDANTE. La gestión de materiales configurables y sus funcionalidades no se tratarán en detalle en este libro.

A la sección de DATOS ADICIONALES se accede pulsando el botón Datos adicionales de la barra de herramientas. En ella podemos registrar la siguiente información:

- DESCRIPCIÓN DEL MATERIAL EN DIFERENTES IDIOMAS. En la pestaña TEXTOS BREVES podemos indicar la traducción de la descripción del material en diferentes idiomas, de modo que en las diferentes apps siempre se mostrará en el idioma con el que se haya iniciado la sesión de SAP (en caso de existir traducción al mismo).

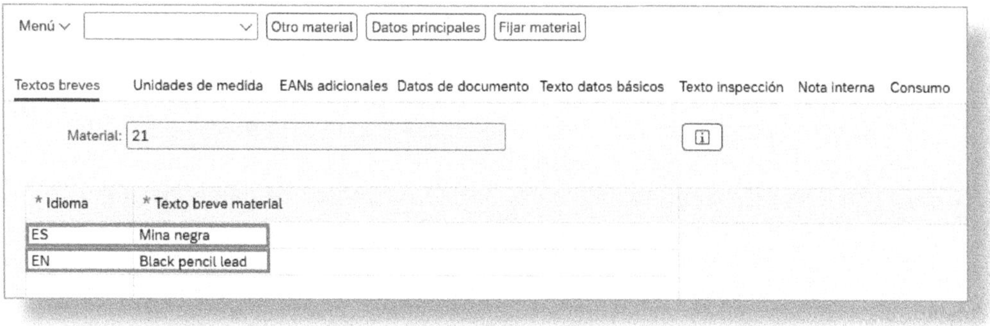

Figura 2.4: Maestro de materiales. Textos breves

- UNIDADES DE MEDIDA ALTERNATIVAS. Si el material puede ser gestionado en más de una unidad de medida, debemos registrarlas en esta sección (Figura 2.5), indicando cuáles son y qué equivalencia tienen con la unidad de medida base del material. En este ejemplo, en una bolsa del material equivale a 25 unidades.

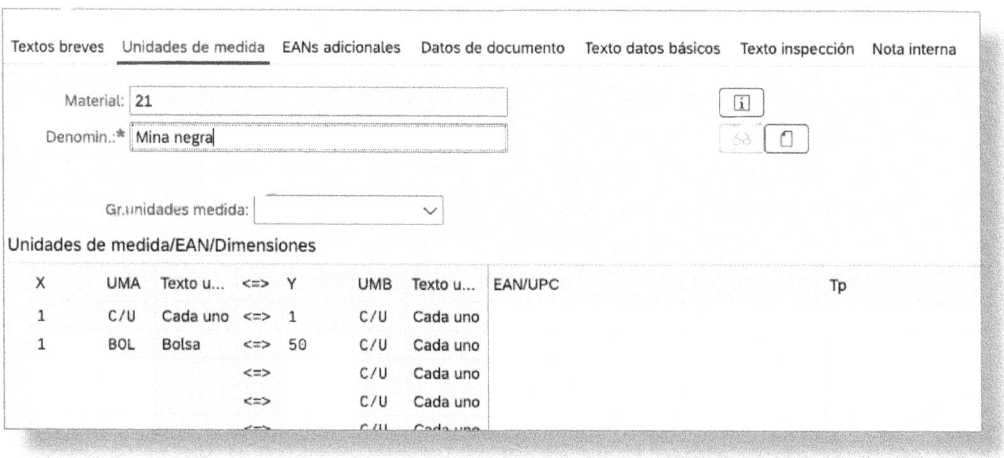

Figura 2.5: Maestro de materiales. Unidades de medida

Clasificación

Para los propósitos de este libro no vamos a ver en detalle esta vista, únicamente comentaremos que contiene características asociadas al material. Las características se definen para registrar información relevante para distintos objetos de SAP, que no está recogida en los campos estándar. Estas características pueden ser útiles para distintos procesos empresariales dentro de SAP.

Las características están agrupadas en clases que pueden ser de distintos tipos (material, lotes, configuración de materiales, etc.), dependiendo a qué objeto se refieran dichas características.

Planificación de necesidades

Las vistas de planificación de necesidades contienen parámetros para definir cómo se realiza la planificación de la producción o el aprovisionamiento externo del material en cada centro. Dada la cantidad de parámetros que contiene, se divide en cuatro vistas diferentes. Vamos a ver en detalle qué campos contiene cada una de ellas.

- **Planificación de necesidades 1**

Esta vista contiene algunos parámetros que determinan quién es el responsable de la planificación del material y cómo se realizará. Si esta se realiza mediante el proceso denominado MRP (*Material Requirements Planning)*, también encontramos campos que determinarán de qué modo debe trabajar y cómo debe calcular las cantidades necesarias para producir o aprovisionar. A partir de este momento, cuando se emplee el término aprovisionamiento, nos estaremos refiriendo tanto a producción como a aprovisionamiento externo (compras, traslado desde otros centros, etc.).

¿Qué es el MRP?

Aunque ya se explicará con detalle en la Sección 3.2, MRP son las siglas en inglés de planificación de necesidades de material, y es un proceso por el cual SAP determina cantidades y fechas de aprovisionamiento (producción o aprovisionamiento externo), para garantizar que el material tenga suficiente stock disponible en el momento que sea necesario para cubrir su demanda futura.

Esta vista, se muestra en la Figura 2.6.

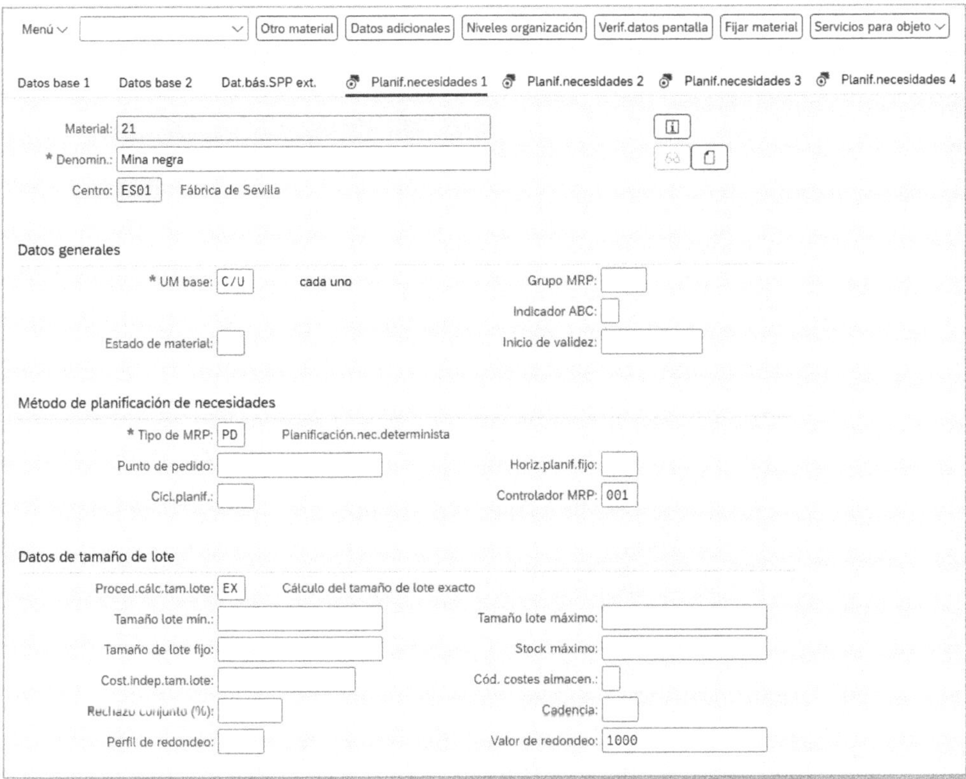

Figura 2.6: Maestro de materiales. Planificación de necesidades 1

Algunos de los campos usados habitualmente son los siguientes:

- TIPO DE MRP. Indica si el material será planificado o no por el MRP y, en caso afirmativo, qué tipo de planificación realizará el MRP. Los valores más habituales son:
  - *ND*: este material no se planificará utilizando MRP.
  - *PD*: el material se planifica utilizando MRP.
  - *VB*: el material es planificado por MRP utilizando la estrategia de punto de reaprovisionamiento. El valor del punto de reaprovisionamiento se configura en el campo *Punto de pedido*.
- PUNTO DE REAPROVISIONAMIENTO. Indica el nivel de stock umbral del material en el centro a partir del cual el MRP generará nuevas propuestas de aprovisionamiento.
- CONTROLADOR MRP. Indica qué persona o equipo de personas es la responsable de la planificación del material en el centro. Este cam-

po servirá en algunas aplicaciones como filtro para gestionar solo los materiales planificados por un planificador específico. Para el caso práctico usaremos los siguientes valores:

- *001:* planificación de producción de minas
- *002:* planificación de producción de lápices
- *003:* planificación de producción de estuches
- *100:* planificación de compra de materia prima

- TAMAÑO DE LOTE. Este campo se emplea para determinar la forma en que el MRP debe calcular la cantidad que se va a aprovisionar. Los valores más habituales son:
  - *FX*: el MRP propondrá siempre una cantidad fija, la indicada en el campo *Tamaño de lote fijo*. Si esa cantidad no es suficiente para cubrir la demanda, realizará tantas propuestas de aprovisionamiento con esa cantidad fija como sean necesarias para cubrirla completamente.
  - *EX*: el MRP propondrá exactamente la cantidad necesaria para cubrir la demanda.
  - *WB*: el MRP propondrá la cantidad exacta necesaria para cubrir toda la demanda de cada semana.
  - *MB*: el MRP propondrá la cantidad exacta necesaria para cubrir toda la demanda de cada mes.
  - *HB*: el MRP propondrá la cantidad necesaria para reponer el stock del material en el centro hasta una cantidad determinada. Esta cantidad se configura en el campo *Nivel máximo de stock*.
- TAMAÑO DE LOTE MÍNIMO. El MRP propondrá al menos la cantidad especificada en este campo, aunque la cantidad necesaria para cubrir la demanda sea inferior a la misma.
- TAMAÑO DE LOTE MÁXIMO. El MRP propondrá como máximo la cantidad especificada en este campo. Si se requiere más cantidad para cubrir la demanda, el MRP generará propuestas de aprovisionamiento adicionales.
- TAMAÑO DE LOTE FIJO. El MRP propondrá aprovisionar siempre la misma cantidad (solo cuando el campo TAMAÑO DE LOTE tenga el valor *FX*).
- STOCK MÁXIMO. En caso de usar un aprovisionamiento de reposición hasta el nivel máximo (valor *HB* del campo TAMAÑO DE LOTE), en este campo indicamos dicha cantidad de stock máximo.

- VALOR DE REDONDEO. Indica si las cantidades de las propuestas de aprovisionamiento generadas por el MRP deben ser múltiplos de la cantidad indicada en este campo. Si se ha rellenado, el MRP propondrá una cantidad redondeada superior de la cantidad demandada a un múltiplo del valor de este campo.

Campos para el cálculo de cantidades

En la Sección 3.2 dedicada al proceso de MRP se comentará en detalle cómo cada uno de estos campos afectarán al cálculo de las cantidades de las propuestas de aprovisionamiento que el MRP genere.

- **Planificación de necesidades 2**

Esta vista (Figura 2.7) tiene la siguiente apariencia:

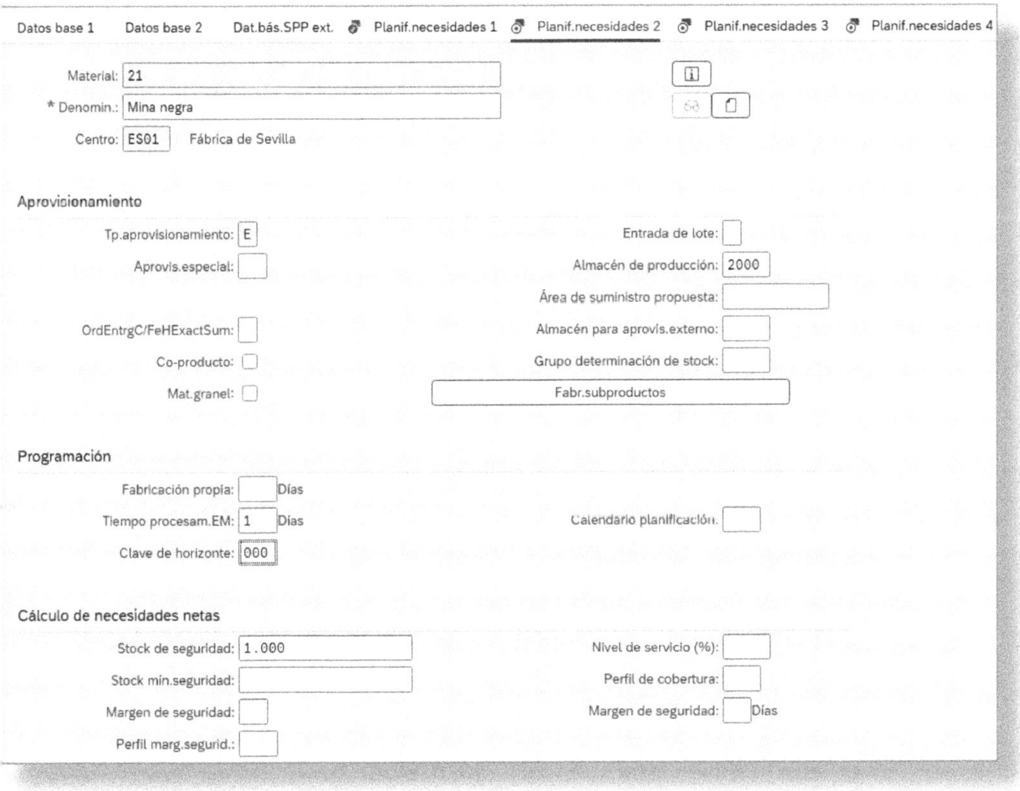

Figura 2.7: Maestro de materiales. Planificación de necesidades 2

Algunos de los campos usados habitualmente son los siguientes:

- TIPO DE APROVISIONAMIENTO. En este campo indicamos si el material en el centro es producido, aprovisionado externamente o ambas posibilidades. Los valores posibles son:
    - *E*: el material se produce en el centro.
    - *F*: el material es de aprovisionamiento externo.
    - *X*: ambos tipos de aprovisionamiento son posibles en el centro.
- APROVISIONAMIENTO ESPECIAL. Si el material se aprovisiona externamente de alguna manera especial, por ejemplo, consignación, subcontratación, desde otro de los centros de nuestra compañía, etc.
- ALMACÉN DE PRODUCCIÓN. Almacén por defecto donde se almacena el stock producido. Si el material se consume en un proceso productivo, este campo indicará en qué almacén se descontará del stock la cantidad consumida. Las propuestas de producción generadas por MRP contendrán este almacén por defecto.
- ALMACÉN DE ENTRADA DE MERCANCÍAS. Almacén por defecto donde se almacena el stock recepcionado externamente. Las propuestas de aprovisionamiento externo generadas por MRP contendrán este almacén por defecto para el material y centro.
- TIEMPO DE FABRICACIÓN PROPIA. Días laborales necesarios para producir el material (independiente de la cantidad que se va a producir). Empleamos este campo si queremos que el MRP realice una estimación genérica de la duración de la producción. Si requerimos que realice una programación más detallada de la duración del proceso productivo, dicha información se almacenará en la hoja de ruta del material.
- PLAZO DE ENTREGA PREVISTO. Número de días naturales necesarios para el aprovisionamiento externo del material. Representa el tiempo que transcurre desde que enviamos el pedido al proveedor hasta que recibimos la mercancía en nuestro centro.
- TIEMPO DE PROCESAMIENTO DE ENTRADA DE MERCANCÍAS. Número de días laborables (según calendario) necesarios después de producir o recibir externamente el material para que esté disponible para su uso en el centro. Este campo puede representar diversas situaciones, como el tiempo para asignar el material en el almacén, el tiempo que tarda la inspección de calidad, etc.

- CLAVE DE HORIZONTE. Indica diferentes tiempos de holgura (en días laborables) necesarios para la programación de una orden. Esta clave contiene un conjunto de valores para cuatro tiempos de holgura diferentes siguientes que se explicarán en detalle en el Capítulo 4.
  - **Horizonte de apertura**
  - **Tiempo de seguridad** (si el material es producido)
  - **Tiempo de anticipo** (si el material es producido)
  - **Horizonte de lanzamiento** (si el material es producido)
- STOCK DE SEGURIDAD. Cantidad de stock del material que siempre debería permanecer en el centro, por ejemplo, para satisfacer alguna demanda inesperadamente alta. Si el stock actual en el centro está por debajo de este stock de seguridad, el MRP propondrá aprovisionarlo/producirlo, aunque no haya otro tipo de demanda del material.

- **Planificación de necesidades 3**

En la Figura 2.8 a continuación se muestra la vista PLANIFICACIÓN DE NECESIDADES 3.

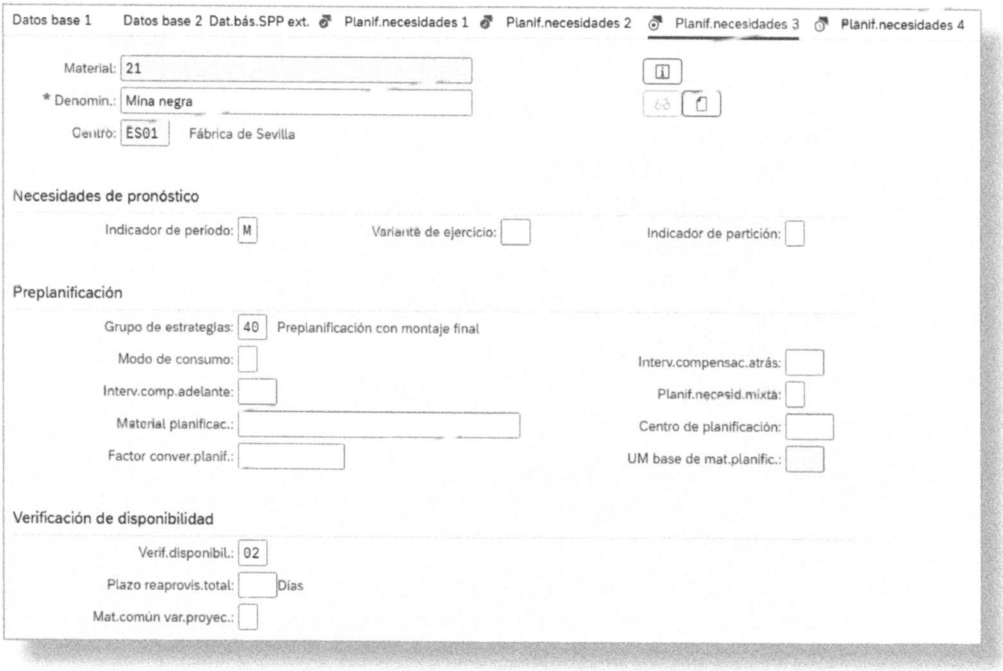

Figura 2.8: Maestro de materiales. Planificación de necesidades 3

Algunos de los campos usados habitualmente son los siguientes:

- GRUPO DE ESTRATEGIA. Define la estrategia de planificación y producción del material en el centro, por ejemplo, si el material se produce contra stock o contra pedido. Algunos de los valores más habituales son:
  - *10*: fabricación contra stock
  - *20*: fabricación contra pedido
  - *40*: preplanificación con montaje final (fabricación contra stock)
- MODO DE COMPENSACIÓN. Define cómo se compensan (consumen) las previsiones de demanda por la demanda real. Cuando trabajamos con previsiones de demanda en un determinado periodo, al registrarse en SAP una demanda real en dicho periodo, la previsión debe reducirse en la cantidad de la demanda real, para no duplicar demanda en el material. Los valores posibles de este campo son:
  - *1* (solo compensación hacia atrás): la demanda real compensa las previsiones anteriores a la fecha de la demanda real, en un periodo de días definido en el campo *Intervalo de compensación hacia atrás*.
  - *2* (compensación hacia atrás/hacia delante): la demanda real compensa las previsiones anteriores a la fecha de la demanda real, en un periodo de días definido en el campo *Intervalo de compensación hacia atrás*. Si la cantidad compensada es inferior a la de la demanda real, se tratará de compensar la previsión posterior a la fecha de la demanda real, el número de días definido en el campo *Intervalo de compensación hacia adelante*.
  - *3* (solo compensación hacia adelante): la demanda real compensará las previsiones con fecha posterior a la de la demanda real, en un periodo de días definido en el campo *Intervalo de compensación hacia adelante*.
  - *4* (compensación hacia delante/hacia atrás): igual que el valor 2 pero en sentido inverso.
- INTERVALO DE COMPENSACIÓN HACIA ATRÁS. Número de días laborables previos a la demanda real en el que esta debe compensar la demanda prevista.
- INTERVALO DE COMPENSACIÓN HACIA ADELANTE. Número de días laborables posteriores a la demanda real en el que esta debe compensar la demanda prevista.

- VERIFICACIÓN DE DISPONIBILIDAD. Determina si SAP puede comprobar la disponibilidad de este material en una fecha determinada y, en caso positivo, de qué manera debe hacerlo. Algunos valores comunes de este campo son:
  - *KP* (sin verificación): SAP no realizará verificación de disponibilidad para el material en el centro.
  - *01* (necesidad colectiva): se comprueba la disponibilidad del material para la demanda total en un periodo determinado.
  - *02* (necesidad individual): la disponibilidad del material se verificará individualmente para cada necesidad.

Compensación de la previsión de demanda

En la Sección 3.1 sobre gestión de la demanda se explicarán con detalle todas estas opciones de compensación de demanda prevista con demanda real.

- **Planificación de necesidades 4**

Esta vista (Figura 2.9) tiene la siguiente apariencia

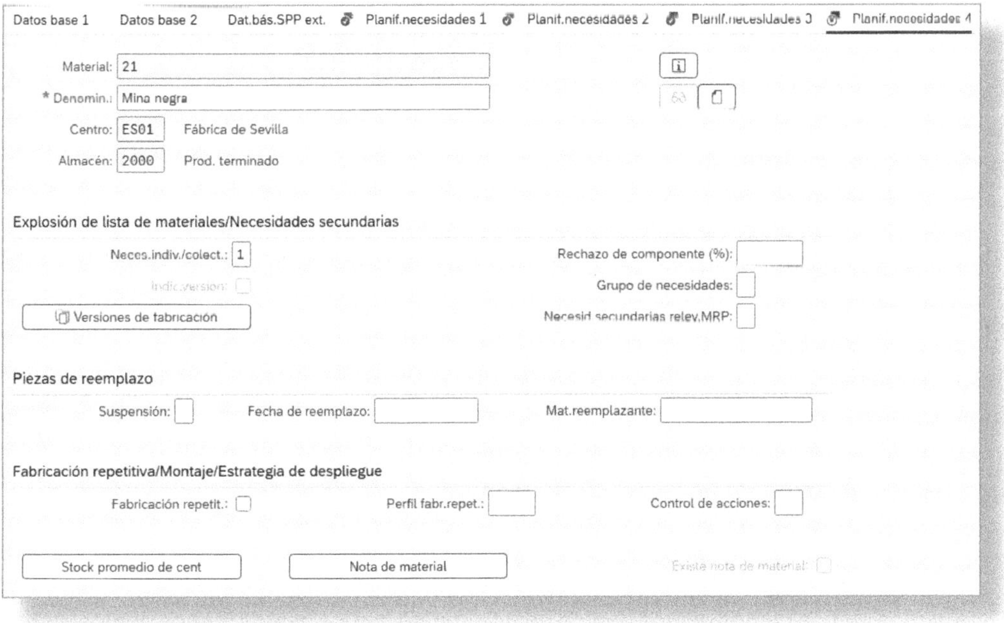

Figura 2.9: Maestro de materiales. Planificación de necesidades 4

Algunos de los campos usados habitualmente son los siguientes:

- INDICADOR DE NECESIDADES SECUNDARIAS PARA NECESIDADES COLECTIVAS E INDIVIDUALES. Determina si las necesidades secundarias del material (stock necesario del material para producir otro) se generarán de manera individual (ese stock está vinculado a la necesidad de producción y no puede emplearse para otra producción) o colectivo (el stock del centro de este material no está ligado a la necesidad secundaria, sino que puede usarse para cualquier fin).
- FABRICACIÓN REPETITIVA. Si el material se gestionará mediante fabricación repetitiva, este indicador debe estar seleccionado.
- PERFIL DE FABRICACIÓN REPETITIVA. Si el material se gestionará mediante fabricación repetitiva, este campo indica de qué modo se controlará dicho proceso productivo. En el Capítulo 4 se detallarán las distintas opciones de control que se pueden definir en este perfil.
- VERSIONES DE FABRICACIÓN. Desde esta vista podemos consultar y gestionar las diferentes versiones de fabricación que tenga el material en el centro. En la Sección 2.5 de este capítulo veremos en detalle cómo se realiza esta gestión.

Preparación del trabajo

Esta vista, mostrada en la Figura 2.10, contiene parámetros para el control de la producción del material, tolerancias de la cantidad fabricada respecto a la planificada, cómo se generan números de serie, etc.

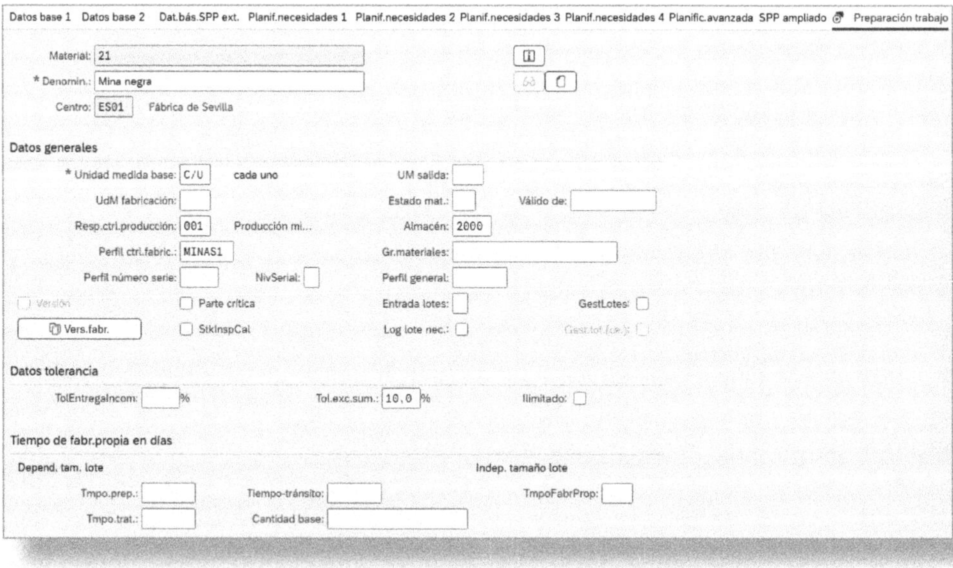

Figura 2.10: Maestro de materiales. Preparación de trabajo

Algunos de los campos usados habitualmente son los siguientes:

- RESPONSABLE DEL CONTROL DE LA PRODUCCIÓN. Persona o equipo responsable de la fabricación del material. Para el caso práctico se han definido los siguientes:
  - *001* para la producción de minas y lápices
  - *002* para la producción de estuches
- PERFIL DE CONTROL DE LA PRODUCCIÓN. Este perfil reúne una serie de configuraciones necesarias para el control de la producción del material, como el tipo de orden de fabricación por defecto, si se realizará una entrada de mercancías automática al notificar la orden de fabricación, si debe liberarse la orden automáticamente cuando se crea, etc. Para el caso práctico se han definido los siguientes:
  - *MINAS1*: perfil para la fabricación de minas
  - *LAPIC1*: perfil para la fabricación de lápices
  - *ESTUC1*: perfil para la fabricación de estuches
- PERFIL DE NÚMERO DE SERIE. Si el material requiere ser gestionado con número de serie, este perfil define el modo en que debe comportarse la generación y gestión de números de serie.
- LÍMITE DE TOLERANCIA PARA ENTREGA INCOMPLETA. Indica qué porcentaje por debajo de la cantidad de orden de fabricación se permite al hacer la entrada de mercancías del material producido.
- LÍMITE DE TOLERANCIA PARA EL EXCESO DE SUMINISTRO. Indica qué porcentaje respecto a la cantidad de orden de fabricación se permite superar al hacer la entrada de mercancías del material producido.
- EXCESO DE SUMINISTRO ILIMITADO. Mediante este indicador señalamos que la cantidad producida puede ser ilimitadamente mayor que la cantidad prevista en la orden de fabricación.

2.1.2 Creación de materiales

Para crear un material accedemos a la app CREACIÓN DE MATERIALES (Figura 2.11).

Figura 2.11: App Creación de materiales

En la Figura 2.12 se muestra la pantalla inicial.

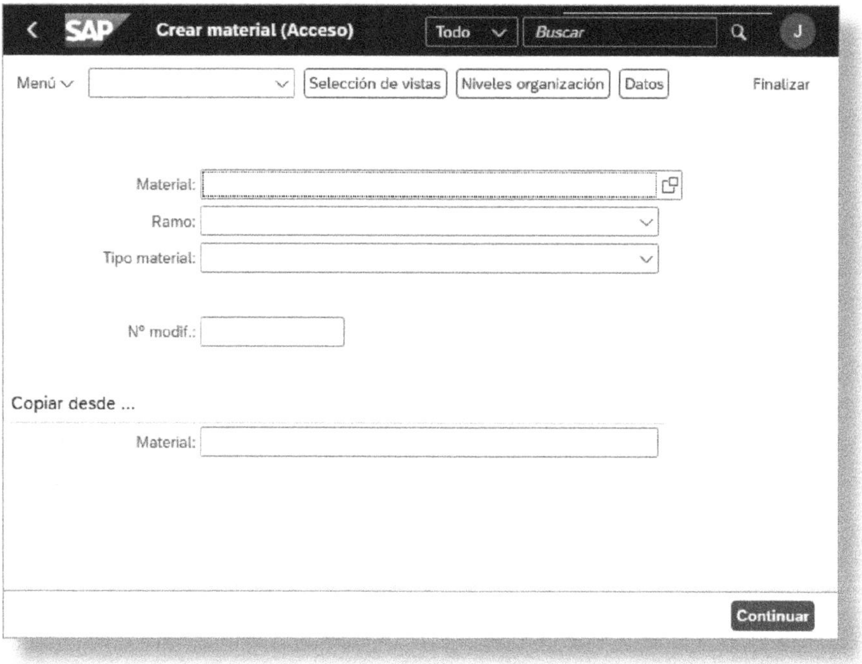

Figura 2.12: Creación de materiales. Pantalla inicial

Podemos crear un material en SAP directamente, o bien podemos crearlo como copia de otro material existente.

Creación de un material directamente

Para crear un material desde cero debemos rellenar los siguientes campos, que explicamos anteriormente:

- MATERIAL. Si la numeración del material es externa, debemos introducir el número del material que se va a crear. Si es interno, no es necesario, SAP asignará el siguiente número secuencial disponible.
- RAMO. Indica el tipo de industria al que pertenece el material.
- TIPO DE MATERIAL. El material tiene un tipo de material según su uso.

A continuación, SAP muestra la pantalla de la Figura 2.13 para seleccionar qué vistas del material queremos crear.

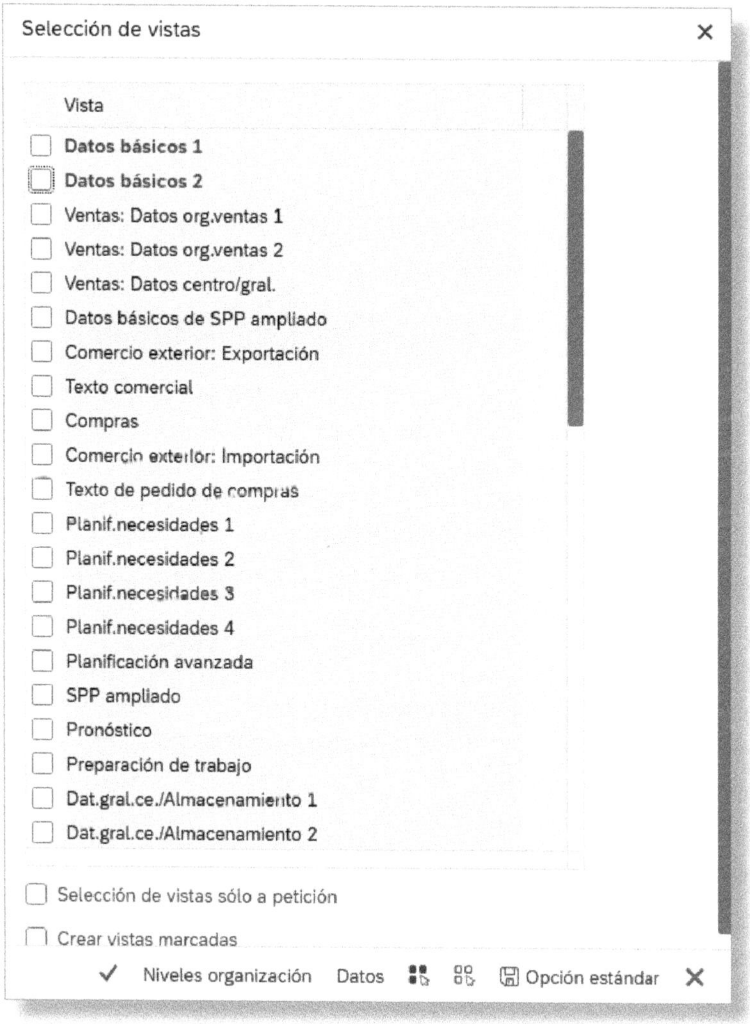

Figura 2.13: Creación de materiales. Selección de vistas

Para pasar a la siguiente pantalla pulsamos INTRO. Si estamos creando el material directamente aparecerá esta pantalla (Figura 2.14) para seleccionar para qué estructura organizativa lo estamos creando.

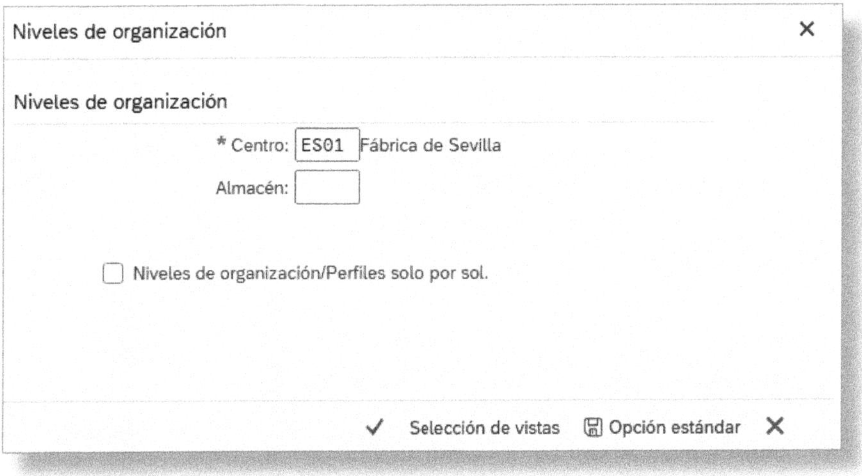

Figura 2.14: Creación de materiales. Selección de unidades organizativas

Guardar preferencias

Si recurrentemente vamos a usar las mismas vistas y/o la misma estructura organizativa a la hora de crear, modificar o visualizar el material, podemos hacer clic en el botón Opción estándar en cada una de las dos pantallas anteriores, para que la próxima vez que hagamos esta operación ya aparezcan seleccionadas estas opciones por defecto.

Pulsamos INTRO y accedemos a la primera vista seleccionada, en la que podemos rellenar la información requerida y aquella que necesitemos. A partir de ahí, iremos pasando por las diferentes vistas seleccionadas hasta que completemos toda la información necesaria. Cuando pulsemos el botón Guardar crearemos el material.

Creación de un material como copia de otro

En caso de que queramos copiar el material de otro existente, rellenamos, además de los campos Ramo y Tipo de material, el campo MATERIAL MODELO, donde indicamos el material que tomamos como modelo para la creación del nuevo.

Si estamos copiando el material de otro, aparece la pantalla mostrada en la Figura 2.15, donde indicamos qué estructura organizativa vamos a tomar del material modelo y en qué estructura organizativa vamos a crear el nuevo material.

Figura 2.15: Selección de estructura organizativa modelo

Pulsamos INTRO para ir a la primera de las vistas seleccionadas, donde encontraremos los campos rellenos con los valores que tenía el material modelo. A partir de este momento podemos ir pasando por las diferentes vistas e ir modificando aquellos campos que deseemos. Para finalizar, tras pulsar el botón Guardar, se creará el material.

! Atención

Es necesario pasar por todas las vistas aunque no vayamos a modificar ningún campo de ellas, pues solamente se crearán aquellas vistas por las que hayamos pasado.

2.1.3 Modificación de materiales

Para modificar un material accedemos a la app MODIFICAR MATERIAL (Figura 2.16).

Figura 2.16: App Modificar material

Aparece la siguiente pantalla (Figura 2.17).

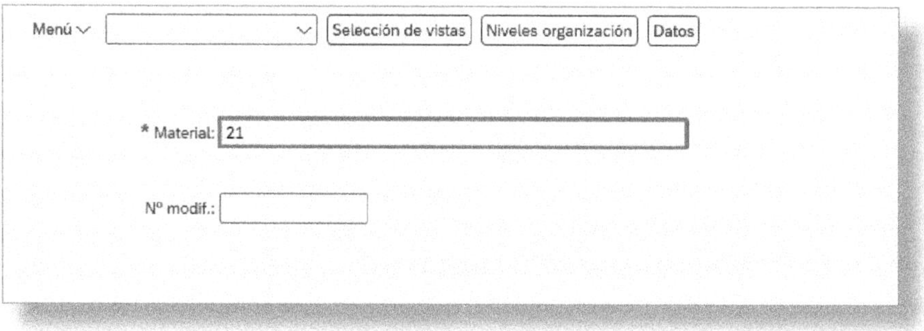

Figura 2.17: Modificar material. Pantalla inicial

Introducimos el número de material que se va a modificar y pulsamos INTRO. SAP nos pide que seleccionemos las vistas que se van a modificar y la estructura organizativa de manera análoga a cuando creamos el material. Una vez seleccionada dicha información, pasamos a la primera vista seleccionada. A partir de ese momento, podemos ir modificando los campos que deseemos en las diferentes vistas seleccionadas. Para completar la modificación del material pulsamos el botón Guardar.

2.1.4 Visualización de materiales

Para la visualización de un material empleamos la app VISUALIZACIÓN DE MATERIAL (Figura 2.18).

Procedemos de manera análoga a cuando queremos modificarlo, con la salvedad de que no se permitirá la modificación de ningún campo, únicamente la visualización de información. Los campos aparecerán todos deshabilitados con el fondo en gris.

Figura 2.18: App Visualización de material

2.1.5 Caso práctico

Vamos a ver ahora un caso práctico que ejemplifique algunos de los campos del maestro de materiales. En nuestra fábrica de lápices vamos a necesitar una serie de materiales de diferente tipo: productos terminados, semielaborados y materia prima. Los materiales que vamos a necesitar son los que se muestran en la Figura 2.19.

Tipo material	Material	Descripción	Planif. Nec.
Producto terminado	43	Estuche de lápices negros	003 (Producción estuches)
	45	Estuche de lápices de colores	003 (Producción estuches)
	44	Lápiz negro	002 (Producción lápices)
	29	Lápiz verde	002 (Producción lápices)
	30	Lápiz azul	002 (Producción lápices)
	28	Lápiz rojo	002 (Producción lápices)
Producto semielaborado	21	Mina negra	001 (Producción minas)
	24	Mina verde	001 (Producción minas)
	25	Mina azul	001 (Producción minas)
	23	Mina roja	001 (Producción minas)
Materia prima	49	Caja para lápices negros	002 (Compras)
	50	Caja para lápices de colores	002 (Compras)
	51	Tablilla de cedro	002 (Compras)
	52	Virula de aluminio	002 (Compras)
	53	Goma de borrar	002 (Compras)
	54	Barniz	002 (Compras)
	55	Pintura verde	002 (Compras)
	56	Pintura azul	002 (Compras)
	57	Pintura roja	002 (Compras)
	37	Grafito	002 (Compras)
	38	Arcilla	002 (Compras)
	39	Agua	002 (Compras)
	41	Aceite	002 (Compras)
	42	Cera	002 (Compras)
	58	Caolina verde	002 (Compras)
	59	Caolina azul	002 (Compras)
	60	Caolina roja	002 (Compras)

Figura 2.19: Listado de materiales creados en Lápices Arcoíris

Los lápices tanto de colores como negros se han creado como producto terminado porque también podrían venderse sin estuche en algún momento.

En los siguientes capítulos se mostrarán qué valores se asignan a aquellos campos relevantes para la planificación y control de la producción.

2.2 Listas de materiales

Las listas de materiales se crean para un material específico (producto terminado) y reflejan la estructura de un material. La lista incluye todos aquellos demás materiales que lo componen en su producción, así como la cantidad necesaria de cada uno de ellos para producir la cantidad base de dicho producto terminado, como se muestra en la Figura 2.20.

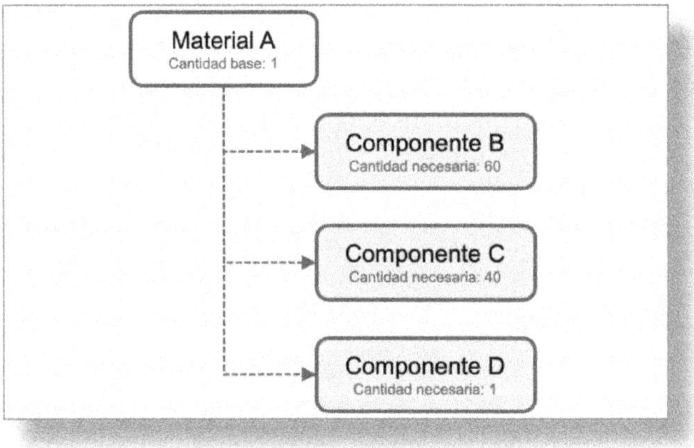

Figura 2.20: Ejemplo de lista de material

☛ ¿Cómo nombramos también a las listas de materiales?

Las listas de materiales son también conocidas como BOM por sus siglas en inglés: *Bill of materials*.

Las listas de materiales no únicamente se emplean en SAP para producción, sino también en otras áreas empresariales, como ventas y distribución, ingeniería, mantenimiento de planta, costes, etc. En cuanto a adscripción a estructuras organizativas, se pueden crear a nivel de centro o a nivel de cliente, si la estructura del material siempre va a ser idéntica para todos los centros.

Las listas de materiales pueden ser de un único nivel, o multinivel en el caso de que alguno de los componentes tenga a su vez una lista de materiales. La Figura 2.21 muestra un ejemplo de listas de materiales multinivel.

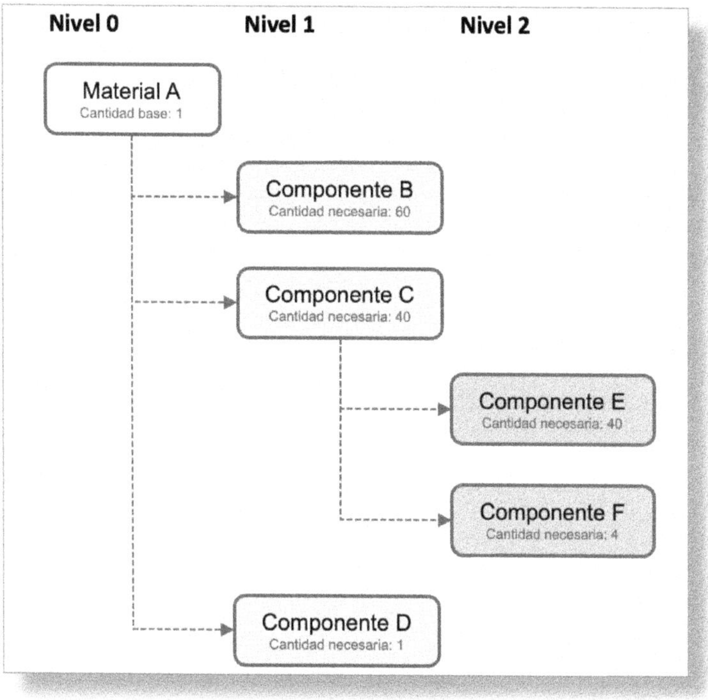

Figura 2.21: Lista de materiales multinivel

Un material puede tener más de una lista de materiales en caso de que su producción pueda realizarse empleando componentes o cantidades de componentes distintas. Cada lista de materiales de un material se identificará por el campo ALTERNATIVA DE LA LISTA DE MATERIALES, que corresponde con un número secuencial distinto por cada lista de materiales, comenzando por 1, como vemos en la Figura 2.22.

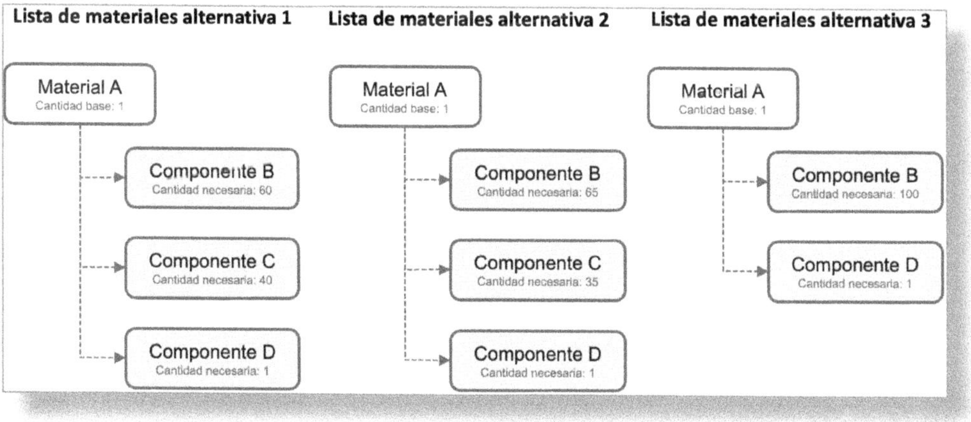

Figura 2.22: Ejemplo de listas de materiales alternativas para un material

2.2.1 Estructura de las listas de materiales

Las listas de materiales se componen de dos partes:

- CABECERA. Contiene información general de la lista de materiales.
- COMPONENTES. Contiene el conjunto de materiales necesarios para la producción del producto terminado, las cantidades necesarias y algunos parámetros de control.

Cabecera de la lista de materiales

Accedemos a la cabecera de la lista de materiales mediante el icono Cabecera. Aparece la siguiente pantalla (Figura 2.23):

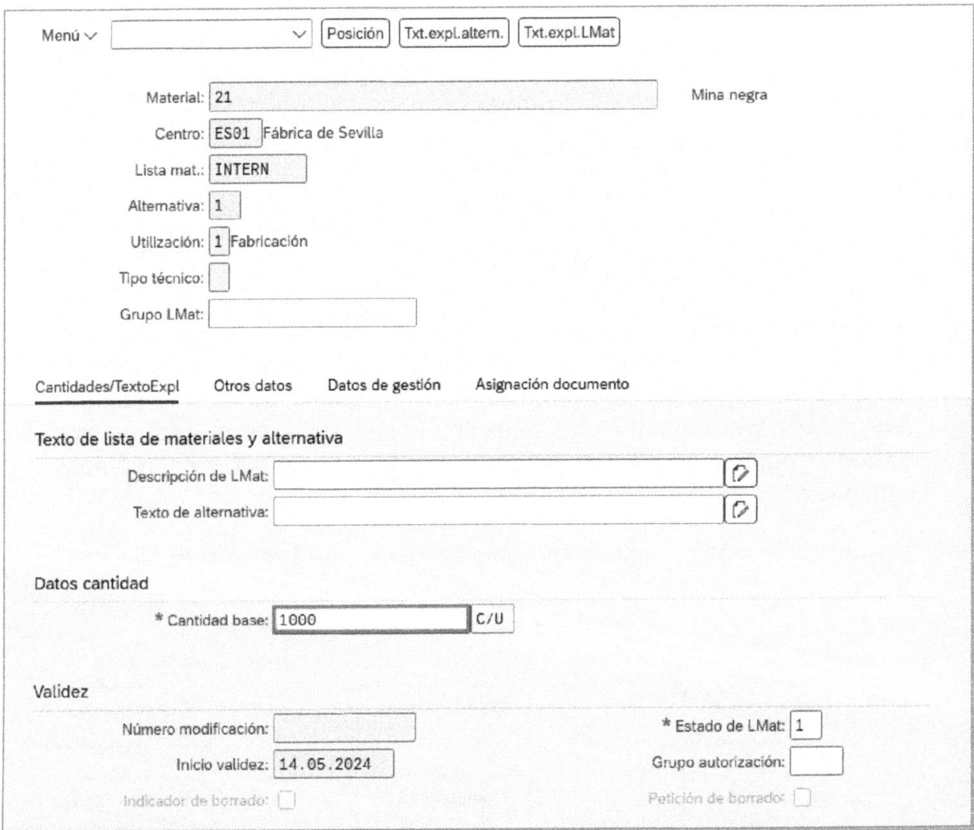

Figura 2.23: Lista de materiales. Cabecera

Algunos campos interesantes son los siguientes:

- MATERIAL para el que creamos la lista de materiales.
- CENTRO. En caso de que queramos restringir la lista de materiales a un centro específico. Si no introducimos el centro, la lista de materiales aplicará para todos los centros del mismo cliente.
- USO. Define para qué área empresarial se emplea la lista de materiales. Para producción introducimos el valor *1*.
- ALTERNATIVA. Identifica distintas listas de materiales para un mismo material. Si dejamos el campo en blanco el sistema asigna un número secuencial comenzando por 1. También podemos indicar algún valor alfanumérico concreto de máximo 2 caracteres.
- CANTIDAD BASE. Cantidad de referencia para las cantidades indicadas en los componentes. Se emplea para calcular cuánta cantidad de cada componente se requiere para producir cierta cantidad del producto terminado. La cantidad base viene expresada en la unidad de medida base del material.
- TEXTO DE LA LISTA DE MATERIALES. Texto que identifica cada lista de materiales de un material. Este texto es opcional.
- ESTADO DE LMAT. Indica en qué estado se encuentra la lista de materiales. El valor *1* significa que está activa.

En la pestaña DATOS DE GESTIÓN, podemos visualizar los campos mostrados en la Figura 2.24:

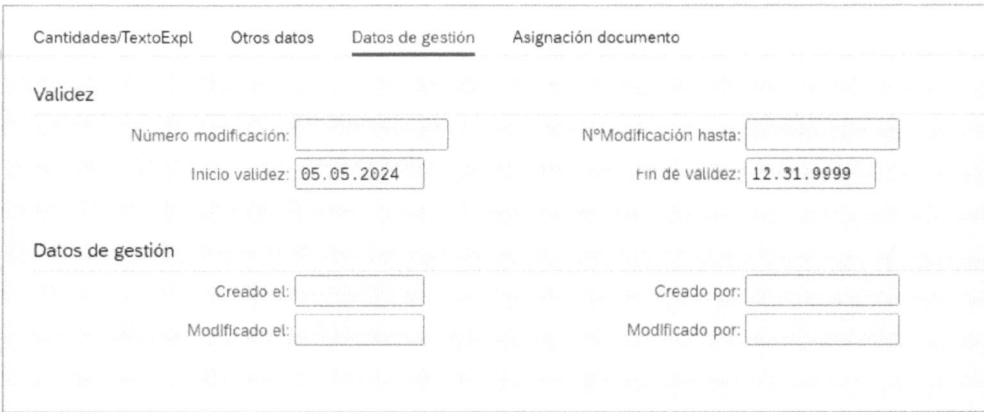

Figura 2.24: Lista de materiales. Cabecera: Datos de gestión

- VALIDEZ. Muestra el periodo de validez de la lista de materiales. Por defecto, el inicio de validez es la fecha de creación de la lista de materiales, y la fecha de fin es infinita (representada por la fecha 31 de diciembre del 9999).
- DATOS DE GESTIÓN. Contiene información sobre qué usuario creó o modificó la lista de materiales, en qué fecha y hora se realizaron estas operaciones.

Componentes

Desde la cabecera de la lista de materiales, podemos pulsar el botón Posición para pasar a la lista de componentes (Figura 2.25).

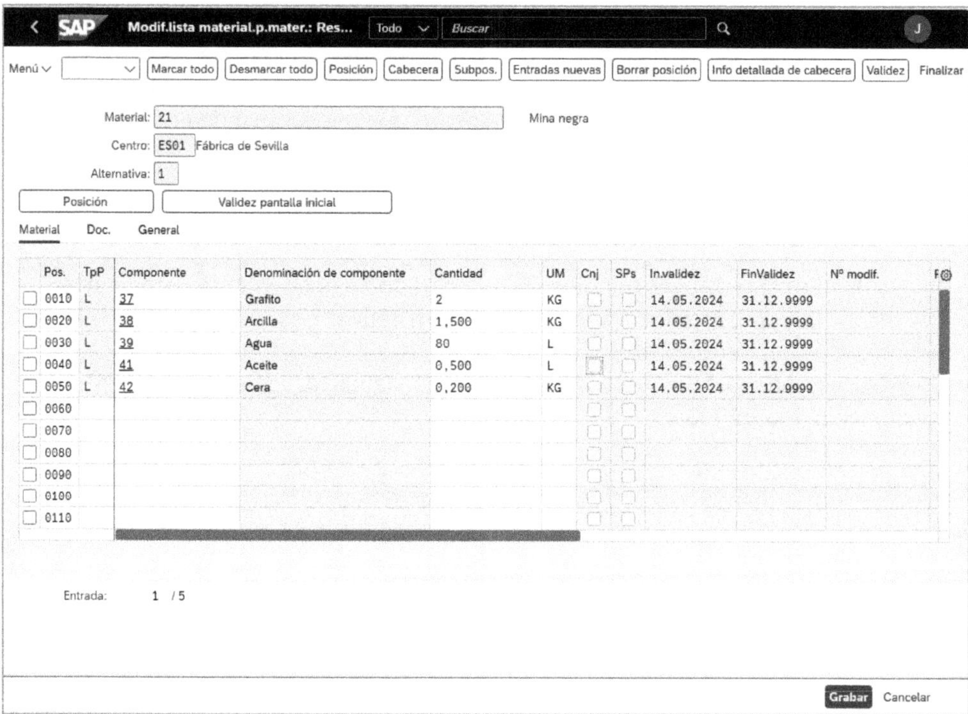

Figura 2.25: Lista de materiales. Lista de componentes

La lista de componentes muestra algunos de los campos más importantes de cada componente, que son los siguientes:

- POSICIÓN. Identificador de cada componente. Por defecto, SAP numera las posiciones de diez en diez, para permitir que posteriormente se inserten componentes intercalados entre dos existentes sin tener que renumerarlos.
- CLASE DE POSICIÓN. Indica el tipo del componente, que determinará qué funciones pueden realizarse con el mismo. En SAP se definen una serie de tipos de componentes posibles, entre ellos los siguientes:
    - *L* (posición de almacén): se corresponde con un material cuyo stock se gestiona en SAP.
    - *R* (tamaño variable): el componente puede tener tamaños diferentes, calculado a partir de una fórmula que emplea las dimensiones necesarias para la producción.
    - *D* (documento): el componente se corresponde con un documento que puede representar una fotografía, un plano, unas instrucciones, etc.
    - *K* (clase): se emplea para listas de materiales configurables. En lugar de un material, indicamos una clase. En función del valor de las características de la clase solicitadas por un cliente en el pedido de venta, la orden de fabricación tomará en su lista de componentes aquel material que contenga los valores de las características deseados por el cliente. La lista de materiales es, por tanto, dinámica (llamada en inglés *Super BOM*).
- COMPONENTE. Número de material del componente. En caso de ser una posición de tipo *K* (clase), no indicaremos ningún material en este campo.
- CANTIDAD. La cantidad del componente necesaria para producir la cantidad base del material de cabecera.
- CONJUNTO. Este indicador muestra si el componente tiene a su vez una lista de materiales. Con un doble clic sobre este indicador marcado podemos visualizar dicha lista de materiales.
- FECHAS DE VALIDEZ. Periodo en el que el componente es válido.

Detalle de componente

Si quisiéramos gestionar o visualizar más campos de cada componente, podemos ir al detalle del componente haciendo doble clic sobre el número de posición, o bien marcando la posición y pulsando el botón [Posición]. Algunos campos interesantes son los siguientes:

- CANTIDAD FIJA. Marcamos este indicador en caso de que la cantidad necesaria del componente no dependa de la cantidad a producir del material de cabecera, sino que será siempre una cantidad fija.
- CO-PRODUCTO. Un coproducto es un material que se produce al mismo tiempo que el material de cabecera, en el mismo proceso de producción. Los coproductos se indican como un componente más de la lista de materiales, con este indicador marcado, y la cantidad tendrá un valor negativo e indicará la cantidad que se producirá del coproducto respecto a la cantidad base.
- RECHAZO COMPONENTE %. Porcentaje del componente que se desperdicia en la producción.

Ejemplo

Si necesitamos 100 unidades para producir un material y este campo tiene un valor de 5 %, debemos prever emplear 105 unidades en total, pues 5 se perderán.

- GRUPO DE POSICIÓN ALTERNATIVA. Cuando en una lista de materiales podemos usar alternativamente un componente u otros, podemos indicarlo mediante este campo. A todos los componentes alternativos le asignaremos un mismo valor de este campo (alfanumérico de hasta dos caracteres), y aparece la ventana mostrada en la Figura 2.26.

Completamos los siguientes campos:

- ORDEN JERARQUÍA. En caso de empate entre varios componentes del mismo grupo alternativo, se seleccionará el que tenga un valor inferior en este campo.
- ESTRATEGIA. Define de qué manera se seleccionará el componente. Hay dos posibles valores: *1* (según probabilidad de empleo), donde se tomará el material según el campo PROBABILIDAD

DE EMPLEO, o *2* (verificación 100 %), donde se tomará el componente que tenga un 100 % de disponibilidad de stock.

- PROBABILIDAD DE EMPLEO. El MRP determinará los componentes según el valor de este campo.

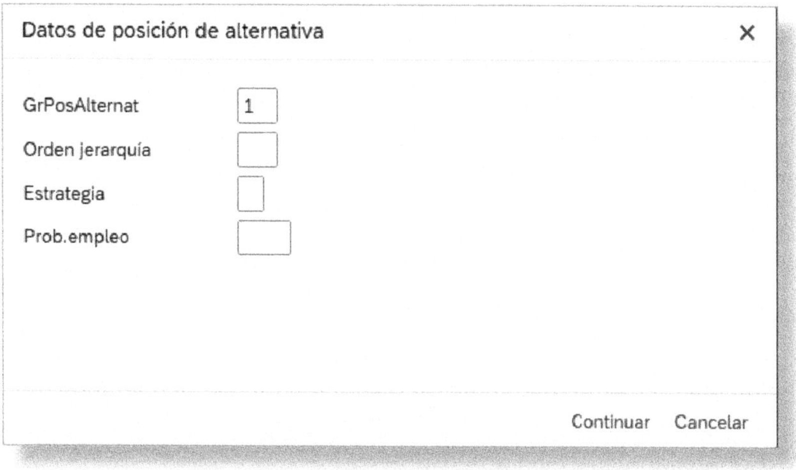

Figura 2.26: Lista de materiales. Componentes alternativos

- RECURSIVIDAD PERMITIDA. En ocasiones excepcionales, puede que un material termine requiriendo al propio material para su fabricación. A este fenómeno se le denomina recursividad. En el ejemplo mostrado en la Figura 2.27, para el componente A de la lista de material C, se debe marcar este indicador.

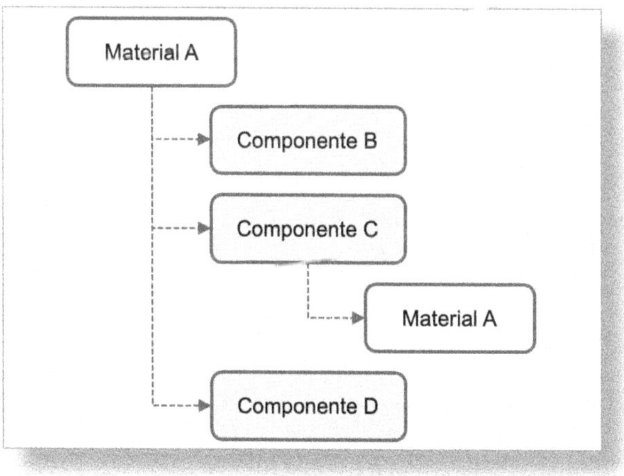

Figura 2.27: Ejemplo de lista de materiales recursiva

2.2.2 Creación de una lista de materiales

Para crear una lista de materiales ejecutamos la app CREAR LISTA MATERIALES (Figura 2.28).

Figura 2.28: App Crear lista materiales

En la Figura 2.29 se muestra la primera pantalla.

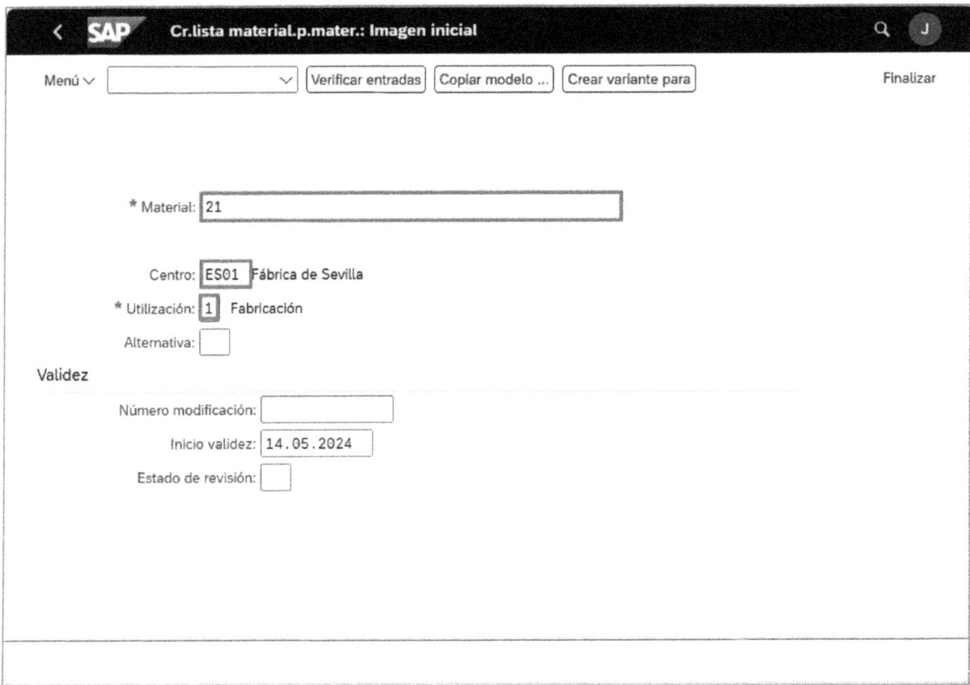

Figura 2.29: Creación de lista de materiales. Pantalla inicial

Debemos indicar los siguientes campos:

- Material
- Centro
- Uso
- Alternativa. Este campo es opcional en caso de que queramos indicar manualmente un valor para este campo.

Una vez introducidos estos campos, pasamos directamente al listado de componentes (Figura 2.30).

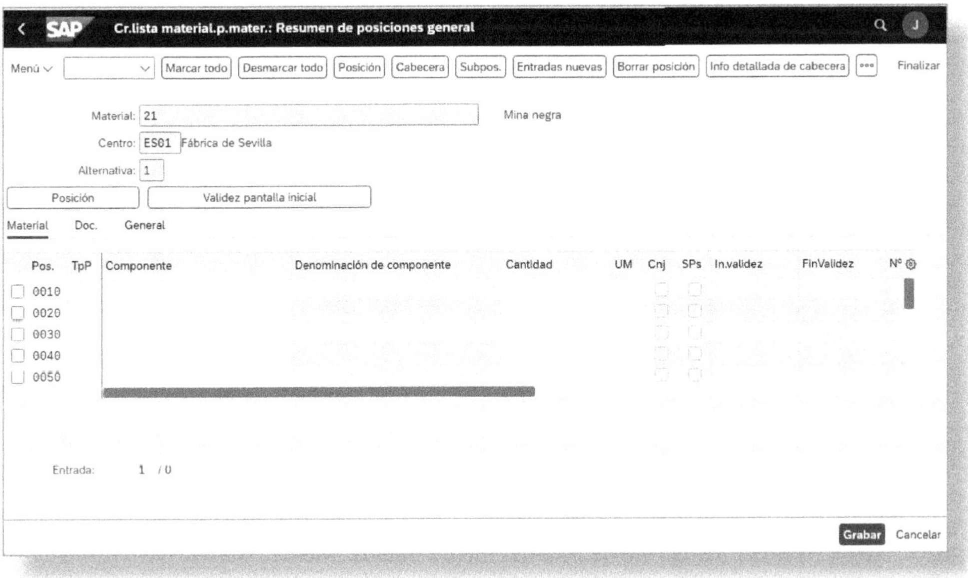

Figura 2.30: Lista de materiales. Listado de componentes

La lista de componentes muestra algunos de los campos más importantes de cada componente (no todos), entre otros, los siguientes:

- Posición
- Clase de posición
- Componente
- Descripción del componente

- CANTIDAD
- CONJUNTO. Este indicador muestra si el componente tiene, a su vez, una lista de materiales. Con doble clic sobre este indicador marcado podemos visualizar dicha lista de materiales.
- FECHAS DE VALIDEZ

Para visualizar los datos de cabecera pulsamos el botón [Cabecera] de la barra de herramientas.

Si creamos más de una lista de materiales para un mismo material, SAP avisa (Figura 2.32) que se crea una nueva alternativa con el siguiente mensaje.

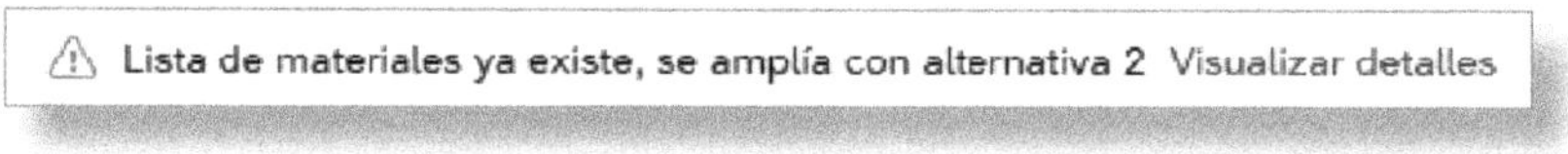

Figura 2.31: Aviso de creación de lista de materiales alternativa

2.2.3 Modificación de una lista de materiales

Para modificar una lista de materiales ya creadas empleamos la app MODIFICAR LISTA MATERIALES (Figura 2.32).

Figura 2.32: App modificar lista materiales

Para la modificación seguiremos unos pasos análogos a la creación. En la pantalla inicial mostrada en la Figura 2.33, debemos indicar qué material, centro y uso de la lista de materiales queremos modificar. En caso de que haya más de una lista de materiales ya creada, el sistema preguntará cuál de ellas se quiere modificar:

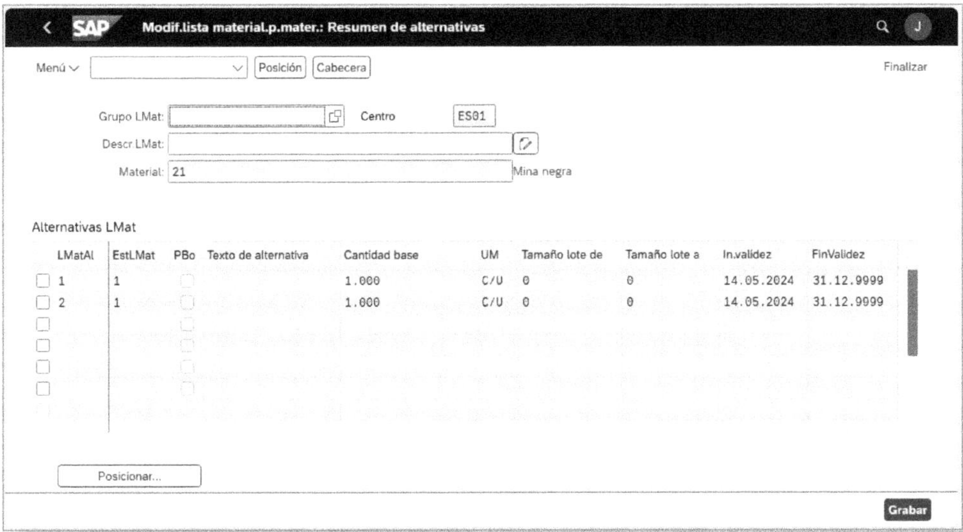

Figura 2.33: Selección de alternativa de lista de materiales

La navegación por las distintas pantallas (cabecera, lista de componentes y detalle de componente) es similar a la comentada en la creación de la lista de materiales.

2.2.4 Visualización de una lista de materiales

SAP nos proporciona herramientas para visualizar una lista de materiales individual, o para hacerlo de manera multinivel, esto es, todos los niveles de listas de materiales a partir de un material, tanto niveles inferiores (sus componentes) como los superiores (donde ese material es componente).

Visualización individual

Podemos visualizar una lista de materiales mediante la app VISUALIZAR LISTA DE MATERIALES (Figura 2.34).

Figura 2.34: App Visualizar lista de materiales

Accederemos a las mismas pantallas que cuando creamos o modificamos la lista de materiales, pero con los campos deshabilitados para edición.

Visualización multinivel (niveles inferiores)

Para visualizar la lista de materiales de un material, además de las listas de materiales de sus componentes, y así hasta el último nivel que exista. A esto se llama visualización de una lista de materiales multinivel, referido a los niveles inferiores. Para ello empleamos la app LISTA DE MATERIAL. ESTRUCTURA (Figura 2.35).

Figura 2.35: App Lista de material. Estructura

Aparece la pantalla de selección mostrada en la Figura 2.36.

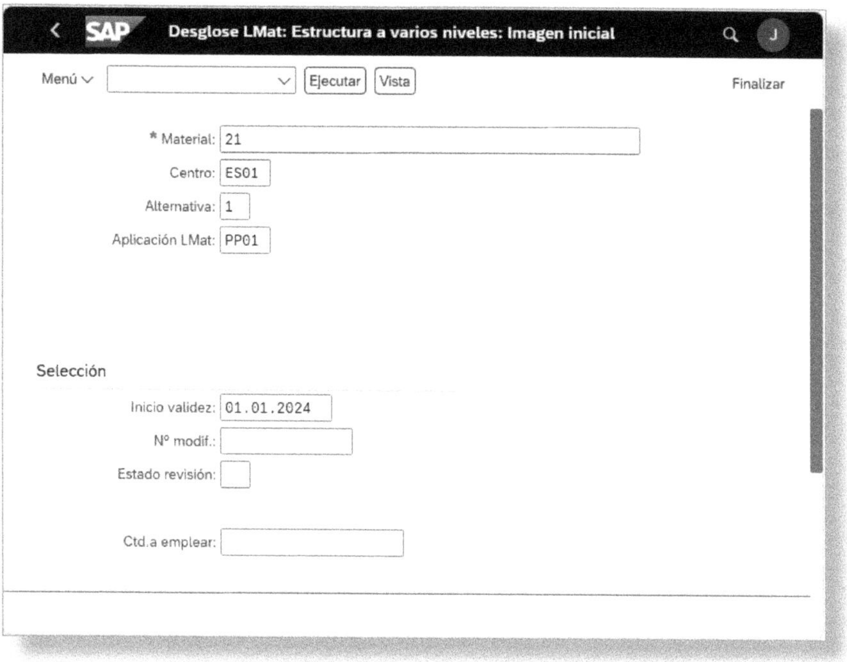

Figura 2.36: Estructura de lista de material. Pantalla de selección

Indicamos los siguientes campos:

- MATERIAL
- CENTRO
- APLICACIÓN DE LISTA DE MATERIALES. Introducimos el valor *PP01* (lista de materiales para producción).
- CANTIDAD A EMPLEAR. Este campo es opcional. Si introducimos alguna cantidad, nos mostrará la cantidad necesaria de todos sus componentes multinivel para producir dicha cantidad.

Pulsamos [Ejecutar] y, en la pantalla de resultados (Figura 2.37), primero se muestra la lista de materiales del material.

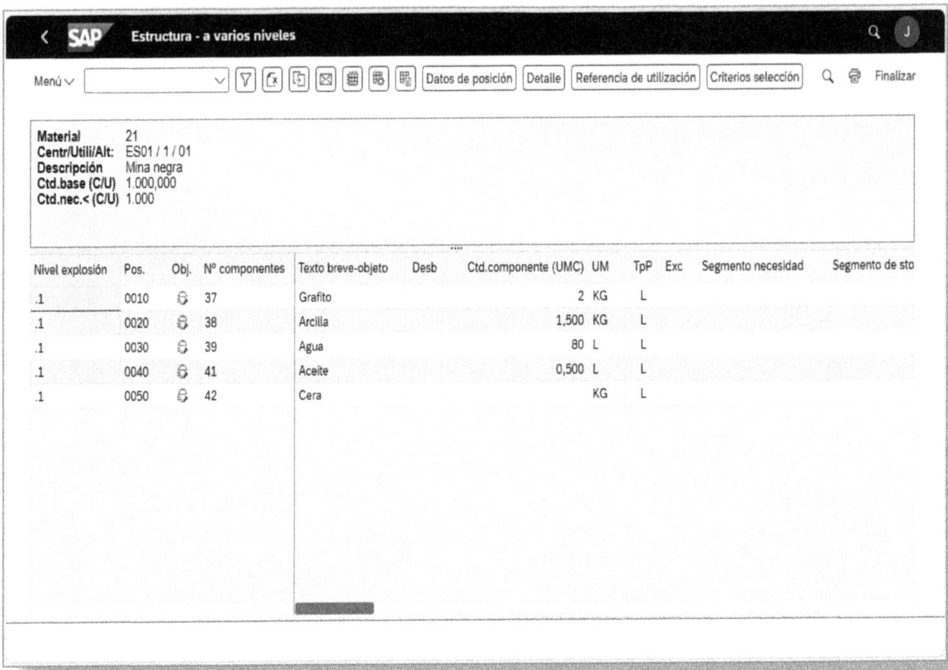

Figura 2.37: Estructura de listas de materiales a varios niveles

La columna NIVEL EXPLOSIÓN muestra el número del nivel de la lista de materiales.

Visualización multinivel (niveles superiores)

Para un determinado material, podemos visualizar de qué listas de materiales forma parte, así como los siguientes niveles de listas de materiales (superiores) mediante la app BUSCAR COMPONENTE EN LISTA DE MATERIALES (Figura 2.38).

Figura 2.38: App Buscar componente en lista de materiales

Aparece la pantalla de selección (Figura 2.39):

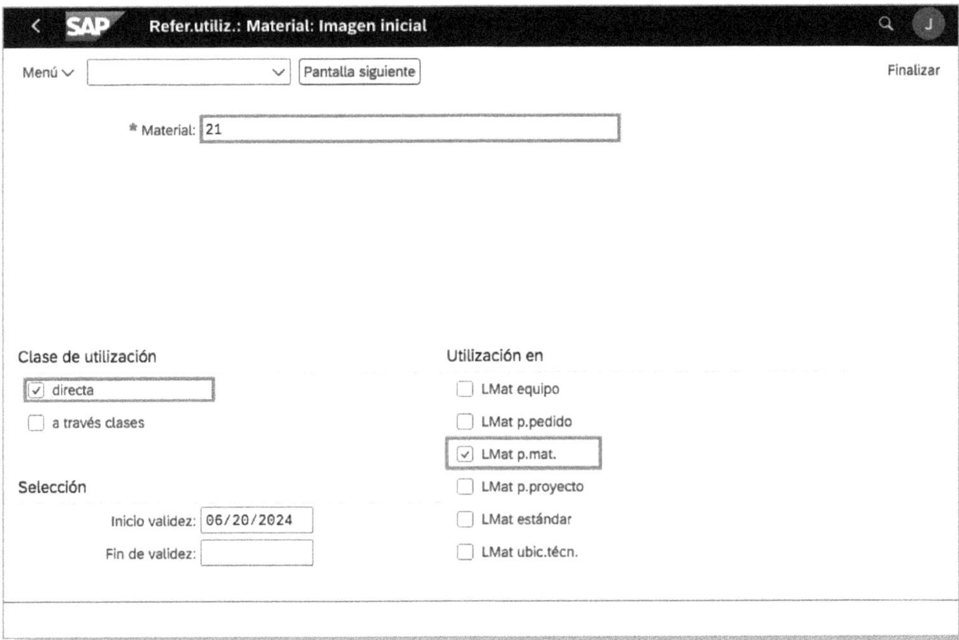

Figura 2.39: Buscar componente en lista de materiales. Primera pantalla

Indicamos los siguientes campos.

- MATERIAL
- DIRECTA. Marcamos este indicador para ver las listas de materiales donde este componente está especificado, con tipo de posición L (material de almacén).
- UTILIZACIÓN. Podemos marcar qué listas de materiales queremos visualizar según la función seleccionada. Marcamos la opción *LMat p. mat*.

Una vez completados estos campos, pulsamos el botón [Pantalla siguiente] y aparece esta segunda pantalla de selección (Figura 2.40).

Aquí introducimos los siguientes campos:

- CENTRO.
- CANTIDAD A EMPLEAR. Cantidad de referencia a partir de la cual se mostrarán las cantidades producidas de los componentes que emplean al material producido.

- A VARIOS NIVELES. Si marcamos este indicador, se visualizarán no solo las listas de materiales individuales que contienen al material, sino también las de niveles superiores.

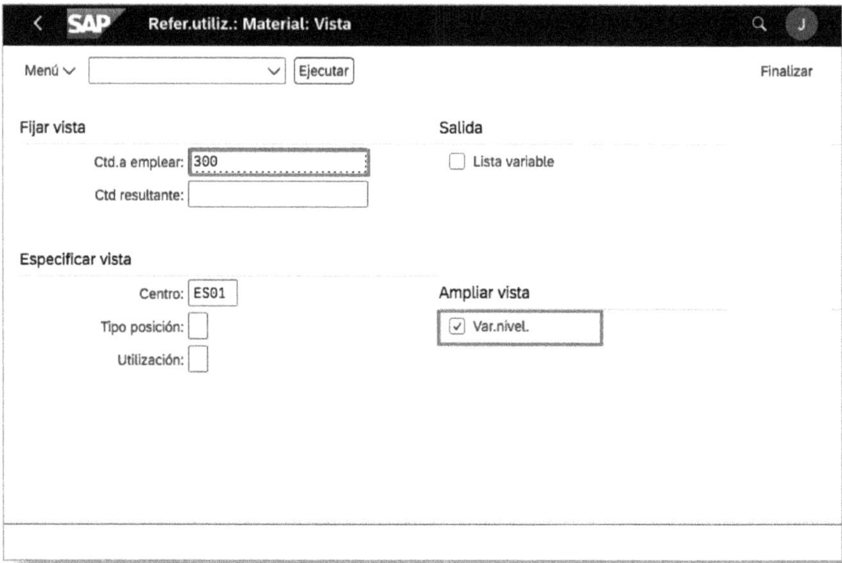

Figura 2.40: Buscar componente en lista de materiales. Segunda pantalla

Pulsamos Ejecutar y en la pantalla de resultados visualizamos los materiales y la cantidad que se va a emplear.

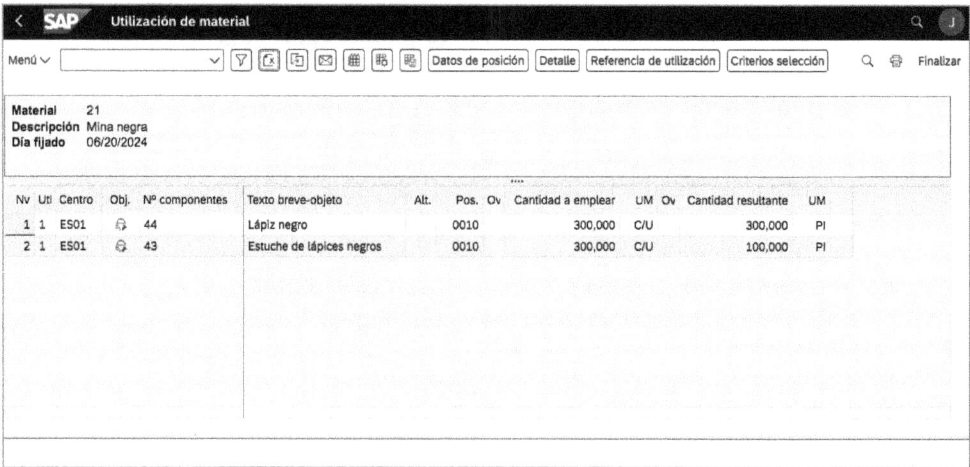

Figura 2.41: Niveles superiores de la lista de materiales

Si seleccionamos la opción multinivel, la columna NIVEL nos muestra en qué nivel de listas de materiales (superiores) se encuentra.

2.2.5 Caso práctico

Vamos a definir las listas de materiales necesarias para los materiales que vamos a producir en nuestra empresa **lápices arcoíris**.

Lo primero que identificamos es que tenemos varios niveles de productos, ya que producimos materiales que son necesarios para la producción de otros. En nuestro caso, tendremos una estructura de productos con los tres niveles mostrados en la Figura 2.42.

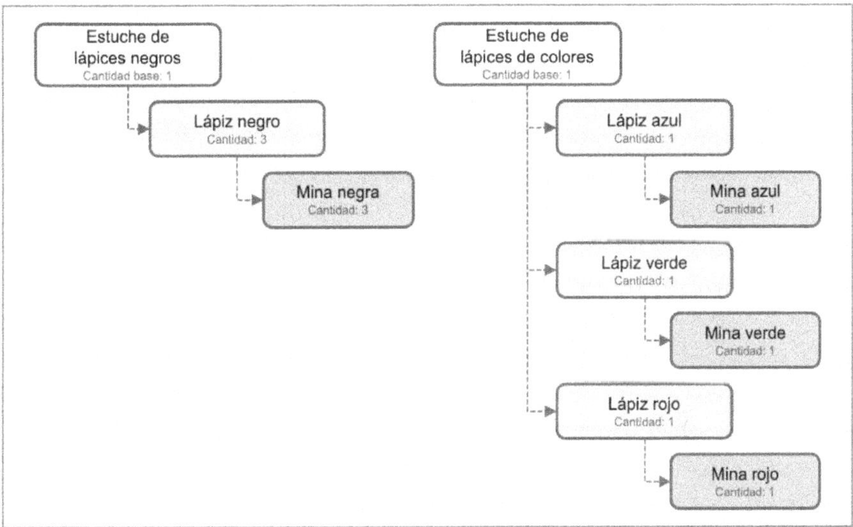

Figura 2.42: Estructura de productos en Lápices Arcoíris

Vamos a ver qué componentes específicos necesitamos para la fabricación de los diferentes materiales que producimos.

Para todas las **minas** necesitaremos los siguientes componentes:

- Grafito
- Arcilla
- Agua
- Cera

Como veremos en la sección de hojas de rutas, las minas negras requieren de un proceso de cocción, por lo que su lista de materiales también contendrá aceite. Las minas de colores no requieren cocción, pero sí un pigmento llamado caolina, tanto roja, verde como azul.

Las listas de materiales de minas quedarán en SAP como se muestra en la Figura 2.43 (tomando como cantidad base mil unidades):

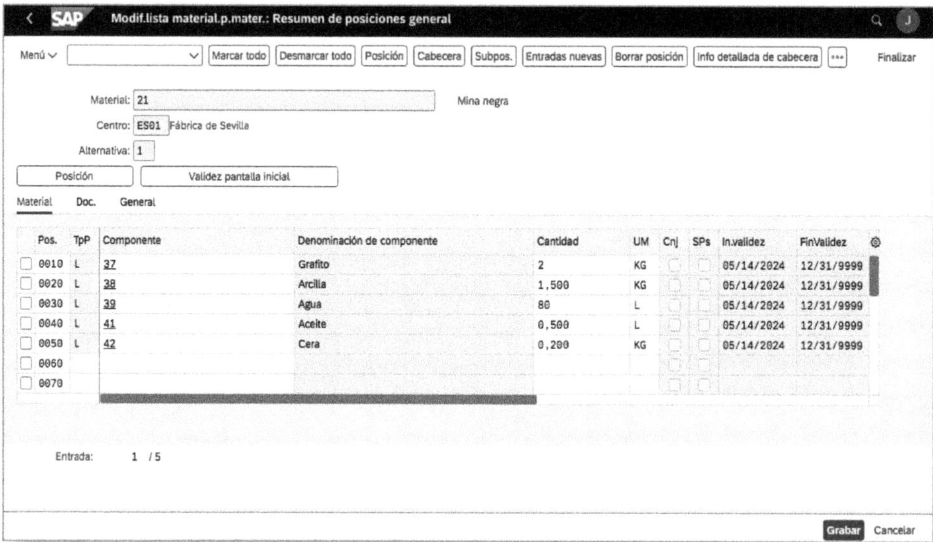

Figura 2.43: Lista de materiales de la mina negra

Para la producción de los **lápices** son necesarios los siguientes componentes:

- Tablillas de madera de cedro
- Minas (previamente producidas)
- Barniz o pintura

Para los lápices negros, que llevan en un extremo una goma de borrar, se necesitarán adicionalmente los siguientes componentes:

- Virula de aluminio (donde irá insertada la goma de borrar)
- Goma de borrar

Las listas de materiales de los lápices las creamos en SAP de la siguiente forma (ver Figura 2.44), tomando como cantidad base una unidad.

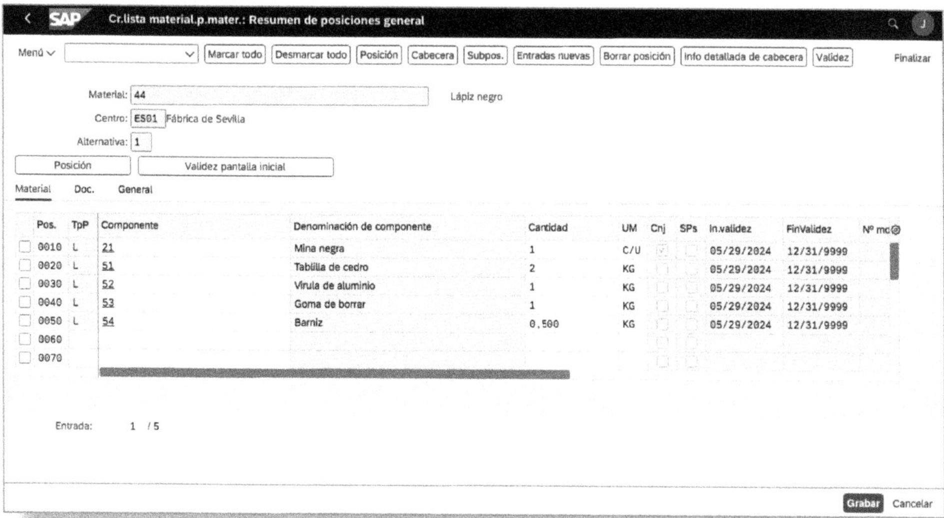

Figura 2.44: Lista de materiales del lápiz negro

Las listas de materiales de los **estuches** únicamente contendrán la caja y los lápices que lleven dentro. En el caso de los estuches de lápices negros tendremos:

- Caja de lápices negros
- Lápiz negro (3 unidades)

Para los estuches de lápices de colores:

- Caja de lápices de colores
- Lápiz rojo
- Lápiz verde
- Lápiz azul

Las listas de materiales de estos dos estuches en SAP quedarán de la siguiente forma (Figura 2.45), tomando como cantidad base una unidad.

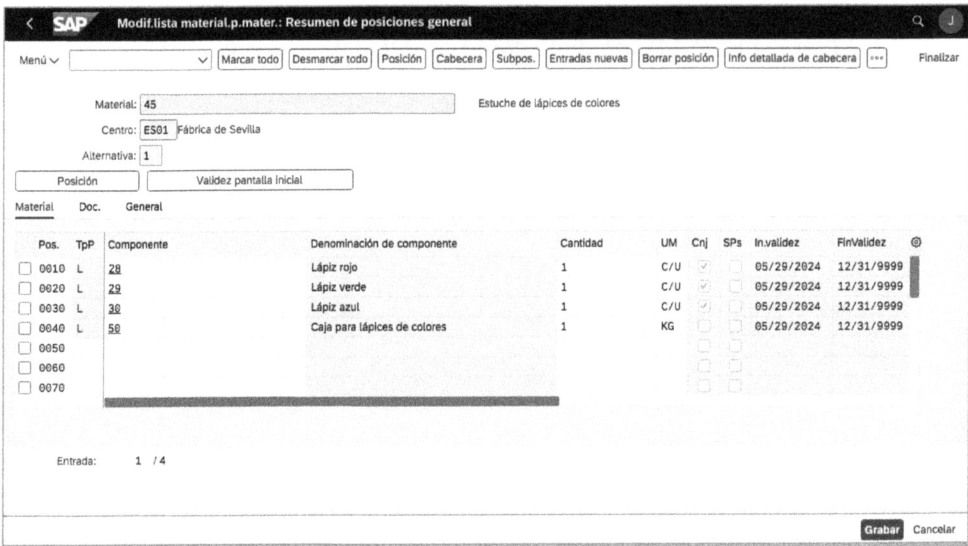

Figura 2.45: Lista de materiales de estuche de lápices

Como se puede comprobar, algunas listas de materiales tienen como cantidad base una unidad y otras mil en el caso de las minas, por comodidad a la hora de reflejar las cantidades necesarias de los componentes sin tener que emplear muchos números decimales.

2.3 Puestos de trabajo

Los puestos de trabajo representan entidades donde se realiza algún tipo de producción, tanto físicas (máquinas, líneas de producción, una persona o equipo de trabajo, etc.) como virtuales. Los puestos de trabajo se emplearán en las distintas operaciones del proceso de producción especificadas en las hojas de ruta y contienen información sobre qué actividades pueden realizarse en los puestos de trabajo, qué capacidad productiva tienen en cada momento, cómo se calculan los costes de producción o las duraciones de cada operación que se ejecuta en ellos.

2.3.1 Creación de un puesto de trabajo

Los puestos de trabajos se crearán siempre para un centro determinado. Podemos crear un puesto de trabajo introduciendo todos los campos que necesitemos, o bien podemos crearlo como copia de uno ya existente. Para ello empleamos la app CREAR PUESTO DE TRABAJO (Figura 2.46).

Figura 2.46: App crear puesto de trabajo

Aparece la pantalla de selección mostrada en la Figura 2.47.

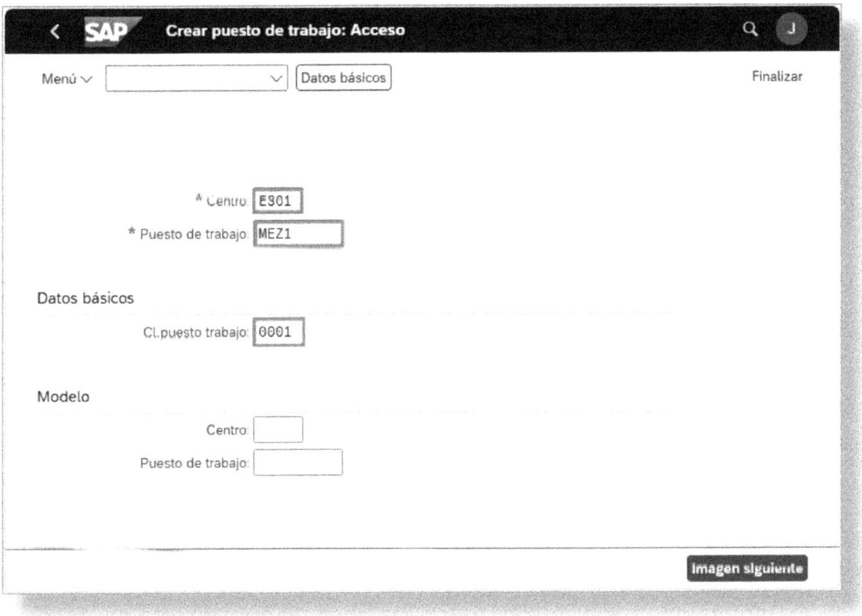

Figura 2.47: Crear puesto de trabajo. Pantalla inicial

Indicamos los siguientes campos:

- MATERIAL
- CENTRO
- CLASE DEL PUESTO DE TRABAJO. Define qué información vamos a introducir en el puesto de trabajo y su utilización (producción, mantenimiento...). El valor más habitual es *0001* (Máquina).

- COPIAR DE. En caso de que creemos el puesto de trabajo como copia de otro, indicamos en esta sección el centro y el puesto de trabajo que queremos tomar como modelo. Todos los campos se copiarán en el nuevo puesto de trabajo.

Una vez que rellenemos estos campos, pasaremos a la pantalla principal, que está dividida en las siguientes secciones:

- DATOS BÁSICOS
- VALORES PROPUESTOS
- CAPACIDADES
- PROGRAMACIÓN
- CÁLCULO DE COSTES
- TECNOLOGÍA

Vamos a ver algunos de los campos más relevantes de cada una de ellas.

Pestaña Datos básicos

La Figura 2.48 muestra los datos básicos del puesto de trabajo.

Los campos más relevantes de esta vista son los siguientes:

- RESPONSABLE. Persona que se encarga de la gestión de este puesto de trabajo en SAP. Las personas responsables se definen previamente en parametrización.
- UTILIZACIÓN HOJA DE RUTA. Define para qué tipo de hoja de ruta está permitida la utilización del puesto de trabajo. Podemos tener hojas de ruta para producción, mantenimiento de planta, calidad, etc. Si queremos que el puesto de trabajo se emplee en hojas de ruta de producción indicamos el valor *001*, o bien el valor *009,* que indica que puede ser usado en todos los tipos de hoja de ruta.
- TOMA RETROACTIVA. En la sección de datos maestros de material vimos cómo podemos configurar que un material tenga toma retroactiva siempre, o bien dependiendo del puesto de trabajo. En este último caso, este indicador determinará que si el material se consume en una operación de la hoja de ruta que tenga este puesto de trabajo, tendrá toma retroactiva o no.

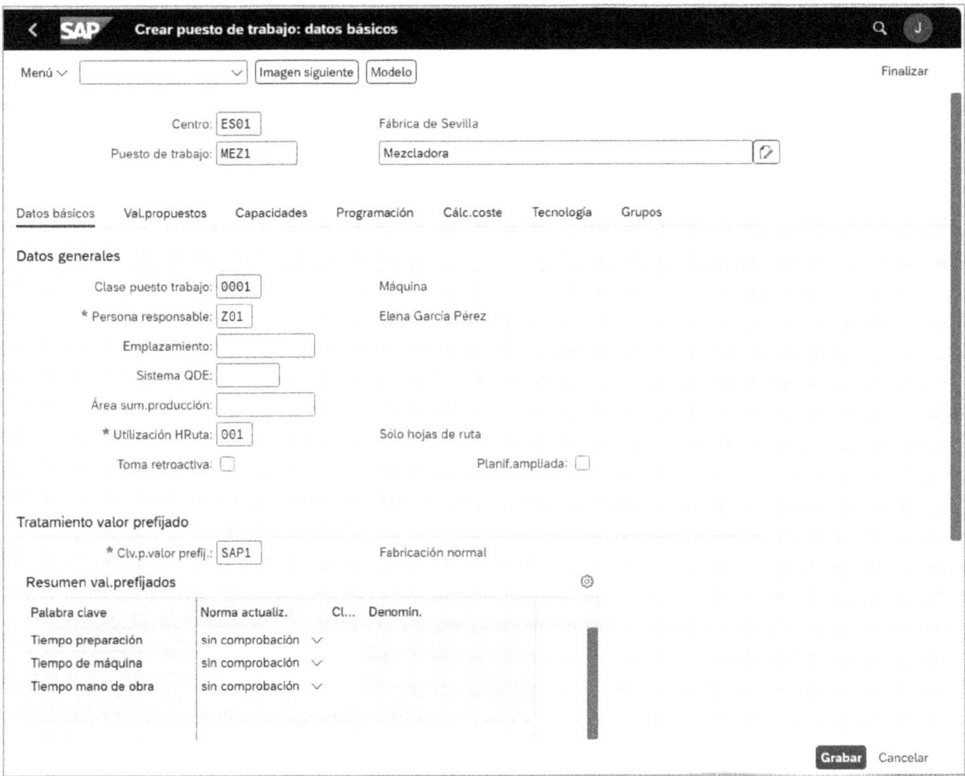

Figura 2.48: Puesto de trabajo. Vista datos básicos

- CLAVE DE VALOR PREFIJADO. Esta clave recoge los posibles valores prefijados que vamos a emplear en las operaciones de la hoja de ruta que tengan este puesto de trabajo. Estos valores prefijados se emplearán en las fórmulas que calculan tiempos de ejecución de operaciones, capacidades del puesto de trabajo que va a demandar la producción o el cálculo de costes de la operación. Algunos valores prefijados comunes son el tiempo de máquina o el tiempo de mano de obra, entre otros.

Pestaña Valores propuestos

Esta pestaña (Figura 2.49) es la siguiente.

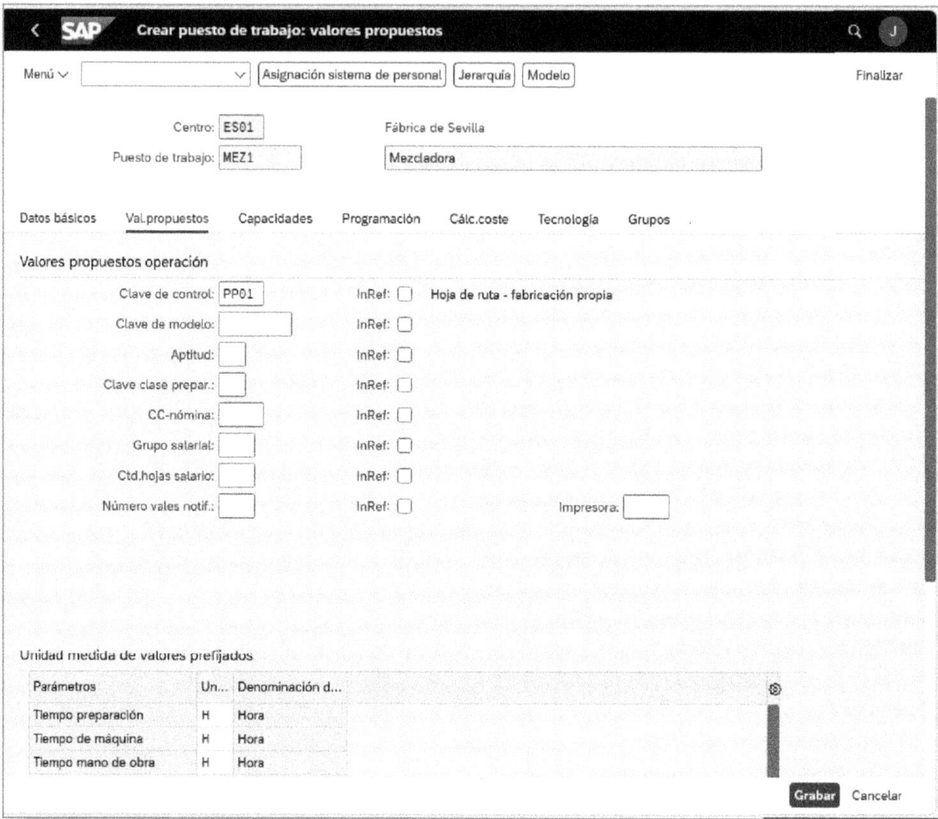

Figura 2.49: Puesto de trabajo. Vista valores propuestos

Los campos más relevantes de esta vista son los siguientes:

- CLAVE DE CONTROL. Este parámetro se utiliza en cada operación de la hoja de ruta y su significado se explicará más adelante. Este campo en el maestro de puestos de trabajo indica si hay alguna clave de control por defecto y cuál es, para las operaciones que se realicen en este puesto de trabajo o no.
- UNIDAD DE MEDIDA DE LOS VALORES PREFIJADOS. Indicamos qué unidad de medida tendrá cada valor prefijado definido en la clave de valor prefijado en la vista anterior.

Pestaña Capacidades

En esta vista, mostrada en la Figura 2.50, mantenemos los parámetros necesarios para la gestión de capacidad en el puesto de trabajo, esto es, qué capacidad de producción tendremos disponible en cada momento y cómo se calcula la capacidad requerida del puesto de trabajo para producir determinada cantidad.

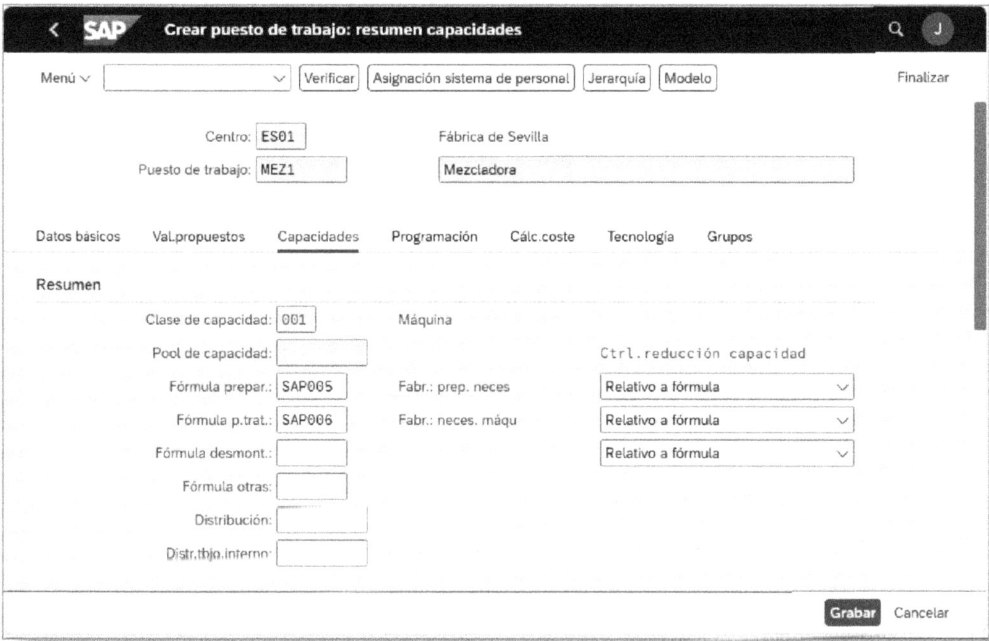

Figura 2.50: Puesto de trabajo. Vista capacidades

En esta pantalla definimos las clases de capacidad que vamos a tener, principalmente dos: capacidad de máquina o de persona. Para cada clase de capacidad podemos completar los siguientes campos:

- **Clase de capacidad**. Indicamos si emplearemos capacidad de máquina (valor *001*) o de persona (valor *002*).
- **Fórmula de necesidad de capacidad para preparación**. Indicamos la fórmula que calculará la capacidad del puesto de trabajo requerida en las labores de preparación de la producción en dicho puesto.
- **Fórmula para tratar la necesidad de capacidad**. Indicamos la fórmula que calculará la capacidad del puesto de trabajo requerida en la producción de determinada cantidad.

- **Fórmula de necesidad de capacidad para desmontaje**. Indicamos la fórmula que calculará la capacidad del puesto de trabajo requerida en las labores que se harán en dicho puesto una vez concluida la producción (desmontaje, restitución de configuración, enfriamiento, etc.).

Además de indicar cómo se calculará la capacidad requerida del puesto de trabajo, podemos indicar cuál es la capacidad disponible en el mismo. Para ello, hay que pulsar doble clic en el valor que hayamos introducido en el campo CLASE DE CAPACIDAD. Aparece la ventana mostrada en la Figura 2.51.

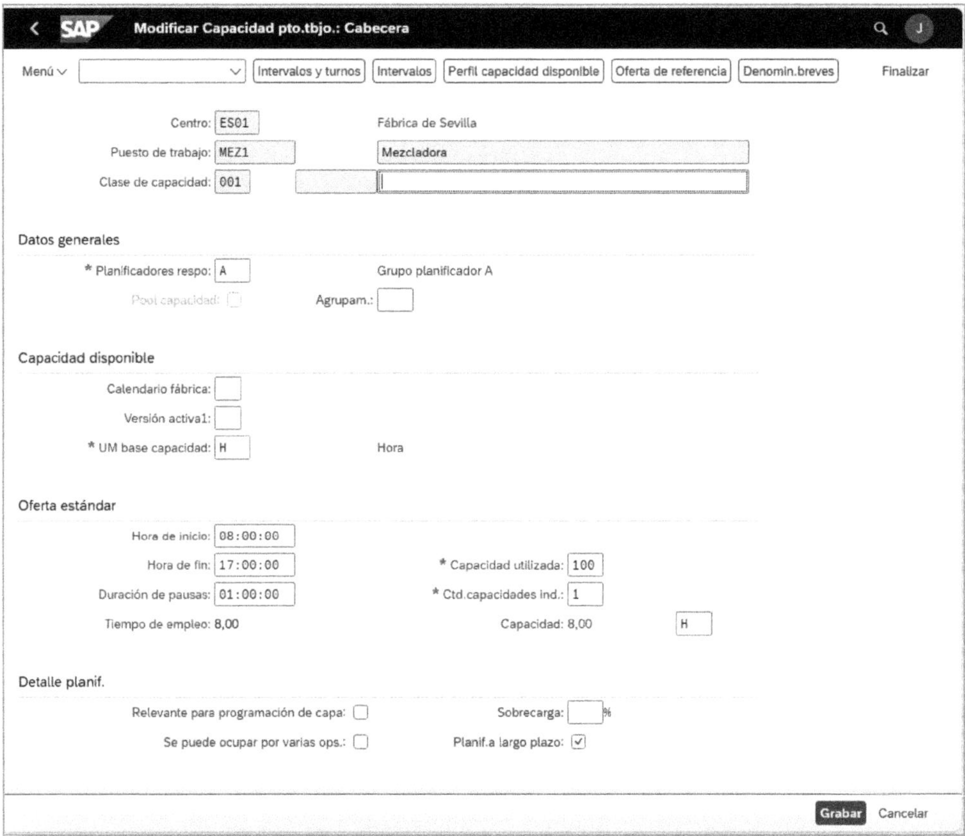

Figura 2.51: Puesto de trabajo. Definición de capacidad

Algunos de los campos más relevantes son los siguientes:

- GRUPO DE PLANIFICACIÓN. Indica la persona o equipo de personas que se encarga de la planificación de capacidad del puesto de trabajo. Podemos definir en parametrización todos los grupos que necesitemos.
- ID DE CALENDARIO DE FÁBRICA. Si los periodos en los que el puesto de trabajo está operativo no se ciñen al calendario general del centro, podemos indicar en este campo qué calendario tendrá. Deberá estar definido previamente en parametrización.
- UNIDAD DE MEDIDA BASE. Unidad de tiempo en que se expresa la capacidad estándar disponible diariamente del puesto de trabajo.
- OFERTA ESTÁNDAR. Este grupo de campos indicará cuál es la capacidad diaria por defecto del puesto de trabajo. Para ello indicamos los siguientes campos:
  - INICIO. Indica a qué hora comienza a funcionar cada día el puesto de trabajo.
  - FINAL. Indica a qué hora termina de funcionar cada día el puesto de trabajo.
  - DURACIÓN DE PAUSAS. Indica el tiempo total en que el puesto de trabajo no estará operativo entre la hora de inicio y final indicadas.
  - GRADO DE UTILIZACIÓN. Indica el porcentaje de utilización real del puesto de trabajo frente a la utilización teórica.

Ejemplo de grado de utilización

Si está disponible ocho horas al día, pero en la práctica debido a diversos factores únicamente está una media de 6 horas, en este campo indicaremos el valor 75 (la capacidad real será el 75 % de ocho horas, esto es, seis horas).

  - CANTIDAD DE CAPACIDAD INDIVIDUAL. Indica cuántas capacidades individuales (máquinas, personas, etc.) pueden producir en paralelo en el puesto de trabajo.

- TIEMPO DE EMPLEO. Este campo únicamente visualiza el tiempo disponible total en un día como la hora final menos la inicial restándole el tiempo de pausas.
- CAPACIDAD. Muestra el tiempo de empleo multiplicado por el grado de utilización y la cantidad de capacidades individuales.

- RELEVANTE PARA PROGRAMACIÓN FINITA. Comentaremos este campo con detalle en la Sección 3.4 sobre PP/DS.

Además de esta capacidad por defecto, podemos agregar información de intervalos y turnos para especificar en qué periodos la capacidad será distinta a la estándar, o qué turnos de trabajo existen en el funcionamiento del puesto de trabajo. Para ello, pulsamos el botón [Intervalos y turnos] y aparece la siguiente ventana (Figura 2.52).

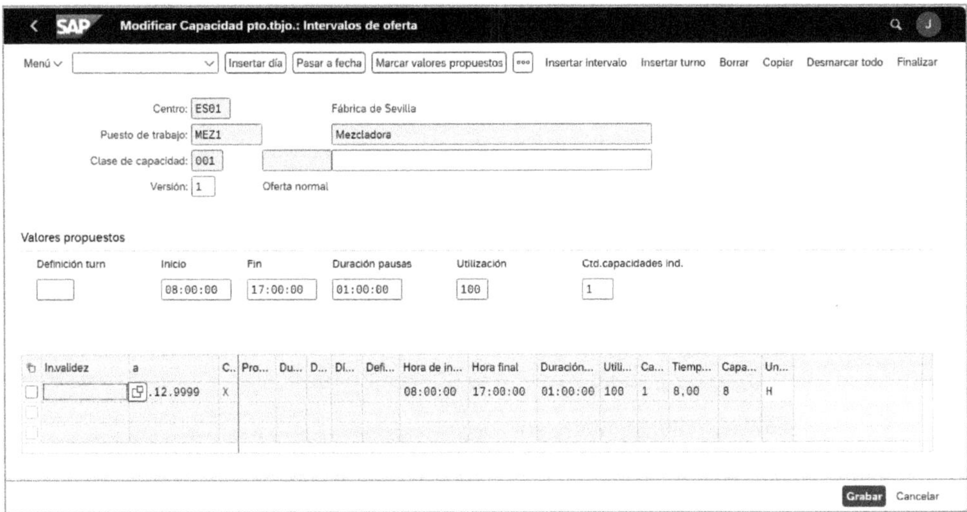

Figura 2.52: Puesto de trabajo. Definición de intervalos y turnos

Si quisiéramos agregar un intervalo pulsamos el botón [Insertar intervalo] e indicamos los siguientes campos:

- PERIODO DE VALIDEZ. Fechas inicial y final del intervalo.
- DURACIÓN CICLO. Indicamos si queremos introducir la capacidad del intervalo según el día de la semana (valor *7*), o bien una capacidad general para todos los días del intervalo (valor *1*).

Ejemplo de disponibilidad de capacidad

Si queremos indicar que durante el mes de agosto habrá mantenimiento del puesto de trabajo y su capacidad se reduce a un 50 %, vemos cómo automáticamente SAP divide la capacidad estándar en un periodo antes del creado y otro posterior (Figura 2.53).

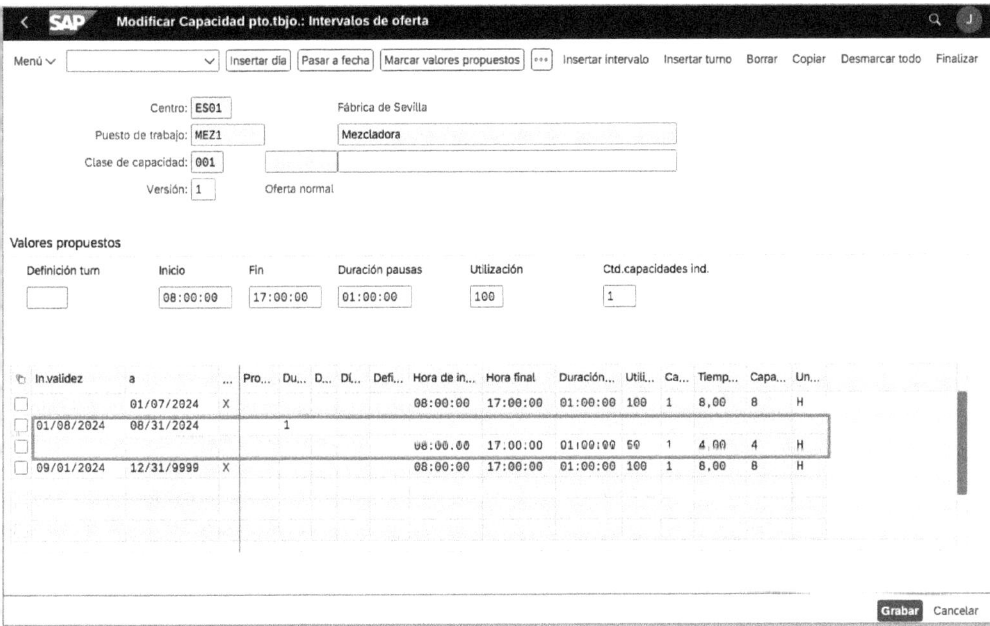

Figura 2.53: Intervalo en capacidad de puesto de trabajo

Si quisiéramos agregar los distintos turnos de trabajo en los que el puesto de trabajo está operativo, indicamos un valor en el campo DEFINICIÓN DE TURNO. La definición de turnos se debe haber registrado previamente en parametrización y recoge los distintos turnos que puede tener por día de la semana. Al seleccionar un valor, aparecen los diferentes turnos de modo que podemos indicar la capacidad disponible de cada uno de ellos en nuestro puesto de trabajo.

Pestaña Programación

Esta pestaña contiene los siguientes campos (Figura 2.54).

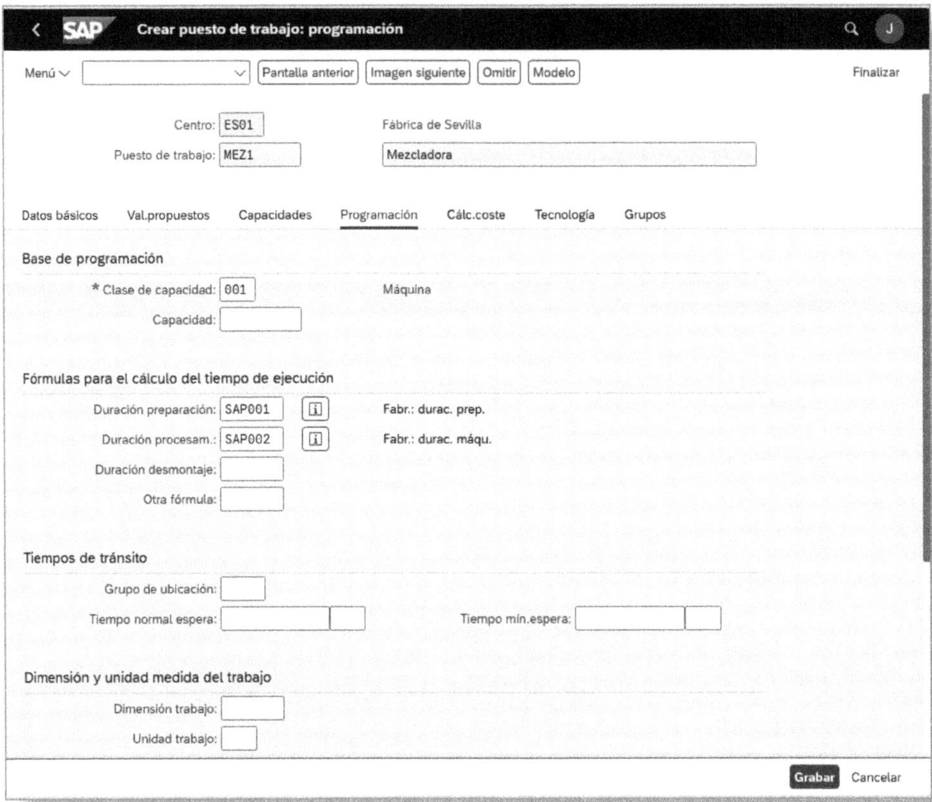

Figura 2.54: Puesto de trabajo. Vista programación

En esta vista seleccionamos los datos necesarios para realizar la programación de la operación donde intervenga el puesto de trabajo. La programación consiste en el cálculo de la duración de una operación basándose tanto en valores prefijados como en la cantidad a producir y otros parámetros de la hoja de ruta. Con esta duración, SAP estima la fecha y hora de inicio y fin prevista de la operación de producción.

Algunos campos importantes de esta vista son:

- CLASE DE CAPACIDAD. Normalmente la programación de las operaciones se realiza tomando como base la capacidad de máquina (valor *001*).
- DURACIÓN PREPARACIÓN. Indicamos la fórmula para el cálculo del tiempo de preparación (si lo hubiera) de la operación (tiempo empleado en preparar el puesto de trabajo antes de la propia producción en sí).

- DURACIÓN TRATAMIENTO. Fórmula necesaria para calcular el tiempo de producción de la operación en el puesto de trabajo.
- DURACIÓN DESMONTAR. Indicamos la fórmula para el cálculo del tiempo de desmontaje (si lo hubiera) de la operación. Este tiempo corresponde con el necesario para las actividades requeridas al terminar la producción (limpieza, cambio de moldes/tintas, enfriamiento, etc.).

Pestaña Cálculo de costes

Esta pestaña, mostrada en la Figura 2.55, contiene campos relevantes para el cálculo de costes de producción.

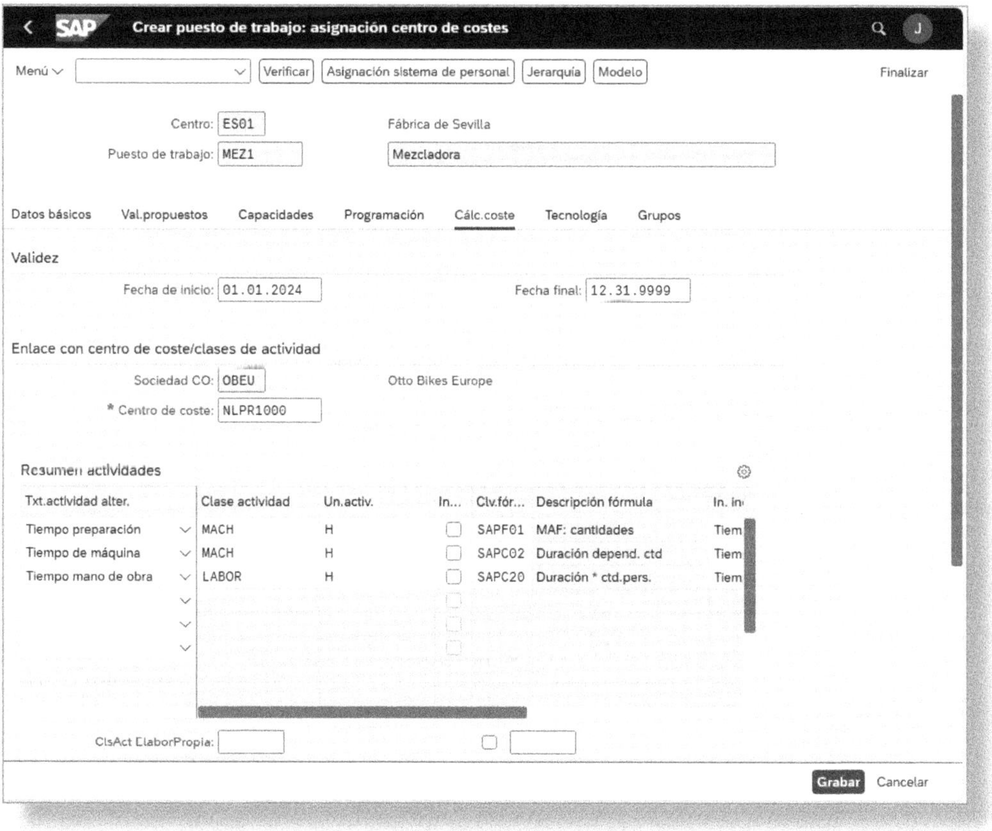

Figura 2.55: Puesto de trabajo. Vista cálculo de costes

Algunos de los campos que contiene son:

- CENTRO DE COSTE. El puesto de trabajo tiene asociado un centro de coste para los costes de la operación.
- TIPOS DE ACTIVIDADES. Registro de las actividades que son relevantes para costes en el puesto de trabajo. Estas actividades serán tomadas por defecto en la operación de la hoja de ruta que contenga este puesto de trabajo. También se indican las fórmulas que se emplearán para el cálculo de costes.

Pestaña Tecnología

Esta pestaña (Figura 2.56) se emplea principalmente cuando empleamos una funcionalidad avanzada denominada CAPP (*Computer Aided Process Planning)*, que básicamente consiste en el cálculo dinámico de las duraciones de las operaciones de las hojas de ruta (tiempo de máquina, de mano de obra, ...) mediante fórmulas que pueden incluir valores de características además de los valores prefijados.

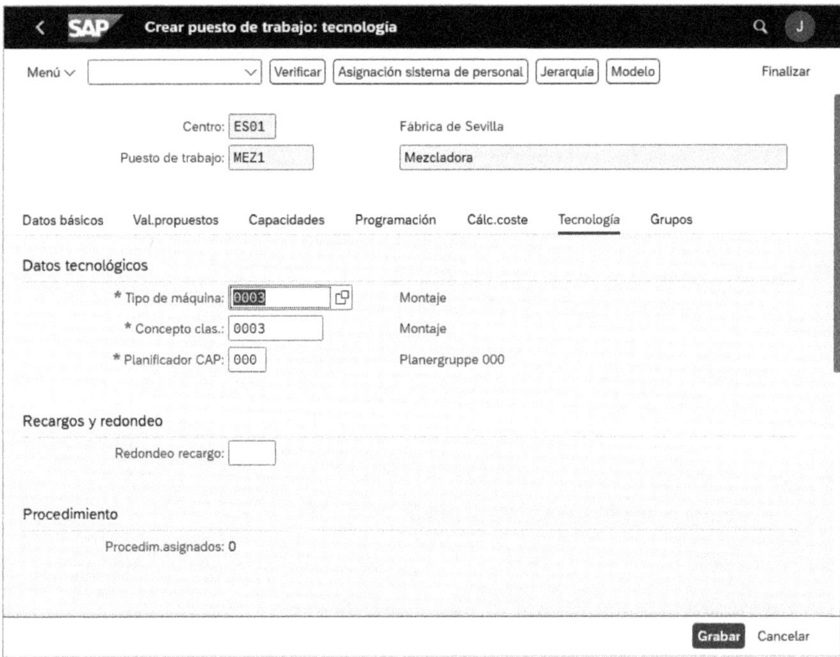

Figura 2.56: Puesto de trabajo. Vista tecnología

Esta funcionalidad escapa al ámbito de esta publicación, por lo que no entraremos en detalle sobre el funcionamiento de los campos de esta sección.

2.3.2 Modificación de un puesto de trabajo

Para modificar algún dato de un puesto de trabajo usamos la app MODIFICAR PUESTO DE TRABAJO (Figura 2.57).

Figura 2.57: App Modificar puesto de trabajo

Aparece la pantalla de selección mostrada en la Figura 2.58.

Figura 2.58: Modificar puesto de trabajo. Pantalla inicial

Indicamos el puesto de trabajo y el centro y accedemos a modificar los campos que deseemos.

2.3.3 Visualización de un puesto de trabajo

Para visualizar los datos de un puesto de trabajo usamos la app VISUALIZAR PUESTO DE TRABAJO (Figura 2.59).

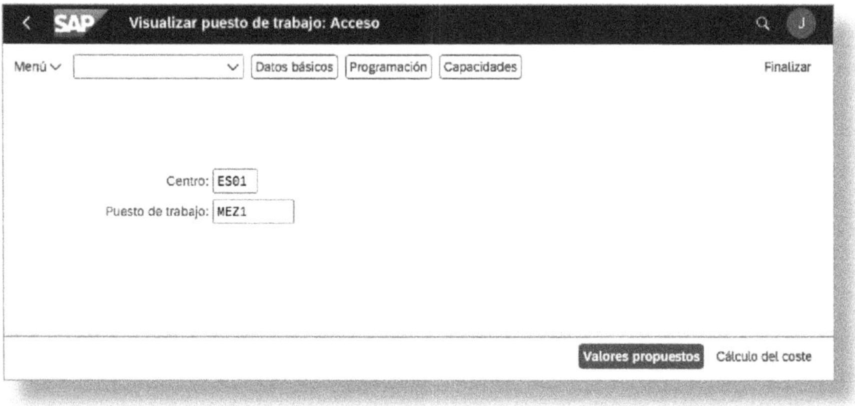

Figura 2.59: App Visualizar puesto de trabajo

Aparece la siguiente pantalla de selección (Figura 2.60).

Figura 2.60: Visualizar puesto de trabajo. Pantalla inicial

Indicamos el puesto de trabajo y el centro y accedemos a visualizar sus los campos.

2.3.4 Caso práctico

Vamos a crear los puestos de trabajo mostrados en la Figura 2.61, necesarios para las diferentes operaciones de producción de minas, lápices y estuches de lápices que veremos en el siguiente apartado de hojas de ruta.

Puesto de trabajo	Descripción
MIN1	Enminadora
FR01	Fresadora
PNT1	Estación de pintado 1
PNT2	Estación de pintado 2
EST1	Estampadora 1
EST2	Estampadora 2
VIR1	Engomadora
TAJ1	Tajadora
MEZ1	Mezcladora
MOL2	Moldeadora
COC1	Olla de cocción
CER1	Enceradora
EMP1	Empacadora 1
EMP2	Empacadora 2

Figura 2.61: Puestos de trabajo creados en Lápices Arcoíris

2.4 Hojas de ruta

Las hojas de ruta contienen información sobre la manera en que producimos un material, como qué operaciones debemos realizar, en qué orden, dónde producimos o cuánto vamos a tardar en realizarlas, entre otros datos. Cada material puede tener una o más hojas de ruta, en caso de que se pueda producir empleando distintas operaciones, puestos de trabajo o tiempos de producción. A su vez, cada hoja de ruta puede asignarse a más de un material si la forma en que se producen es idéntica.

La forma de identificar las hojas de ruta es empleando dos campos: grupo de hoja de ruta y contador. Normalmente todas las hojas de ruta que tenga un material o conjunto de materiales tendrán un mismo grupo de hoja de ruta, diferenciándose entre sí en el contador, que corresponde con un número secuencial comenzando por 1 (manualmente puede indicarse otro código alfanumérico para el contador).

También podemos encontrarnos con **hojas de ruta específicas** o **estándar**. Estas últimas son una especie de plantilla sobre las que crearemos hojas de ruta específicas. En ellas definimos los datos generales de la hora de ruta (cabecera y operaciones), pero sin asignarla a ningún material. Ya veremos cómo a la hora de crear una hoja de ruta, podemos crearla desde cero, copiándola de otra hoja de ruta genérica o tomando como referencia una hoja de ruta estándar.

Las operaciones de una hoja de ruta pueden ejecutarse una tras otra, o bien es posible que algunas se ejecuten en paralelo, incluso que haya operaciones alternativas. Todo esto se codifica mediante las llamadas **secuencias**. Por defecto, SAP propone una única secuencia secuencial en la hoja de ruta.

Las hojas de ruta se denominan de manera diferente y presentan ligeras diferencias según el tipo de producción que empleemos:

- HOJA DE RUTA para fabricación discreta.
- HOJA DE RUTA PARA TASAS DE PRODUCCIÓN para fabricación repetitiva.
- RECETA DE PRODUCCIÓN para fabricación de industria de procesos.

2.4.1 Estructura de la hoja de ruta

Cada hoja de ruta tiene las siguientes secciones:

- DATOS DE CABECERA
- LISTA DE OPERACIONES
- DETALLE DE LA OPERACIÓN

Cabecera de la hoja de ruta

La cabecera de la hoja de ruta contiene los datos que la definen, como puede verse en la Figura 2.62.

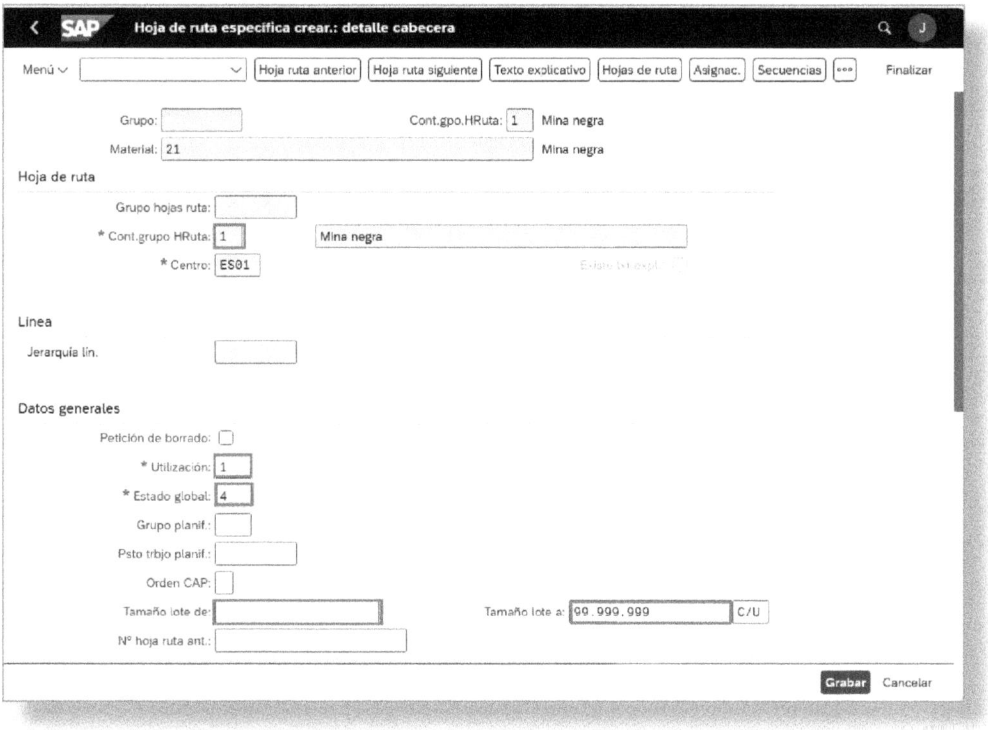

Figura 2.62: Hoja de ruta. Cabecera

Para visualizar los datos de la cabecera, pulsamos el botón Cabecera desde la lista de operaciones. Algunos de los campos principales de la cabecera de la hoja de ruta son los siguientes:

- Uso. Podemos emplear hojas de ruta en diferentes áreas empresariales. Si la vamos a emplear para producción indicaremos el valor *1*.
- ESTADO. Indica en qué estado se encuentra la hoja de ruta. Mientras estamos creando la hoja de ruta, si la creación va a llevar un tiempo, podemos asignarle el estado *1* (fase de creación). Cuando la hoja de ruta está operativa, debe tener un estado *4* (liberado en general).
- TAMAÑO DE LOTE. Podemos restringir que la hoja de ruta únicamente se emplee cuando la cantidad a producir (tamaño de lote) esté entre el valor de los campos del tamaño de lote (desde – hasta).
- PETICIÓN DE BORRADO. Marcamos este indicador si la hoja de ruta no será operativa nunca más.

Lista de operaciones

Cuando creamos, modificamos o visualizamos una hoja de ruta accedemos directamente a la pantalla mostrada en la Figura 2.63, que muestra las distintas operaciones que se han definido en la hoja de ruta.

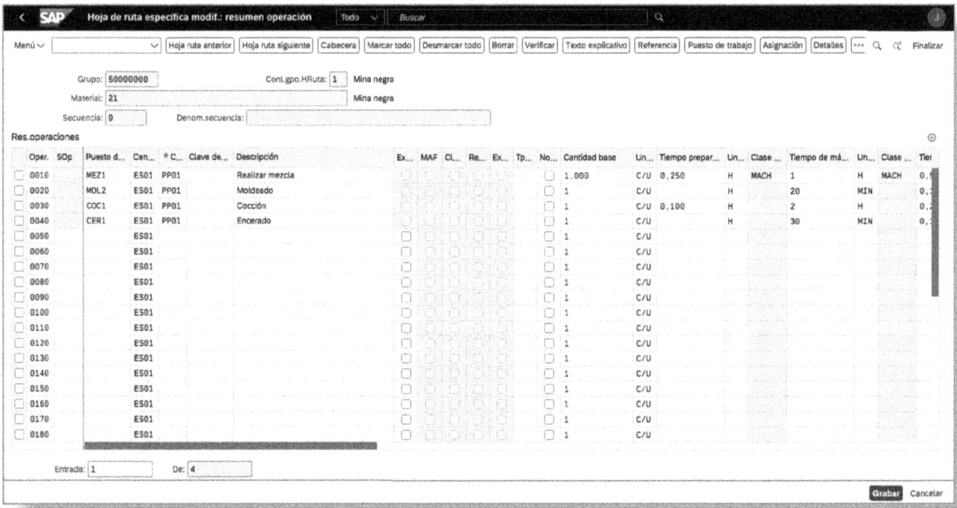

Figura 2.63: Hoja de ruta. Listado de operaciones

Cada una representa un paso necesario para la producción del material y se numeran por defecto de diez en diez, aunque esta numeración puede modificarse. En este listado se muestran solo algunos de los campos de la operación. Para acceder al resto de campos de la operación debemos ir a su detalle haciendo doble clic en el número de la operación.

Detalle de la operación

Esta sección (Figura 2.64) contiene todos los campos relativos a una operación.

Los campos más importantes son los siguientes:

- PUESTO DE TRABAJO. Indica dónde se va a realizar la operación.
- CLAVE DE CONTROL. Indica algunos parámetros de control de la operación que determinará qué se puede hacer con ella, por ejemplo, programación, cálculo de costes, notificación, impresión, entrada de mercancías automáticamente, etc. Podemos definir claves de control personalizadas (en parametrización) o usar algunas de las estándar.

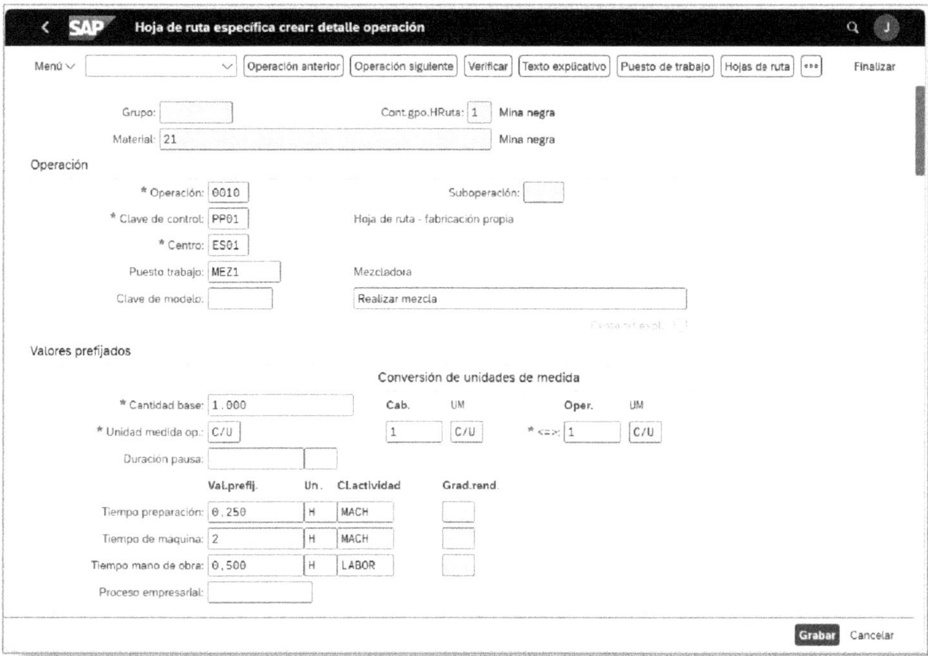

Figura 2.64: Hoja de ruta. Detalle de una operación

- DESCRIPCIÓN. Texto descriptivo que asignamos a la operación.
- CANTIDAD BASE. Indica la cantidad de referencia respecto al valor indicado para los valores prefijados.
- UNIDAD DE MEDIDA DE LA OPERACIÓN. Unidad en la que se define la cantidad base
- CONVERSIÓN DE UNIDADES DE MEDIDA. Si la unidad de medida de la operación es diferente de la unidad de medida base del material de cabecera, en esta sección podemos definir la equivalencia entre ambas unidades.
- VALORES PREFIJADOS. En esta sección aparecerán los valores prefijados definidos en el puesto de trabajo. Para cada uno indicamos el valor (opcionalmente) necesario para producir la cantidad indicada en el campo cantidad base.
- TIEMPOS DE TRÁNSITO. Definimos algunos tiempos de margen que requerimos para la realización de la operación (mostrados en la Figura 2.65), tanto antes como después de su finalización. En el Capítulo 4 se especificará para qué sirve cada uno de los campos de esta sección.

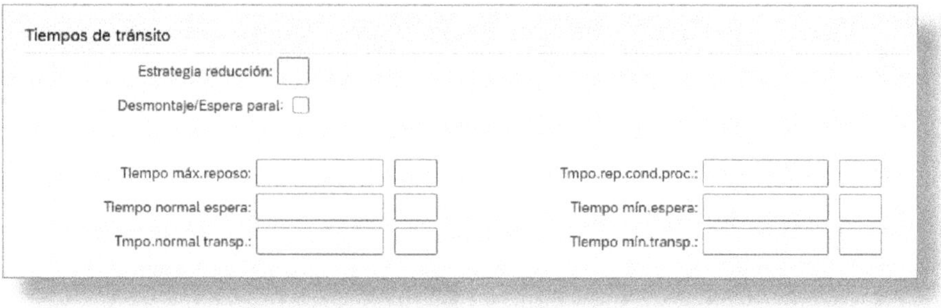

Figura 2.65: Detalle de operación de hoja de ruta. Tiempos de tránsito

- TRABAJO EXTERNO. Rellenamos esta sección en caso de que esta operación se haya subcontratado a un proveedor externo (Figura 2.66). En el Capítulo 4 se especificará para qué sirve cada uno de los campos de esta sección.

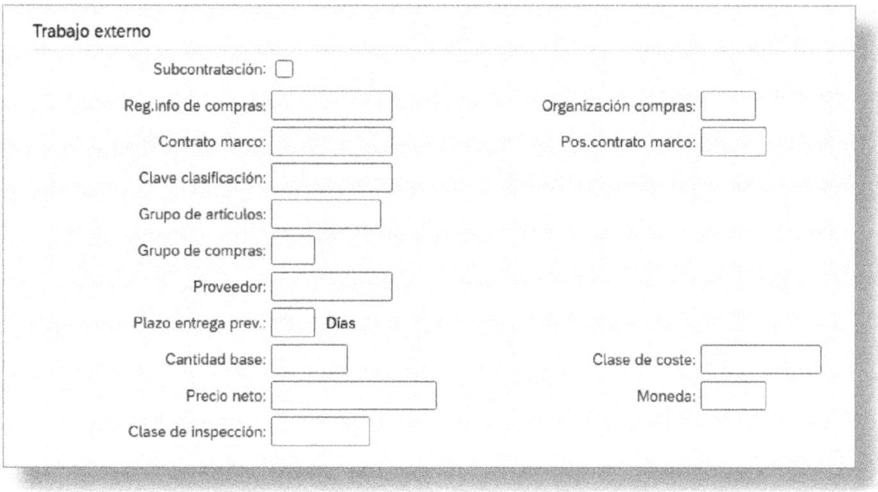

Figura 2.66:Operación de hoja de ruta. Trabajo externo

Asignación de materiales

Cuando el proceso productivo de varios materiales es idéntico, todos ellos pueden compartir una misma hoja de ruta. Para ello, en la hoja de ruta asignamos todos los materiales mediante el botón Asignac.. Aparece la siguiente ventana (Figura 2.67), donde indicamos los materiales, de qué centro son y a qué contador de hoja de ruta se asignan.

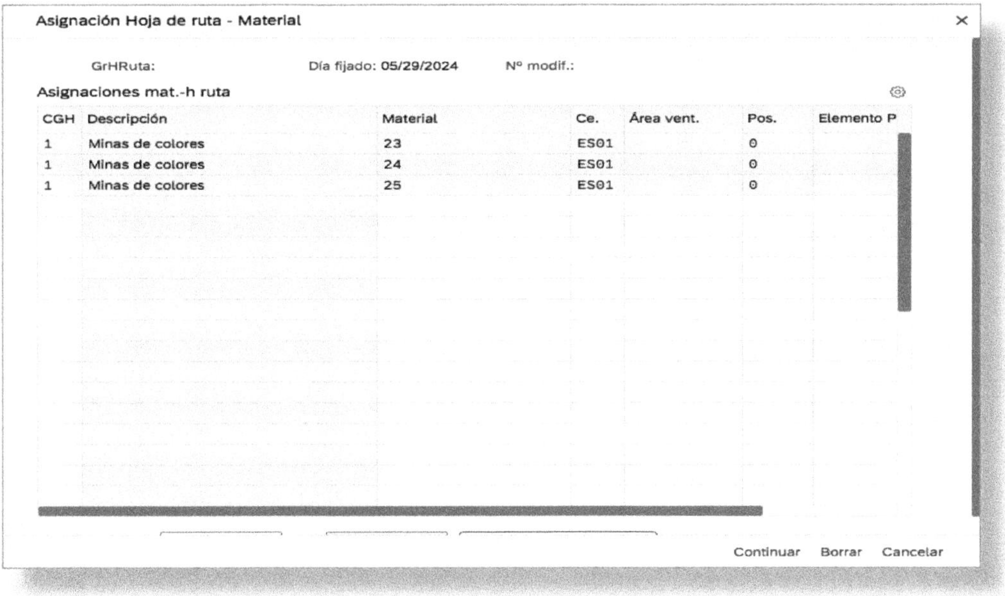

Figura 2.67: Hoja de ruta. Asignación de materiales

2.4.2 Creación de la hoja de ruta

Las hojas de ruta específicas se crean mediante la app CREAR HOJA DE RUTA (Figura 2.68).

Figura 2.68: App Crear hoja de ruta

La pantalla de selección es la siguiente (Figura 2.69).

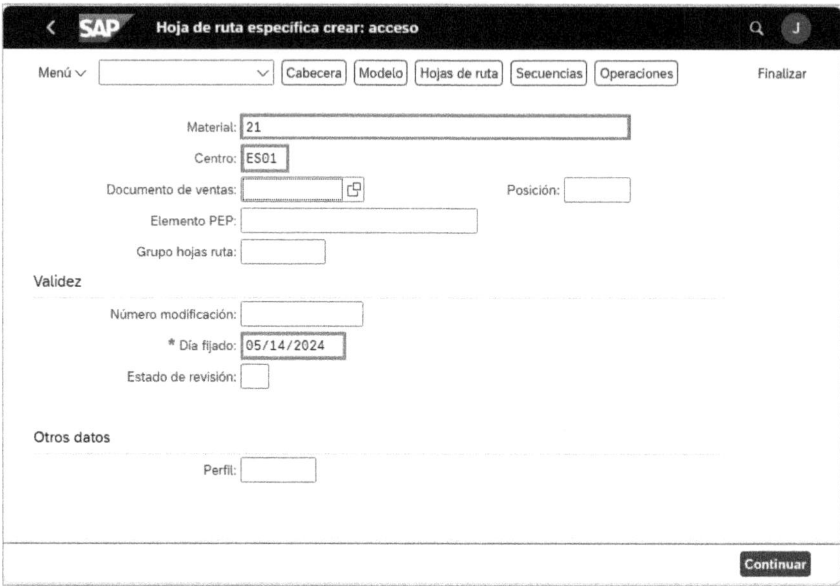

Figura 2.69: Creación de hoja de ruta. Pantalla inicial

Podemos crear la hoja de ruta directamente, copiarla de alguna existente (tanto específica como estándar). Para crear la hoja de ruta manualmente indicamos el material y el centro y pulsamos INTRO. Para copiarla de otra existente pulsamos el botón Modelo y aparecerá está ventana (Figura 2.70).

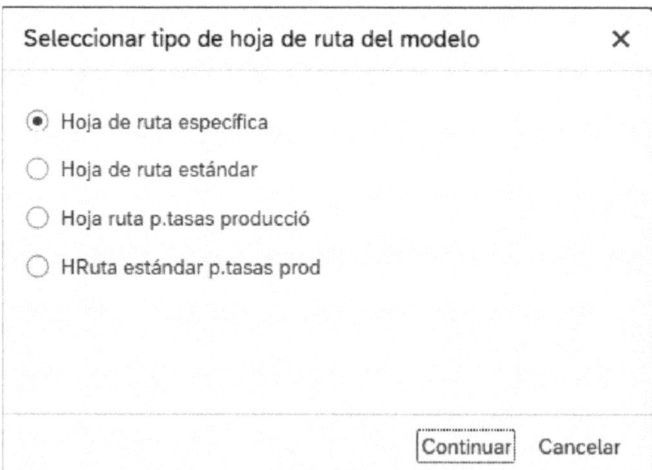

Figura 2.70: Hoja de ruta. Creación desde modelo

Seleccionamos hoja de ruta específica o estándar y seleccionamos la hoja de ruta modelo (Figura 2.71). En caso de que esta sea específica, podemos localizarla por material y centro y si es estándar, introducimos el número de grupo de hoja de ruta.

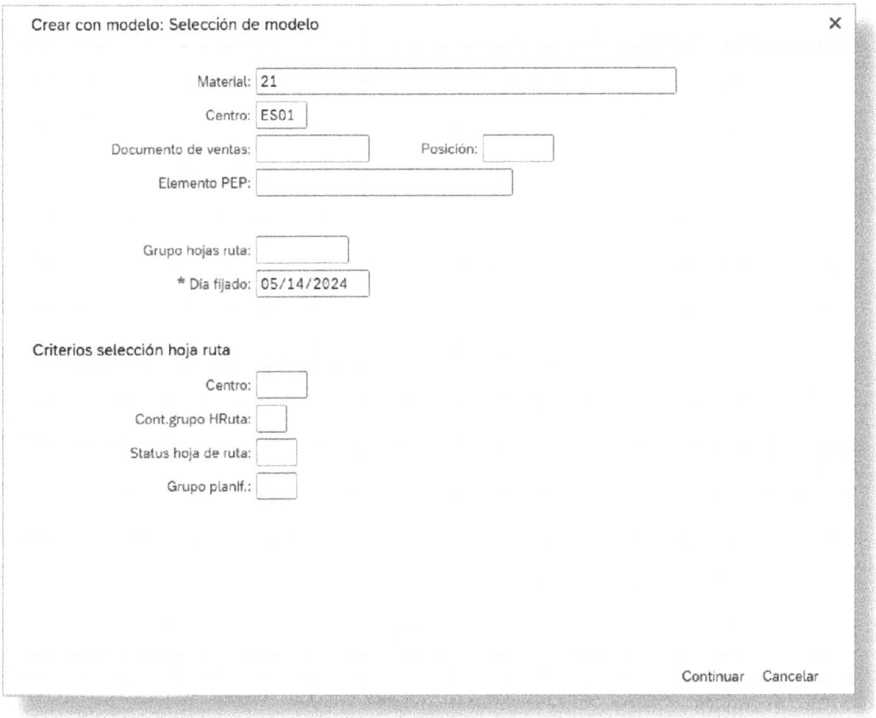

Figura 2.71: Creación de hoja de ruta. Selección de la hoja de ruta modelo

Si realizamos la copia, todos los campos de la hoja de ruta modelo se copiarán a la nueva.

Si ya existiera alguna hoja de ruta para ese material, SAP nos muestra una lista de todas las hojas de ruta existentes, y pulsando Nueva entrada creamos una hoja de ruta nueva para el material.

En la Figura 2.72 se muestra la primera pantalla que aparece, el listado de operaciones. Si estamos creando la hoja de ruta desde cero, aparecerá el listado vacío.

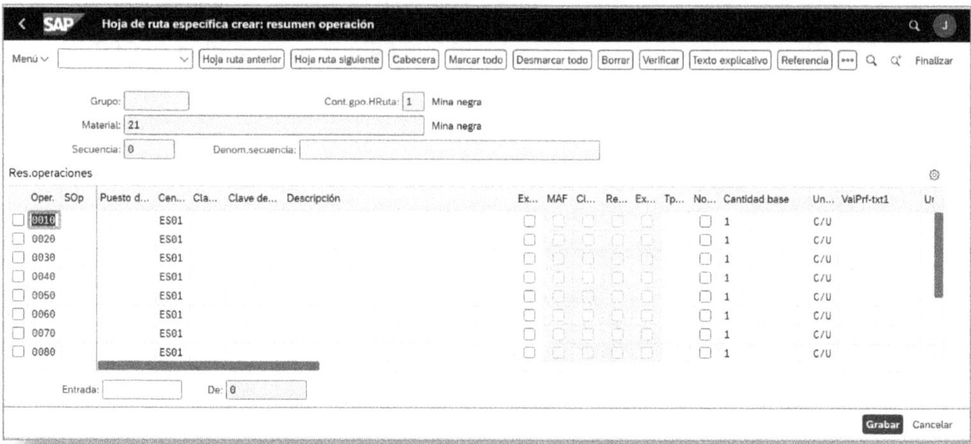

Figura 2.72: Hoja de ruta. Listado de operaciones

Podemos ir rellenando los datos de cada operación y, si es necesario, pasar a la pantalla de detalle de operación haciendo doble clic sobre el número de la operación.

También podemos mantener los datos de cabecera mediante el botón Cabecera.

Una vez completados todos los datos, pulsamos el botón Grabar para crear la hoja de ruta.

2.4.3 Modificación de la hoja de ruta

Las hojas de ruta específicas se modifican mediante la app MODIFICAR HOJA DE RUTA (Figura 2.73).

Figura 2.73: App Modificar hoja de ruta

En la Figura 2.74 vemos la pantalla de selección.

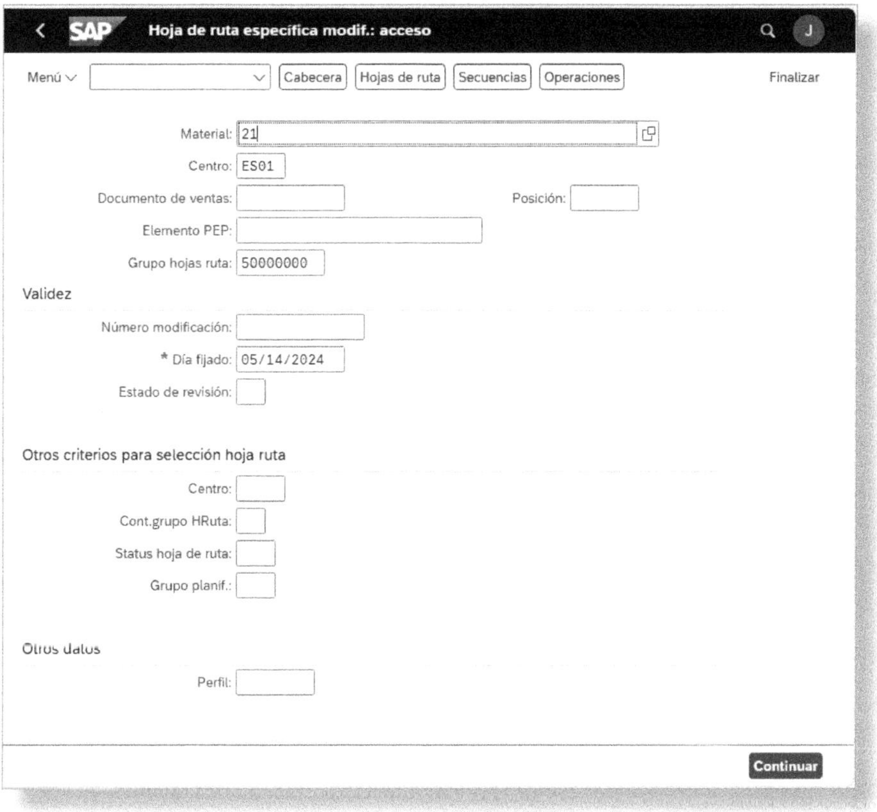

Figura 2.74: Modificar hoja de ruta. Pantalla inicial

Al igual que en la creación, indicamos el material y el centro que queremos modificar, o bien, si lo conocemos, podemos indicar directamente el número del grupo de hojas de ruta.

Al pulsar INTRO o el botón **Continuar** accedemos a la misma pantalla que cuando la estamos creando, esto es, el listado de operaciones de la hoja de ruta.

A partir de aquí podemos modificar los campos que deseemos y navegar por las secciones de la hoja de ruta de igual modo que en la app de creación.

2.4.4 Visualización de la hoja de ruta

Las hojas de ruta específicas se modifican mediante la app VISUALIZAR HOJA DE RUTA (Figura 2.75).

Figura 2.75: App Visualizar hoja de ruta

La pantalla de selección es la siguiente (Figura 2.76).

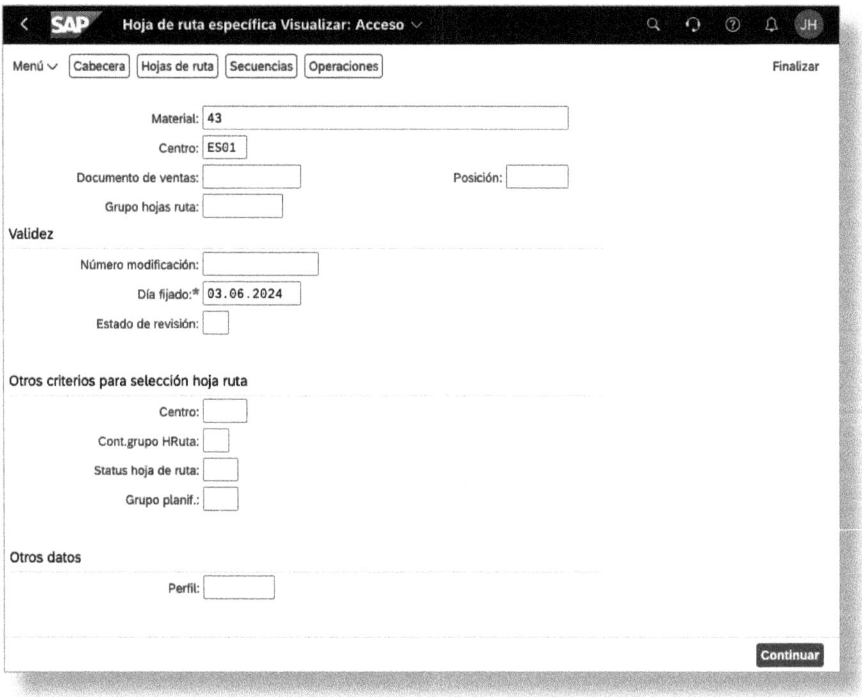

Figura 2.76: Visualización de hoja de ruta. Pantalla inicial

La operativa para la visualización de la hoja de ruta es análoga a la modificación, excepto que los campos estarán inhabilitados para edición.

2.4.5 Caso práctico

En **Lápices Arcoíris** tendremos distintos procesos productivos dependiendo del material a fabricar. El proceso productivo de las **minas** es el siguiente:

1. Se mezcla el grafito, la arcilla con algo de agua y se deja reposar hora y media. Para los lápices de colores se añade también caolina del color deseado.
2. Se moldea la mezcla obtenida hasta conseguir una forma cilíndrica y se deja secar media hora.
3. Para los lápices negros se cuecen las minas agregándoles aceite durante tres horas y se deja enfriar dos horas (los lápices de colores no se cuecen).
4. Se agrega cera para obtener una escritura más suave (tanto a lápices negros como de colores).

En SAP codificamos estas operaciones en la hoja de ruta de la siguiente forma (Figura 2.77).

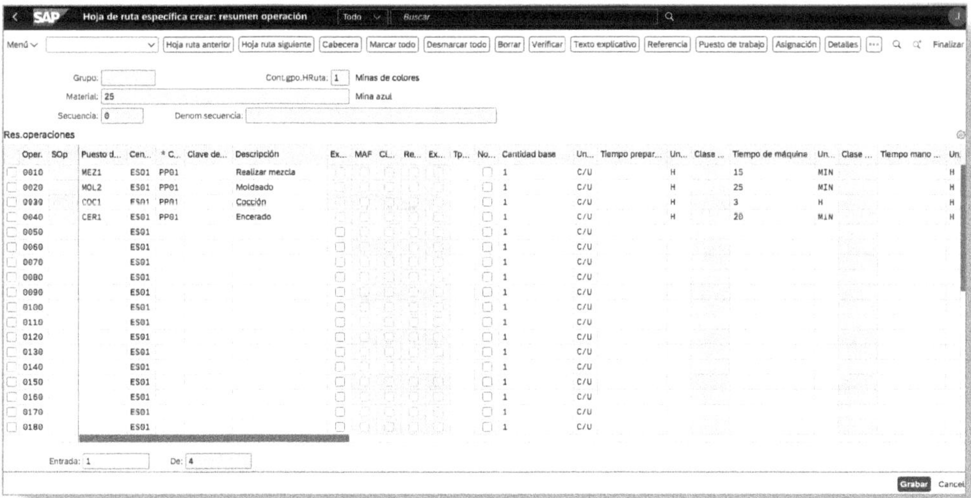

Figura 2.77: Hoja de ruta de minas de colores

La producción de los **lápices** implica las siguientes operaciones:

1. Hacer ranuras a las tablillas de cedro donde irán insertadas las minas.
2. Insertar las minas en las ranuras de cada tablilla.
3. Pegar otra tablilla a las que contienen las minas en la ranura. Esta operación se conoce como «sándwich».
4. Realizar el fresado o modelado para obtener de las tablillas pegadas cada lápiz con la forma que tendrá (hexagonal, cilíndrica ...).
5. Pintar el lápiz del color correspondiente. Una vez pintado, se debe secar un par de horas.
6. Estampar la marca o modelo.
7. Realizar el tajado, para sacar punta a los lápices mediante lijado.
8. Insertar la virola de aluminio y la goma de borrar mediante presión.

Para la producción del lápiz negro podemos usar dos puestos de trabajo distintos para la operación de estampado, por tanto, definimos dos hojas de ruta diferentes. La producción de los tres lápices de colores comparte una misma hoja de ruta puesto que su proceso de producción es idéntico. Las hojas de ruta en SAP de los lápices se crean de la siguiente forma (Figura 2.78).

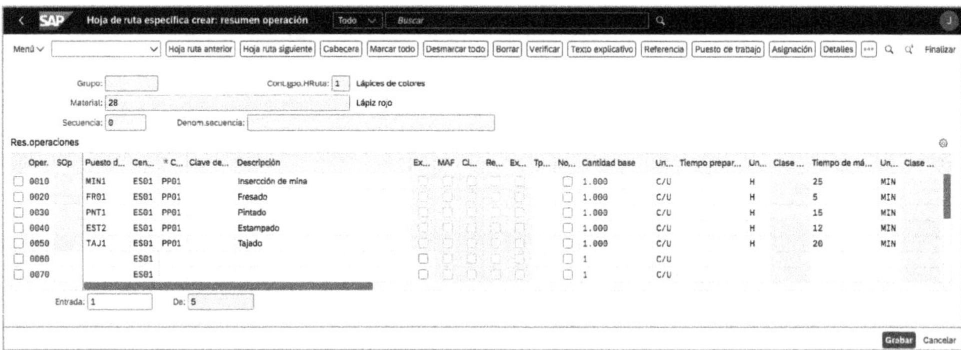

Figura 2.78: Hoja de ruta de lápices de colores

La producción de los **estuches** únicamente tendrá una operación:

1. Empaquetado de los lápices en cajas.

Esta operación puede realizarse en dos empacadoras diferentes cada una (*EMP1* y *EMP2*), por tanto las hojas de ruta que creamos en SAP son las siguientes (Figura 2.79 y Figura 2.80).

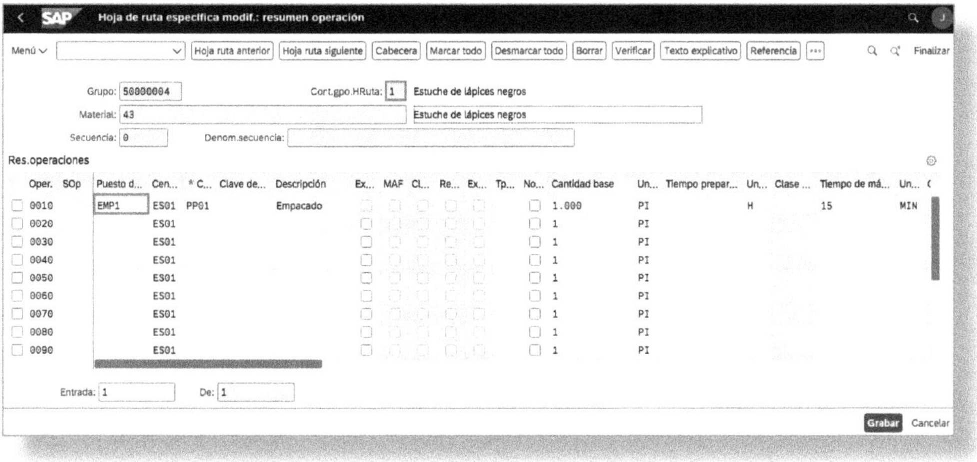

Figura 2.79: Hoja de ruta 1 para estuches de lápices negros

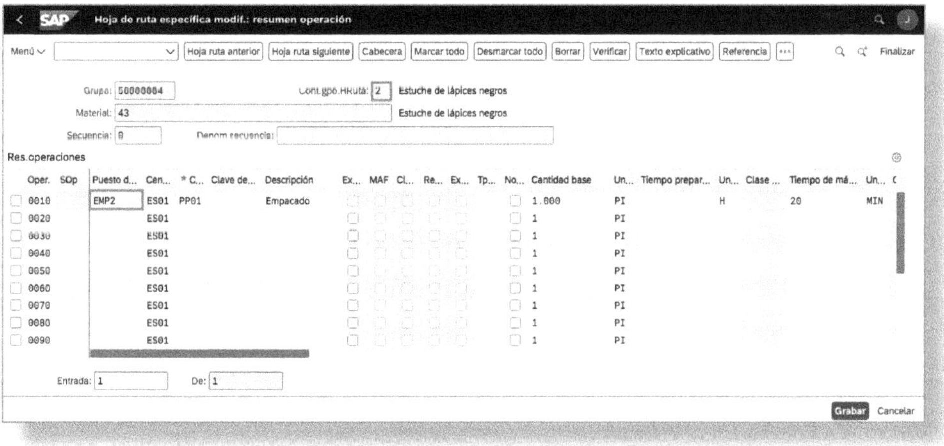

Figura 2.80: Hoja de ruta 2 para estuches de lápices negros

2.5 Versiones de fabricación

Cuando un material podemos producirlo de diferentes maneras, debido a que tenga más de una lista de materiales alternativa y/o más de una hoja de ruta, emplearemos una versión de fabricación por cada posible combinación de lista de material y hoja de ruta distintas.

2.5.1 Mantenimiento de versiones de fabricación

Podemos crear, modificar o visualizar versiones de fabricación tanto desde el maestro de materiales (vista planificación de necesidades 4) como desde la app GESTIONAR VERSIONES DE FABRICACIÓN (Figura 2.81).

Figura 2.81: App Gestionar versiones de fabricación

En la pantalla que aparece (Figura 2.82), indicamos el material y el centro:

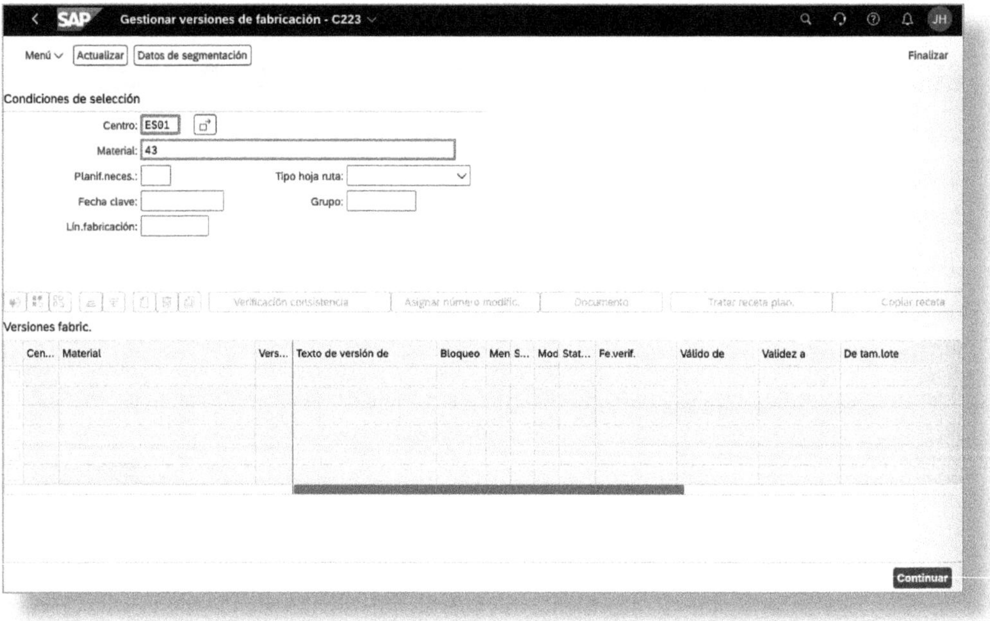

Figura 2.82: Gestionar versiones de fabricación. Pantalla inicial

Si pulsamos INTRO, aparecerá el listado de versiones de fabricación ya creadas para el material en ese centro. Para crear nuevas versiones de fabricación, rellenamos la primera línea que esté en blanco y debemos indicar los siguientes campos:

- CÓDIGO. Indicamos un identificador de 4 caracteres alfanuméricos para la versión de fabricación.
- DESCRIPCIÓN. Asignamos un texto descriptivo a la versión de fabricación para diferenciarla de otras.
- PERIODO DE VALIDEZ. Fechas desde y hasta cuándo es válida la versión.
- TAMAÑO DE LOTE. Cantidad de producción desde y hasta para la que la versión de fabricación es válida.
- LISTA DE MATERIALES. Indicamos el número de alternativa y utilización a emplear en esta versión de fabricación.
- HOJA DE RUTA. Especificamos el grupo de hoja de ruta y el contador que formará parte de la versión de fabricación.
- TIPO DE HOJA DE RUTA. Indicamos el tipo de la hoja de ruta referida (específica, estándar, de tasas de producción, ...).
- FABRICACIÓN REPETITIVA. Marcamos este indicador si estamos empleando fabricación repetitiva.
- LÍNEA DE PRODUCCIÓN. En caso de que estemos en un entorno de fabricación repetitiva, debemos indicar el puesto de trabajo donde se realizará la producción.

Una vez completados estos datos, antes de guardar hay que validar si la información es correcta mediante el botón [Verificación consistencia]. Si hay algún dato que no sea correcto, aparecerá una ventana (Figura 2.83) con las inconsistencias detectadas.

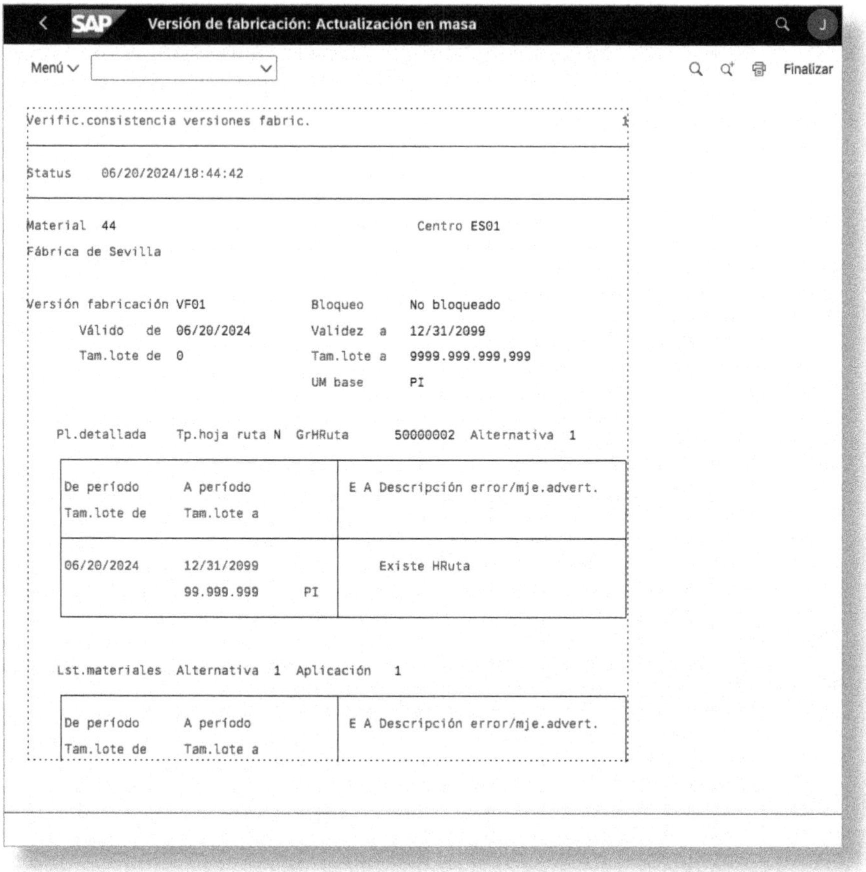

Figura 2.83: Verificación de inconsistencias de versión de producción

Si todo está correcto, la columna STATUS DE VERIFICACIÓN se pondrá en color verde y podremos guardar con el botón Grabar para terminar la creación o modificación de la versión de fabricación.

2.5.2 Caso práctico

Para los materiales que vamos a producir crearemos las versiones de fabricación mostradas en la Figura 2.84.

43	Estuche de lápices negros			
Ver. fabric.	**Descripción**	**Altern. Lmat**	**Gr. Hoja ruta**	**Cont. Hoja ruta**
VF01	En empacadora 1	1	50000004	1
VF02	En empacadora 2	1	50000004	2

45	Estuche de lápices colores			
Ver. fabric.	**Descripción**	**Altern. Lmat**	**Gr. Hoja ruta**	**Cont. Hoja ruta**
VF01	En empacadora 1	1	50000003	1
VF02	En empacadora 2	1	50000005	2

44	Lápiz negro			
Ver. fabric.	**Descripción**	**Altern. Lmat**	**Gr. Hoja ruta**	**Cont. Hoja ruta**
VF01	En estampadora 1	1	50000002	1
VF02	En estampadora 2	1	50000002	2

29	Lápiz verde			
Ver. fabric.	**Descripción**	**Altern. Lmat**	**Gr. Hoja ruta**	**Cont. Hoja ruta**
VF01	Producción lápiz verde	1	50000003	1

28	Lápiz rojo			
Ver. fabric.	**Descripción**	**Altern. Lmat**	**Gr. Hoja ruta**	**Cont. Hoja ruta**
VF01	Producción lápiz ROJO	1	50000003	1

30	Lápiz azul			
Ver. fabric.	**Descripción**	**Altern. Lmat**	**Gr. Hoja ruta**	**Cont. Hoja ruta**
VF01	Producción lápiz azul	1	50000003	1

21	Mina negra			
Ver. fabric.	**Descripción**	**Altern. Lmat**	**Gr. Hoja ruta**	**Cont. Hoja ruta**
VF01	Producción mina negra	1	50000000	1

23	Mina roja			
Ver. fabric.	**Descripción**	**Altern. Lmat**	**Gr. Hoja ruta**	**Cont. Hoja ruta**
VF01	Producción mina roja	1	50000001	1

24	Mina verde			
Ver. fabric.	**Descripción**	**Altern. Lmat**	**Gr. Hoja ruta**	**Cont. Hoja ruta**
VF01	Producción mina verde	1	50000001	1

25	Mina azul			
Ver. fabric.	**Descripción**	**Altern. Lmat**	**Gr. Hoja ruta**	**Cont. Hoja ruta**
VF01	Producción mina azul	1	50000001	1

Figura 2.84: Versiones de fabricación en Lápices Arcoíris

☛ Descripción de las versiones de fabricación

Como se puede ver en estos ejemplos, es conveniente asignar a las versiones de producción una descripción que nos ayude a identificarlas entre las distintas que puede tener un material. Esto nos ayudará a seleccionar la versión de fabricación deseada más fácilmente.

3 Planificación de producción

En este capítulo mostraremos los distintos procesos y actividades que se realizan en la etapa de planificación de la producción, previa a comenzar el proceso productivo en sí.

La planificación de la producción es un proceso que permite a las empresas crear planes de producción eficientes alineando la demanda existente para cada producto con la capacidad productiva que se tenga disponible, asegurando la disponibilidad de materias primas y equipos o líneas de producción en el momento que sean necesarias. Con una adecuada planificación de la producción podemos optimizar los recursos productivos, mejorar la eficiencia y, por consiguiente, reducir costes.

En la Figura 3.1 se muestran las etapas principales en las que se divide el proceso de planificación de la producción.

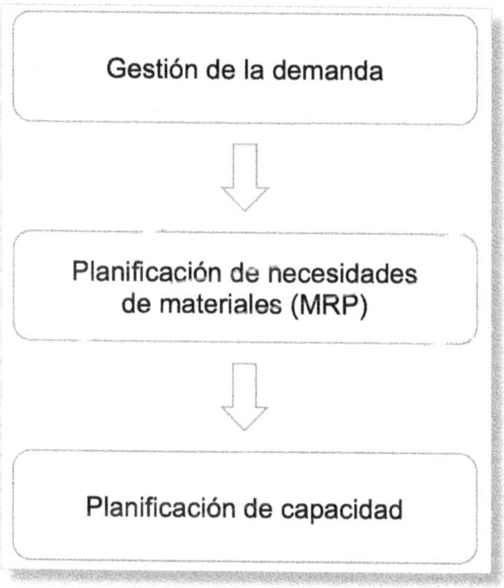

Figura 3.1: Etapas principales en la planificación de la producción

- **Gestión de la demanda**. Consiste en el análisis de las necesidades futuras de productos a corto, medio o largo plazo.
- **Planificación de necesidades de materiales (MRP)**. Se determinan qué productos se necesitan fabricar para atender a la demanda, generando propuestas de producción.

- **Planificación de capacidad**. Las necesidades de producción se ajustan a las capacidades productivas de equipos, máquinas o líneas de producción, identificando cuellos de botellas o equipos infrautilizados.

En los siguientes apartados veremos en detalle cada una de estas etapas.

> **! Planificación de la producción**
>
> La planificación de la producción es vital para garantizar el suministro de material producido en las cantidades y fechas requeridas por otras áreas empresariales, como comercial o logística.

3.1 Gestión de la demanda

La gestión de la demanda es un proceso que implica la planificación y el control eficiente de la demanda de productos, con el objetivo de asegurar un suministro oportuno tanto a los clientes como a otros centros de la compañía. En este apartado, revisaremos los principios que SAP aplica para llevar a cabo este proceso, así como las herramientas más comunes utilizadas para su gestión.

La demanda de producción puede provenir de diferentes elementos del sistema, entre los cuales destacan:

- Pronósticos de ventas
- Pedidos de venta
- Pedidos entre centros
- Pedidos intercompañía (empresas del mismo grupo)

Mientras que los tres últimos tipos de pedido se consideran demanda en firme (necesidades primarias), los pronósticos o estimaciones de ventas permiten planificar la producción a medio y largo plazo (necesidades primarias planificadas). Para elaborar estos pronósticos, se pueden utilizar herramientas integradas en S/4HANA, soluciones de otros proveedores de software o herramientas propias de SAP, como SAP SCM (*Supply Chain Management*) o SAP IBP (*Integrated Business Planning*).

En SAP, las previsiones de venta se registran como **necesidades primarias planificadas**, las cuales pueden introducirse manualmente o importarse desde hojas de cálculo, como veremos más adelante. Si bien no profundizaremos en todas las herramientas y opciones que SAP ofrece para realizar pronósticos de ventas, ya que estas competencias están más vinculadas al módulo de ventas (SD), nos centraremos en aquellas funcionalidades que impactan directamente en la planificación de la producción.

Registro de la demanda

Las personas que planifican la producción deben tener visibilidad en el sistema de todas estas fuentes de demanda que tengamos de cada material producido, por lo que es sumamente importante que los responsables de mantener estos datos transaccionales en SAP los tengan lo más actualizados posibles en cuanto a cantidades y fechas requeridas.

3.1.1 Estrategias de planificación

Las estrategias de planificación definen el modo en que produciremos nuestros materiales, determinando las cantidades que se van a producir para satisfacer la demanda. Cada estrategia puede considerar distintos elementos de demanda, como las previsiones o pedidos de venta, así como los mecanismos de compensación de las previsiones por la demanda en firme.

La elección de la estrategia más adecuada para la planificación de la producción de un material depende de diversos factores. Entre ellos, se incluyen aspectos como si la producción se realiza únicamente al recibir un pedido de venta (fabricación contra pedido) o no necesariamente (fabricación contra stock), si se toman en cuenta las previsiones de venta o no, si la demanda puede determinar la producción del producto terminado o bien de alguno de sus componentes, si empleamos componentes ficticios, etc.

En la Figura 3.2 se presenta un mapa de decisión que facilita la identificación de la estrategia de planificación más adecuada en función de los requerimientos específicos del producto y las características de la demanda. Esta herramienta visual ayuda a guiar la toma de decisiones, asegurando que la estrategia seleccionada se alinee con los objetivos de producción y las necesidades del negocio. Comenzando desde la parte superior se van respondiendo las preguntas planteadas y tomando el camino correspondiente a cada respuesta hasta llegar a la estrategia adecuada (codificada con un número de dos cifras).

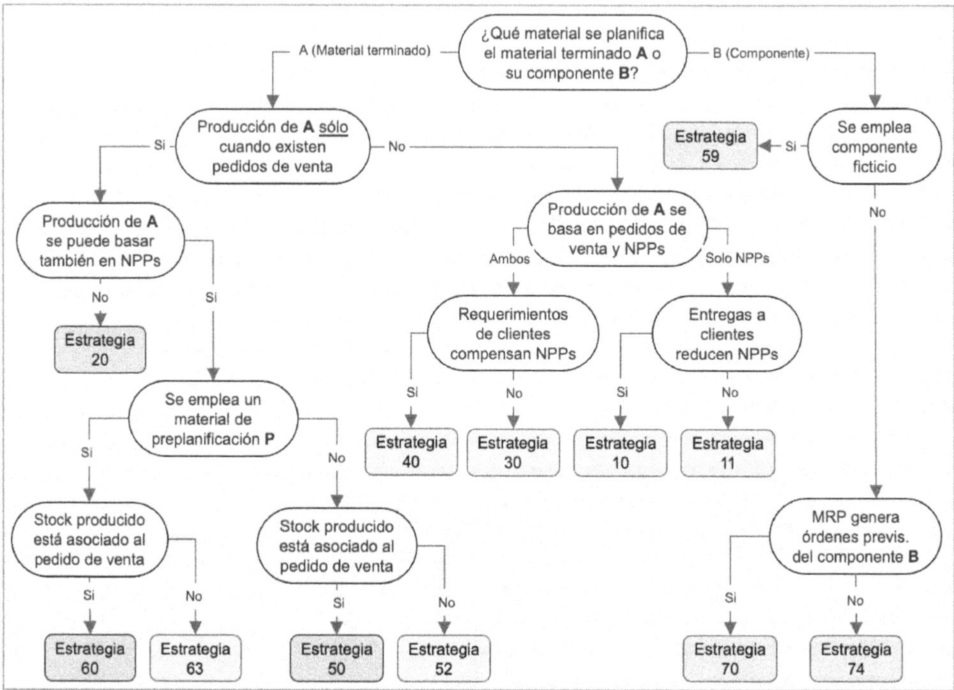

Figura 3.2: Mapa de decisión de estrategias de planificación

SAP ofrece una amplia variedad de estrategias de planificación, muchas más de las que se muestran en este mapa. Sin embargo, las doce que se presentan aquí se encuentran entre las más comunes y utilizadas en la práctica. Estas estrategias pueden clasificarse de la siguiente manera:

- **Estrategias de planificación contra stock**
  - *10* Planificación de necesidad neta
  - *11* Planificación de necesidad bruta
  - *30* Fabricación por lotes
  - *40* Planificación con montaje final
  - *52* Planificación sin montaje final y sin MTO
  - *63* Preplanificación con un material de preplanificación y sin MTO (*make-to-order*)

- **Estrategias de planificación contra pedido**
  - *20* Fabricación sobre pedido
  - *50* Planificación sin montaje final
  - *60* Planificación con material de preplanificación
- **Estrategias de planificación de componentes**
  - *59* Planificación en el nivel de conjunto ficticio
  - *70* Planificación en el nivel de conjunto
  - *74* Planificación sin montaje final en el nivel de conjunto

La estrategia de planificación de cada material se configura en el campo GRUPO DE ESTRATEGIA en la vista PLANIFICACIÓN DE PRODUCCIÓN 3 del maestro de materiales. Vamos a ver a continuación algunas de las estrategias más habituales en planificación de producción.

Estrategia 40. Planificación con montaje final

Esta estrategia es idónea cuando la producción se realiza contra stock y contamos con previsiones de venta del producto que se va a fabricar. Además de estas previsiones, pueden existir otras fuentes de demanda, como pedidos de venta o pedidos internos provenientes de otros centros de la organización (traslados entre centros o pedidos intercompañía). En este enfoque, la demanda en firme (pedidos reales) compensará (decrementará) las previsiones de venta correspondientes al periodo en el que deba entregarse el pedido, según la configuración establecida para el material. Cuando la demanda real sea despachada a clientes u otros centros, y el stock del material entregado se deduzca del sistema, las necesidades primarias planificadas se reducirán automáticamente, reflejando que dicha demanda ya ha sido satisfecha.

Para implementar esta estrategia, es necesario configurar varios campos en el maestro de materiales con los siguientes valores:

- ESTRATEGIA DE PLANIFICACIÓN: Valor *40*.
- PARÁMETROS DE COMPENSACIÓN DE NPPS. Esto es, los campos:
  - MODO DE COMPENSACIÓN
  - COMPENSACIÓN HACIA ATRÁS
  - COMPENSACIÓN HACIA ADELANTE

El proceso descrito para esta estrategia de planificación se resume en el siguiente diagrama de flujo (Figura 3.3):

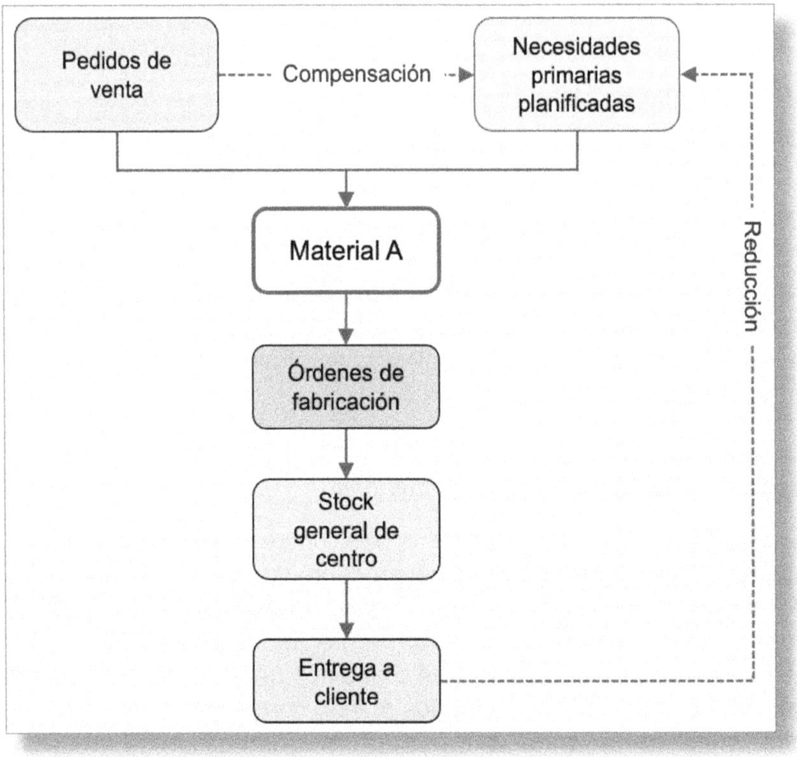

Figura 3.3: Estrategia de planificación 40

Al poder trabajar con previsiones de demanda del producto terminado, también podemos tener una previsión de los materiales semielaborados y materia prima que vamos a necesitar, ya que el proceso denominado **MRP** irá propagando los requerimientos desde el producto terminado a todos los niveles de listas de materiales que tenga, como veremos más adelante. Esto ayudará al proceso comercial de verificación de disponibilidad de productos (conocido como ATP) para poder confirmar a los clientes la fecha de entrega de sus pedidos de venta.

! Precisión en la estimación de la demanda

La precisión en la estimación de la demanda es fundamental porque, si la demanda real supera las previsiones, podríamos enfrentarnos a problemas críticos, como la incapacidad de cumplir con las fechas de entrega comprometidas en los pedidos de venta. Esto ocurriría si no se cuenta con la capacidad productiva necesaria para responder a tiempo, lo que podría afectar la satisfacción del cliente y la eficiencia operativa. Por ello, una planificación de la demanda precisa es clave para evitar desabastecimientos y garantizar un servicio adecuado a los clientes.

Estrategia 20. Planificación sin montaje final

Esta estrategia se emplea cuando un material se produce únicamente contra pedido, esto es, el desencadenante de la producción del material es la creación de un pedido de venta en el sistema. En este caso, no se permite la introducción de previsiones de venta de los productos configurados con esta estrategia.

Consejo

Cuando empleemos esta estrategia, es conveniente comprobar si el plazo de entrega de los pedidos de venta que se crean en SAP puede ser inferior al plazo de reaprovisionamiento de alguno de los componentes necesarios para la producción del material vendido. Si es así, debemos planificar su aprovisionamiento de tal modo que se garantice el stock necesario en el momento que comience la producción.

Para activar esta estrategia para un material en un centro debemos configurar los siguientes parámetros en el maestro de materiales:

- GRUPO DE ESTRATEGIA. Indicamos valor *20*.
- GRUPO DE TIPOS DE POSICIÓN. Debe estar relleno con algún valor, por ejemplo *NORM*, en la vista ORGANIZACIÓN DE VENTAS del maestro de materiales.

En el esquema mostrado en la Figura 3.4 se describe el funcionamiento de esta estrategia.

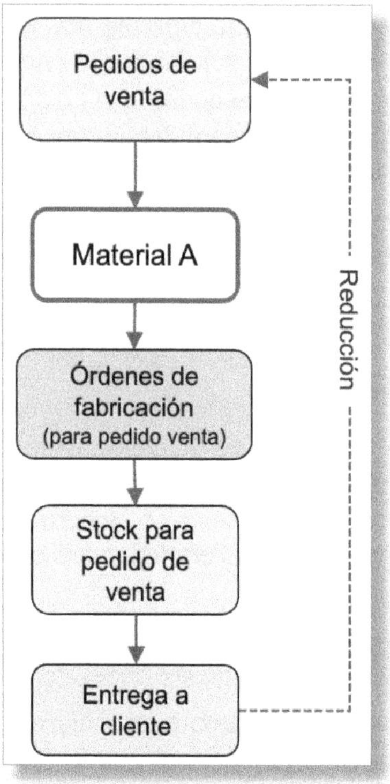

Figura 3.4: Estrategia de planificación 20

Cuando se recibe un pedido de venta de un material, el sistema MRP genera órdenes previsionales para cubrir la demanda asociada a dicho pedido. Una vez que estas órdenes previsionales se convierten en órdenes de producción, el stock resultante queda vinculado exclusivamente a ese pedido de venta específico.

Órdenes previsionales

Las órdenes previsionales son propuestas de producción generadas automáticamente por el proceso de MRP, aunque también existe la posibilidad de crearlas manualmente. Estas órdenes incluyen información esencial, como el material que debe producirse, la cantidad requerida y la fecha límite para completar la producción. En la Sección 3.2.4 hablaremos con más detalle sobre estas órdenes previsionales.

Como veremos más adelante, en la herramienta de SAP denominada **Lista de necesidades y stock**, se crea un segmento dedicado para cada pedido de venta. En este segmento, se puede visualizar el stock disponible para atender dicho pedido, el pedido de venta en sí y las órdenes previsionales o de fabricación relacionadas con ese pedido de venta.

! Gestión de stocks de materiales con estrategia 20

Para implementar esta estrategia, al igual que todas aquellas basadas en la fabricación contra pedido, es esencial asegurarse de que la producción se realizará exclusivamente para cada pedido de venta específico. El stock generado no podrá ser asignado a un cliente distinto, e incluso se bloqueará su expedición para otro pedido de venta del mismo cliente. Esto garantiza que cada producto fabricado cumpla con los requisitos únicos del pedido al que está asociado, manteniendo la trazabilidad y evitando confusiones en la gestión de inventarios.

Estrategia 50. Planificación sin montaje final

La estrategia 50 es, probablemente, la estrategia de planificación más utilizada cuando un material se produce contra pedido. A diferencia de la estrategia 20, en la 50 también es posible mantener previsiones de venta en forma de necesidades primarias planificadas. Estas previsiones sirven para generar requerimientos de materias primas y materiales semielaborados necesarios para la producción del material.

Para activar esta estrategia en un material dentro de un centro específico, es necesario configurar los siguientes parámetros en el maestro de materiales:

- GRUPO DE ESTRATEGIA. Indicamos el valor *50*.
- PARÁMETROS DE COMPENSACIÓN DE NPPS. Se compone de los siguientes campos:
  - MODO DE COMPENSACIÓN
  - COMPENSACIÓN HACIA ATRÁS
  - COMPENSACIÓN HACIA ADELANTE
- GRUPO DE TIPOS DE POSICIÓN. Debe estar relleno con algún valor, por ejemplo *NORM*, en la vista ORGANIZACIÓN DE VENTAS del maestro de materiales.

El siguiente esquema (Figura 3.5) muestra el funcionamiento de esta estrategia.

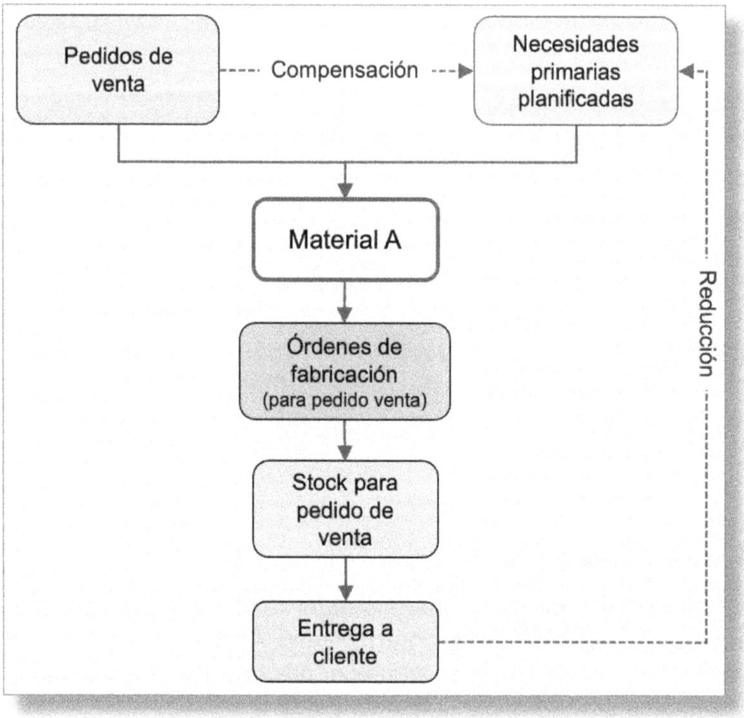

Figura 3.5: Estrategia de planificación 50

A medida que se registren pedidos de venta en el sistema, estos irán compensando (reduciendo) las necesidades primarias planificadas, de acuerdo con los parámetros de compensación definidos en el maestro de materiales.

Para cubrir estas necesidades primarias planificadas, el MRP generará órdenes previsionales que, aunque no son relevantes para la producción (es decir, no pueden convertirse directamente en órdenes de producción), sí crean demanda de los componentes necesarios para fabricar el material, lo que en SAP se conoce como **necesidades secundarias**. Este mecanismo permite anticipar el aprovisionamiento de los componentes que, presumiblemente, serán necesarios una vez que se reciba un pedido de venta, asegurando que estén disponibles al iniciar la producción.

☛ Órdenes previsionales no convertibles a órdenes de fabricación

Cuando un material tiene asignada esta estrategia de planificación, el MRP generará órdenes previsionales con un tipo de orden específico *VP*, que no pueden convertirse en órdenes de producción posteriormente.

Cuando se introduce un nuevo pedido de venta, la próxima ejecución del MRP generará una orden previsional para cubrir la cantidad demandada en dicho pedido. A diferencia de otros casos, estas órdenes previsionales sí son convertibles en órdenes de fabricación. Al tratarse de una estrategia de fabricación contra pedido, el stock producido estará vinculado exclusivamente al pedido de venta que lo originó, garantizando una trazabilidad completa.

Al igual que en la estrategia 20, en la lista de necesidades y stock se creará un segmento específico para cada pedido de venta. En este segmento, podremos visualizar el stock disponible para atender dicho pedido, el pedido de venta en sí y las órdenes previsionales o de fabricación asociadas a ese pedido. Por otro lado, las necesidades primarias planificadas y las órdenes previsionales generadas por el MRP para satisfacerlas (aquellas que no son convertibles en órdenes de fabricación) se mostrarán en el segmento general de la lista, sin estar asignadas a ningún pedido de venta en particular.

Estrategia 70. Planificación en el nivel de conjunto

SAP ofrece diversas estrategias para planificar la producción no solo de productos terminados, sino también de niveles inferiores de la estructura de fabricación, como los productos semielaborados. Entre estas estrategias se encuentra la estrategia *70*, que resulta especialmente útil cuando las previsiones de fabricación no se centran en los productos finales vendidos, los cuales pueden ser numerosos y variados, sino en algún componente común o producto semielaborado que forme parte de dichos productos comerciales (Figura 3.6).

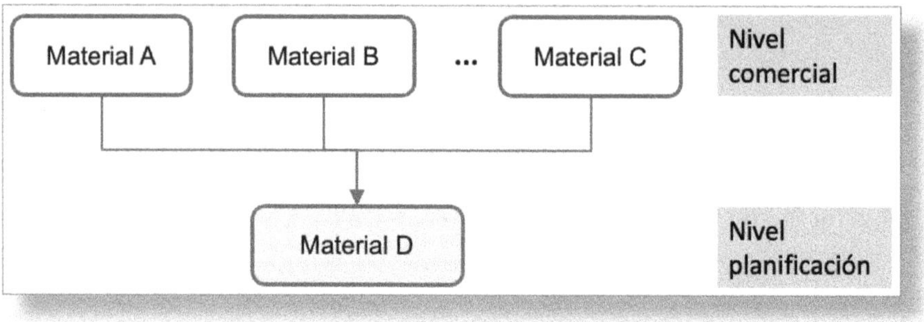

Figura 3.6: Estrategias de planificación de componentes

Esta estrategia puede aplicarse tanto en escenarios de fabricación contra stock como de fabricación contra pedido. Es especialmente adecuada cuando trabajamos con materiales variantes, es decir, cuando un mismo producto base da lugar a múltiples versiones o variantes similares. Para activar esta estrategia en un material dentro de un centro específico, es necesario configurar los siguientes parámetros en el maestro de materiales:

- GRUPO DE ESTRATEGIA. Indicamos el valor *70*.
- PARÁMETROS DE CONSUMO DE NECESIDADES PRIMARIAS PLANIFICADAS. Se compone de los siguientes campos:
  - MODO DE CONSUMO
  - INTERVALO DE COMPENSACIÓN HACIA ATRÁS
  - INTERVALO DE COMPENSACIÓN HACIA ADELANTE
- MIXED MRP INDICATOR. Valor *1* (planificación con montaje).
- INDICADOR DE NECESIDADES SECUNDARIAS PARA NECESIDADES COLECTIVAS E INDIVIDUALES. Introducimos el valor *2*, solo si trabajamos con planificación contra pedido.

El siguiente esquema muestra el funcionamiento de esta estrategia.

Las necesidades primarias planificadas se registran para el componente (material D) y serán compensadas por las órdenes de fabricación de dicho componente. Estas necesidades primarias planificadas se reducirán automáticamente cuando se creen las órdenes de fabricación de nivel superior (correspondientes a los materiales A, B o C) y generen reservas del componente (material D). De esta manera, la fabricación del componente se basará en la previsión de demanda de todos los materiales comerciales en los que esté incluido, lo que permite una planificación más eficiente y alineada con las necesidades globales de producción.

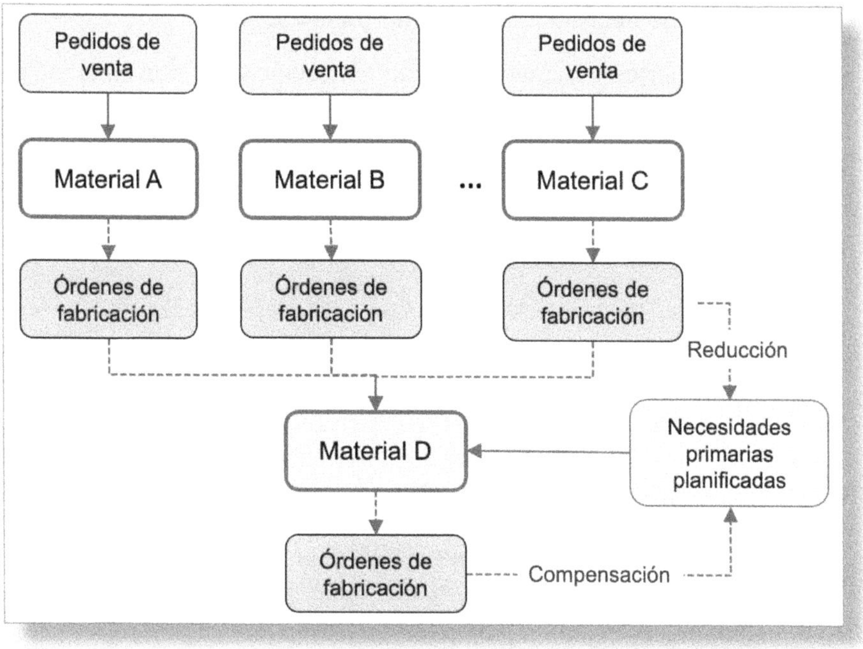

Figura 3.7: Estrategia 70. Planificación en el nivel de montaje

3.1.2 Las necesidades primarias planificadas

Una necesidad primaria planificada (NPP) es un dato transaccional en SAP que representa una cantidad planificada de un material y la fecha en la que dicha cantidad debe estar disponible. Por ejemplo, si queremos registrar una previsión de ventas de un material para los próximos seis meses, SAP generará seis necesidades primarias planificadas, una para cada mes, con la cantidad estimada de venta en ese periodo.

Como se mencionó anteriormente, dependiendo de la estrategia de planificación seleccionada para nuestros materiales, estas necesidades primarias planificadas influirán o no en la planificación de la producción.

Dado que las NPPs son estimaciones de demanda, es crucial que interactúen correctamente con la demanda real para evitar duplicaciones. Para lograrlo, SAP cuenta con dos mecanismos clave: la **compensación** y la **reducción** de NPPs. Vamos a comentar a continuación cada uno de ellos.

Compensación de necesidades primarias planificadas

En función de ciertos parámetros de compensación definidos en el maestro de materiales (vista PLANIFICACIÓN DE NECESIDADES 3), la demanda real (pedidos) que se vaya introduciendo en SAP irá compensando (disminuyendo) la cantidad de las NPPs. Los parámetros de compensación son los siguientes.

- MODO DE COMPENSACIÓN
- INTERVALO DE COMPENSACIÓN HACIA ATRÁS
- INTERVALO DE COMPENSACIÓN HACIA ADELANTE

Cuando se crea un nuevo pedido de venta en SAP, el sistema automáticamente identifica si alguna NPP debe ser compensada. Para ello, a partir de la fecha de entrega del pedido de venta, SAP irá buscando hacia atrás en el tiempo (si el MODO DE COMPENSACIÓN es *1*), o hacia adelante (si el MODO DE COMPENSACIÓN es *3*), si hay alguna NPP dentro del INTERVALO DE COMPENSACIÓN HACIA ATRÁS o el INTERVALO DE COMPENSACIÓN HACIA ADELANTE, respectivamente. Si encuentra alguna NPP, le restará la cantidad del pedido de venta. Si la cantidad del pedido de venta es superior a la de la NPP, esa quedará a cero (completamente compensada), y se continuarán buscando otras NPPs a compensar dentro del intervalo de compensación, por la cantidad del pedido de venta que aún no se ha compensado.

En caso de que se emplee el MODO DE COMPENSACIÓN *2* (hacia atrás y luego hacia adelante), si al llegar al final del intervalo de compensación hacia atrás aún quedaran cantidades del pedido de venta por compensar, SAP comenzaría a buscar NPPs hacia adelante en el tiempo, o sea, a partir de la fecha de entrega del pedido de venta, y compensaría NPPs que se encuentren dentro del periodo de compensación hacia adelante.

Con el MODO DE COMPENSACIÓN *4* (hacia adelante y luego hacia atrás), el comportamiento será el mismo pero en sentido inverso.

Intervalos en días laborables

Recuerda que los intervalos de compensación hacia adelante y hacia atrás se expresan en días laborables, de acuerdo con el calendario definido para el centro.

En la Figura 3.8 se exponen seis ejemplos de compensación de NPPs dependiendo de los parámetros de compensación (columnas dos a la cuatro). Para este ejemplo, suponemos que todos los días son laborables y las NPPs se introducen semanalmente (con fecha el primer día de la semana). Cada NPP es de 20 unidades, y creamos un pedido de venta de 45 unidades el día 10.

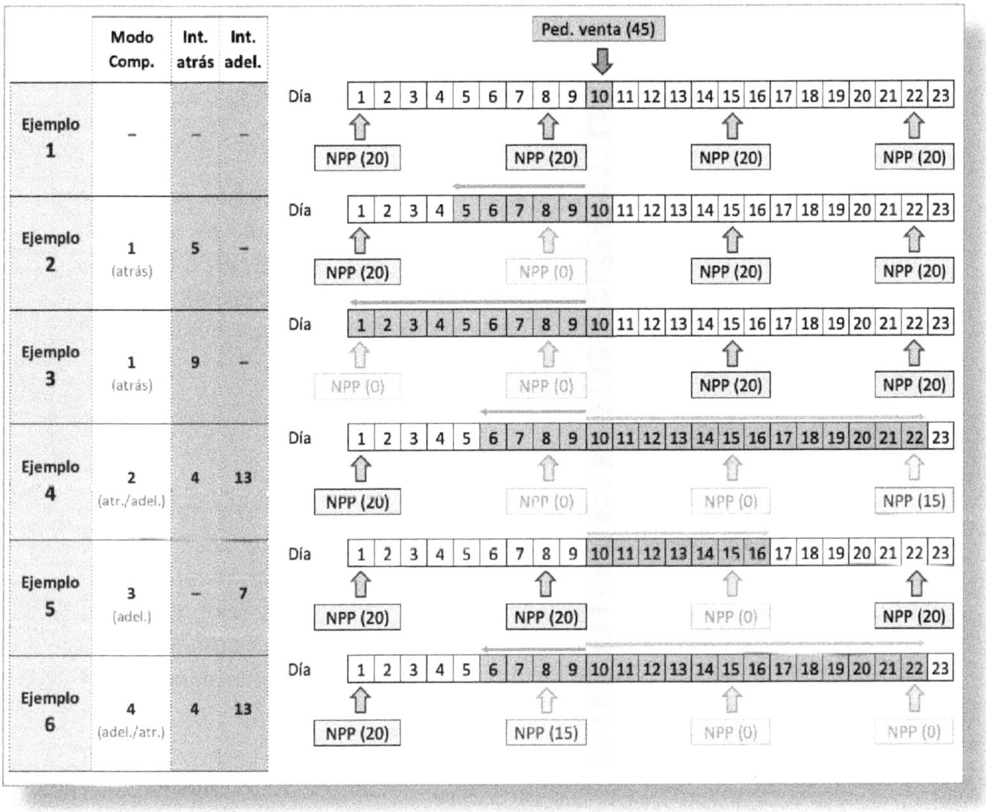

Figura 3.8: Ejemplos de compensación de NPPs

En el ejemplo 1, si no mantenemos los parámetros de compensación, no se compensará ninguna NPP. En el segundo ejemplo, se buscarán NPPs en un intervalo de 5 días anteriores al día 10 (entre los días 5 y 10). Al encontrar la NPP del día 8, como su cantidad (20) es inferior a la cantidad del pedido (45), se compensa completamente por lo que «desaparece» a efectos de planificación.

El ejemplo 3 es similar al 2, ampliando el periodo hacia atrás. En este caso, no solo compensa la NPP del día 8, sino que también lo hace con la del día 1, pues su cantidad (20) sigue siendo inferior a la cantidad aún pendiente de compensar (25) tras haber compensado la NPP del día 8.

En el ejemplo 4, SAP busca primero 4 días hacia atrás, compensa la segunda NPP completamente y, como aún quedan 25 unidades por compensar, comienza a buscar NPPs a partir del día 10 (hacia adelante). Encuentra la tercera NPP de 20 unidades y la compensa completamente. Únicamente restan 5 unidades por compensar, por lo que la cuarta NPP, que cae dentro del periodo, quedará en 15 unidades.

En el ejemplo 5, SAP trata de compensar 7 días hacia adelante, por lo que compensa completamente la tercera NPP. El último ejemplo es similar al cuarto, pero ahora cambia el orden en que se buscan las NPPs (primero hacia adelante y luego hacia atrás). En este caso se compensan, por este orden, las NPPs tercera, cuarta, y parte de la segunda, que queda en 15 unidades.

Reducción de necesidades primarias planificadas

Cuando se entregue la demanda real, ya sea a un cliente o a otro centro y, por tanto, se elimine el stock del sistema, si esta entrega ocurre dentro del periodo de compensación de una NPP, se reducirá automáticamente en la cantidad entregada. Este proceso, conocido como reducción de NPPs, ajusta la cantidad planificada para reflejar que parte de la demanda ya ha sido satisfecha, evitando duplicaciones y manteniendo una planificación precisa y alineada con la realidad.

Vamos a ver un ejemplo en el que tenemos la situación mostrada en la Figura 3.9. Tenemos cuatro previsiones de venta mensuales de 100 piezas cada una, con compensación hacia atrás de 23 días laborables.

Si se creara un pedido de venta para el día 17 de enero por 9 unidades, la previsión de ventas de enero se reduciría hasta quedar en 91 (Figura 3.10).

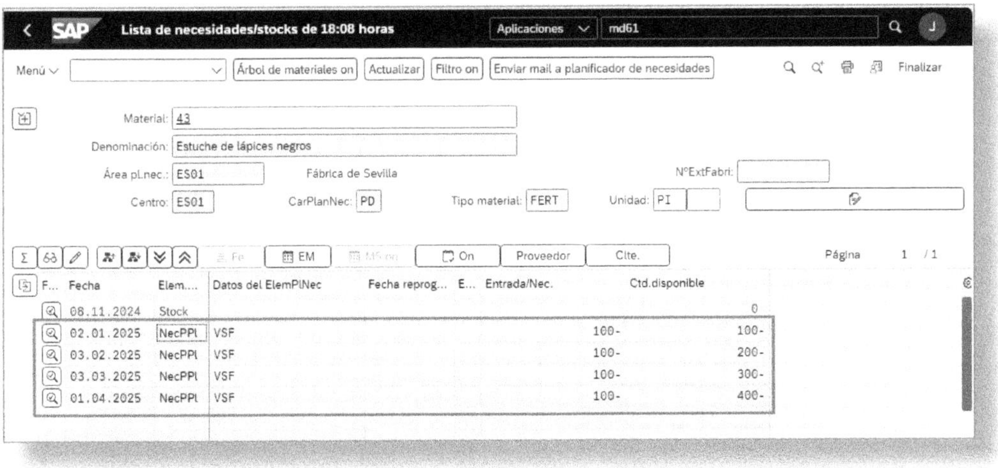

Figura 3.9: Ejemplo de compensación de NPPs (1)

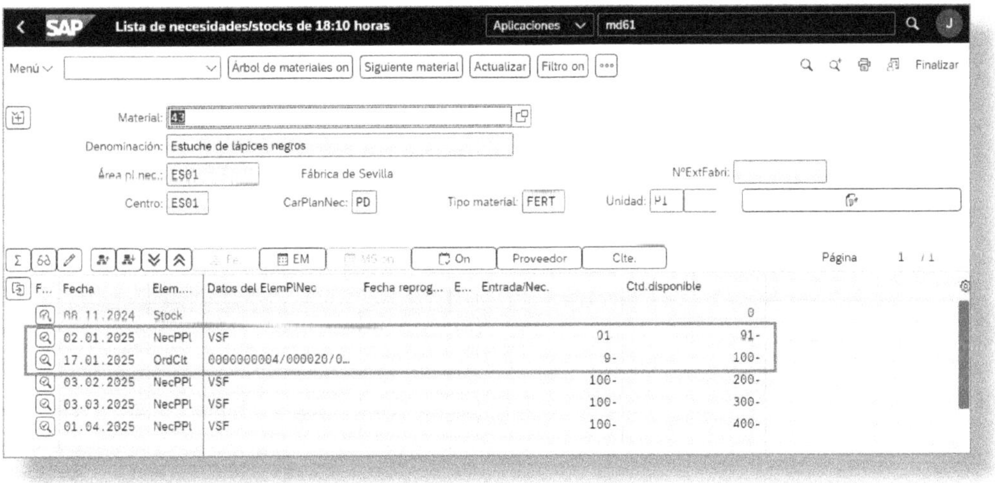

Figura 3.10: Ejemplo de compensación de NPPs (2)

Mantenimiento de necesidades primarias planificadas

Podemos crear o modificar NPPs mediante la app ACTUALIZAR PIRs (Figura 3.11).

Figura 3.11: App Actualizar PIRs

¿Qué son las PIRs?

Las necesidades primarias planificadas a veces también se conocen por las siglas **PIR** de su denominación en inglés, *Planned Independent Requirements*.

En la primera pantalla de esta app, mostrada en la Figura 3.12, aparecen en la parte superior algunos parámetros por los que podemos filtrar las NPPs y, en la parte inferior la lista de materiales seleccionados, información sobre el número de periodos en los que hay NPPs, e indicadores de la precisión de dichas NPPs respecto a la demanda real.

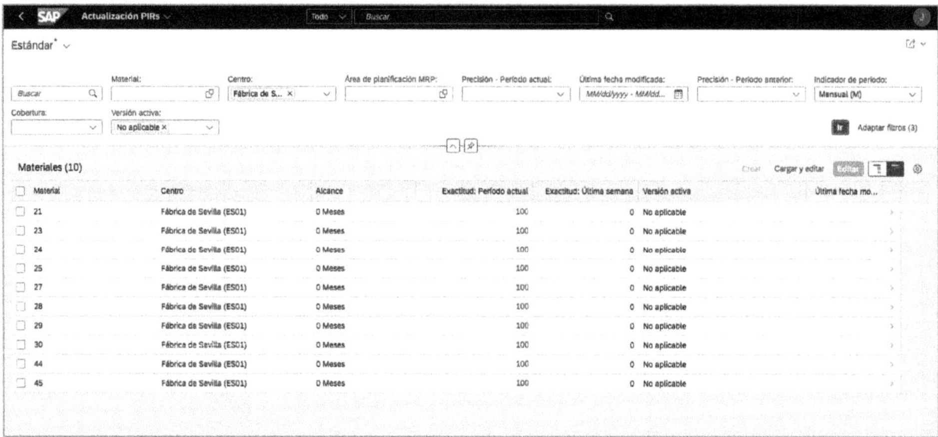

Figura 3.12: Actualizar PIRs. Pantalla inicial

Para introducir las NPPs de un material, la seleccionamos y pulsamos el botón Crear. Se muestra la ventana mostrada en la Figura 3.13.

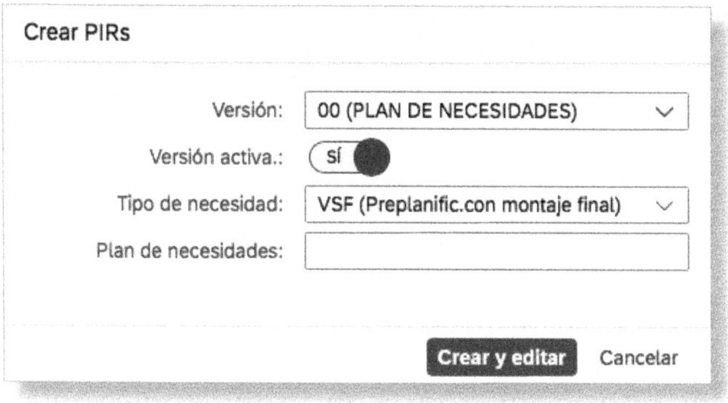

Figura 3.13: Parámetros de la NPP que se va a crear

Seleccionamos el valor de los siguientes campos.

- VERSIÓN. Podemos mantener varias versiones de NPPs, incluso algunas únicamente con el fin de simular los requerimientos de producción que se generarían. La versión estándar es la *00*.
- VERSIÓN ACTIVA. Podemos trabajar con NPPs activas, o sea, completamente operativas, o inactivas, que aunque estén creadas, no tienen ningún tipo de efecto en planificación u otros procesos hasta que no estén activas.
- TIPO DE NECESIDAD. Dependiendo del tipo de estrategia de planificación del material, se asigna automáticamente un tipo de necesidad (definido en parametrización), que será un parámetro de control para el correcto funcionamiento en SAP de la estrategia elegida.
- PLAN DE NECESIDADES. Consiste en algún tipo de descripción del conjunto de NPPs que se va a crear, en caso de que fuera necesario asignarles una descripción.

Una vez seleccionados los parámetros, a través del botón Crear y editar podemos comenzar a introducir las cantidades (expresadas en la unidad de medida base del material) según la periodicidad seleccionada en la pantalla inicial (Figura 3.14).

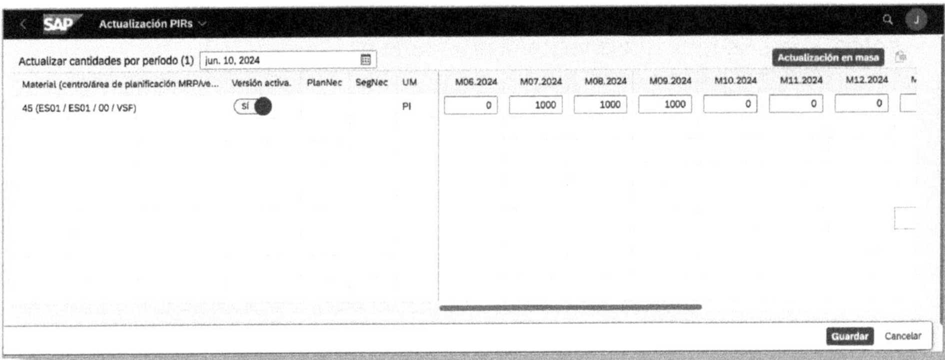

Figura 3.14: Introducción de NPPs

Una vez introducidas las NPPs, pulsamos el botón Guardar para crear las NPPs.

También podemos importar las NPPs desde un fichero con extensión **CSV**, pulsando el botón Cargar y editar en la pantalla inicial y seleccionando el fichero deseado.

Si para un material ya tuviéramos NPPs creadas, podemos filtrar los materiales que tengan una VERSIÓN ACTIVA y en la columna ALCANCE aparecerá un valor, como vemos en la Figura 3.15.

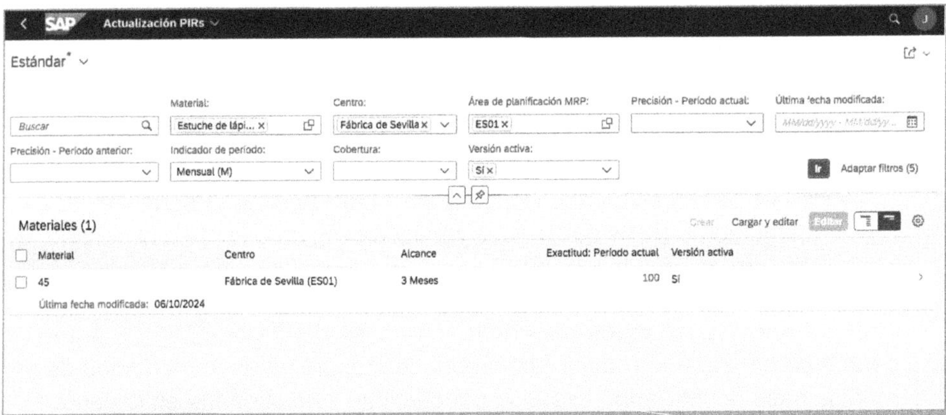

Figura 3.15: Materiales con NPPs

Seleccionamos el material que se va a modificar y, si pulsamos el botón Editar (1), aparece la siguiente pantalla (Figura 3.16), donde podemos modificar las NPPs existentes.

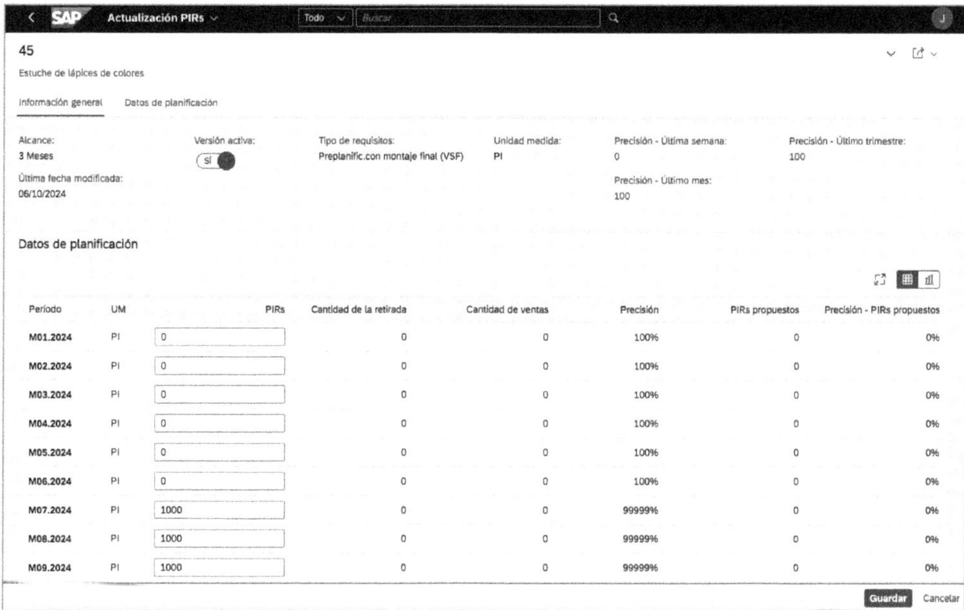

Figura 3.16: Modificación de NPPs

Una vez modificadas las NPPs que deseemos, pulsamos el botón Guardar para guardar los valores.

En cualquier momento, desde la pantalla inicial podemos visualizar las NPPs de un material haciendo doble clic sobre su línea. Aparece la siguiente pantalla (Figura 3.17).

Desde esta pantalla podríamos editar las NPPs pulsando el botón Editar.

Las NPPs que vamos creando se visualizan en la LISTA DE NECESIDADES Y STOCKS de la siguiente forma (Figura 3.18).

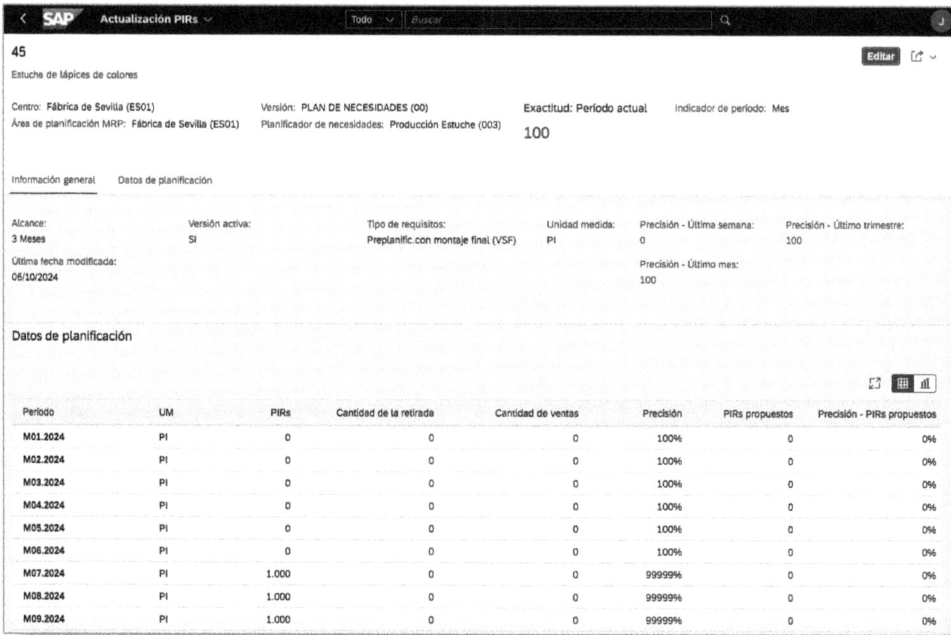

Figura 3.17: Visualización de NPPs

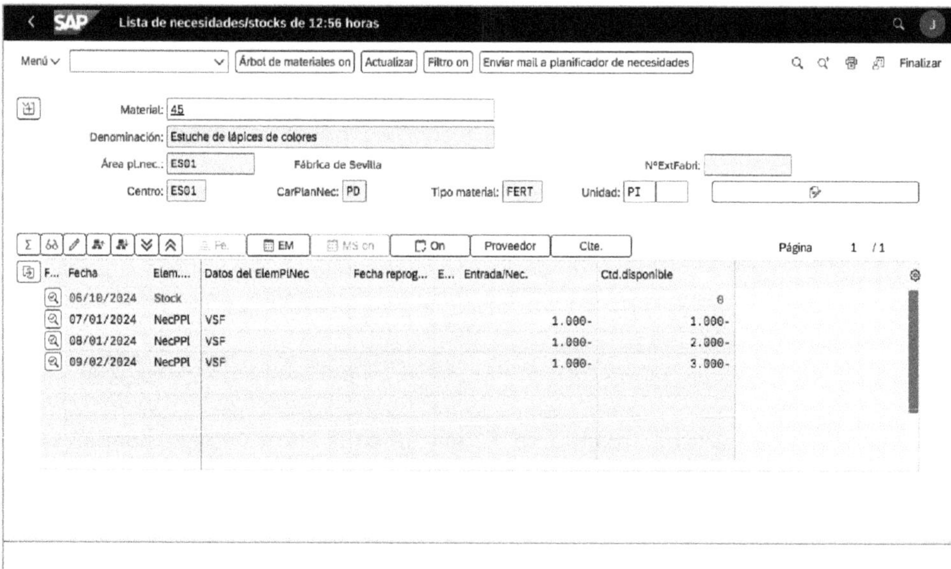

Figura 3.18: NPPs en la lista de necesidades y stocks

En el siguiente apartado, revisaremos en detalle esta aplicación, la cual, para un material en un centro específico, muestra tanto el stock actual disponible como todos los datos transaccionales activos asociados a ese material en ese momento. En el ejemplo de la Figura 3.18, se observa que no hay stock del material en el centro, pero existen tres previsiones de demanda (NPPs) correspondientes a los meses de julio, agosto y septiembre. En el listado, estas necesidades primarias planificadas aparecen identificadas con el tipo de necesidad con el que fueron creadas, en este caso *VSF*.

Fecha de asignación de una NNP

SAP asigna las NPPs al primer día **laborable** del periodo, pues supone el caso más pesimista en términos de planificación, que corresponde con que toda la demanda se tenga el primer día del periodo. En el ejemplo anterior, el primer día laborable de cada periodo corresponde con el 1 de julio, el 1 de agosto y el 2 de septiembre.

Reorganización de necesidades primarias planificadas

Periódicamente, es necesario eliminar las cantidades sobrantes de las previsiones de demanda correspondientes a periodos pasados. Esto evita que estas previsiones obsoletas generen requerimientos de producción innecesarios. Para ello tenemos la app REORGANIZACIÓN DE LAS NECESIDADES PRIMARIAS PLANIFICADAS (Figura 3.19).

Figura 3.19: App Reorganización de las necesidades primarias planificadas

Con esta app podemos planificar el borrado de NPPs de uno o más materiales, anteriores a una fecha dada. En la pantalla principal de esta app, mostrada en la Figura 3.20, podemos ver el listado de ejecuciones de reorganización que ya hayamos creado en SAP.

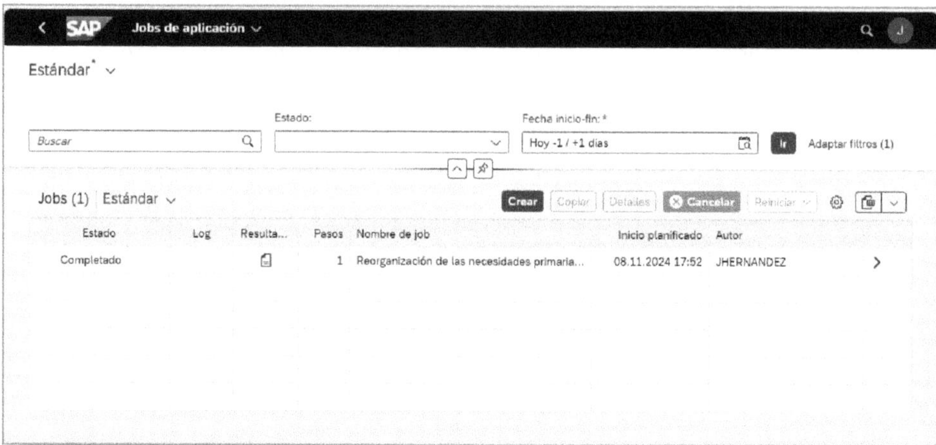

Figura 3.20: Listado de reorganizaciones de NPPs

Podemos crear una nueva entrada pulsando el botón Crear. Aparece un asistente de tres pasos en el que indicaremos los parámetros que deseemos. En el primer paso podemos seleccionar una plantilla que hayamos creado previamente (Figura 3.21). La plantilla contiene un conjunto de valores asignados a los parámetros de esta app que se ejecutan frecuentemente.

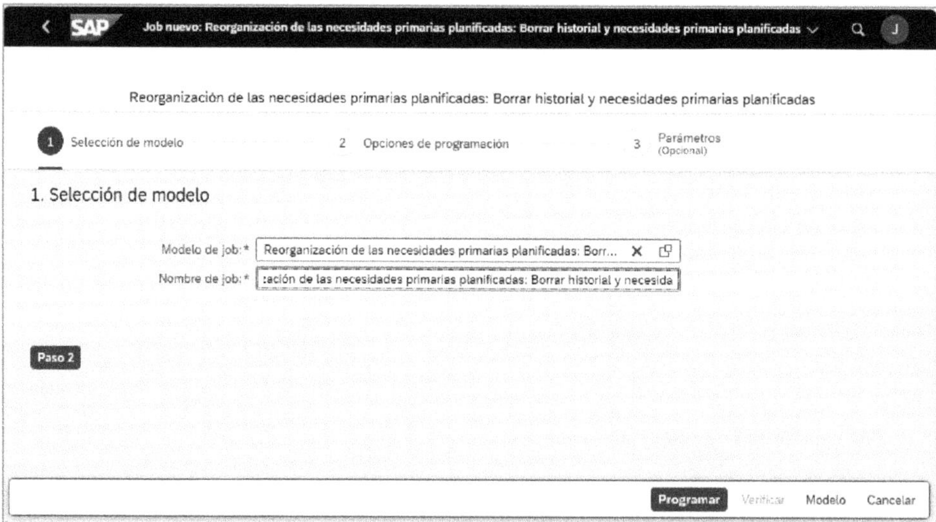

Figura 3.21: Reorganización de NPPs. Primer paso

En el segundo paso (Figura 3.22), indicamos cuándo deseamos realizar la ejecución.

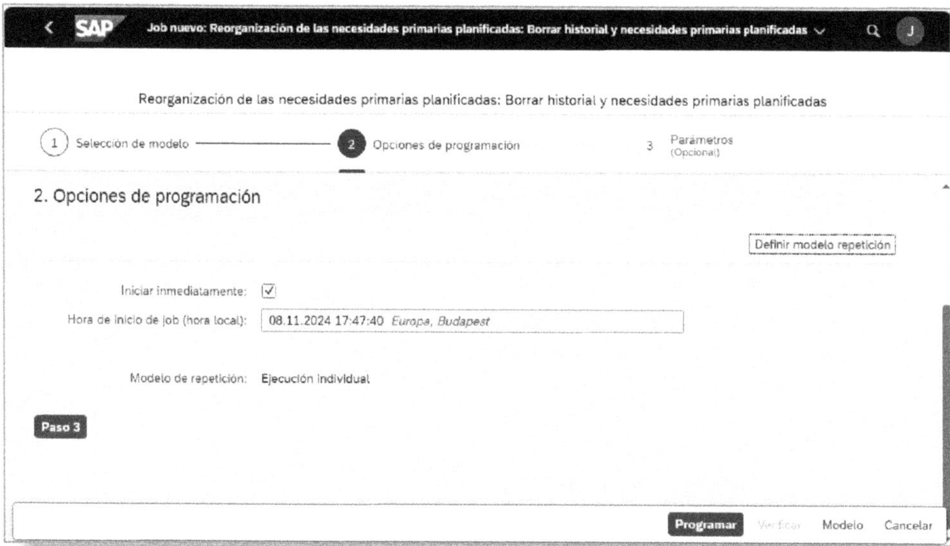

Figura 3.22: Reorganización de NPPs. Segundo paso

Pulsando la opción DEFINIR MODELO REPETICIÓN se abre la siguiente ventana (Figura 3.23).

Figura 3.23: Reorganización de NPPs. Definir modelo de repetición

Con el campo PATRÓN DE PERIODICIDAD indicamos si queremos ejecutarla solo una vez (*Ejecución individual*), o periódicamente (*diario, semanal, mensual, ...*).

En el último paso (Figura 3.24) indicamos cuál es la fecha a partir de la cual debemos eliminar NPPs anteriores, y qué materiales se verán afectados por la reorganización.

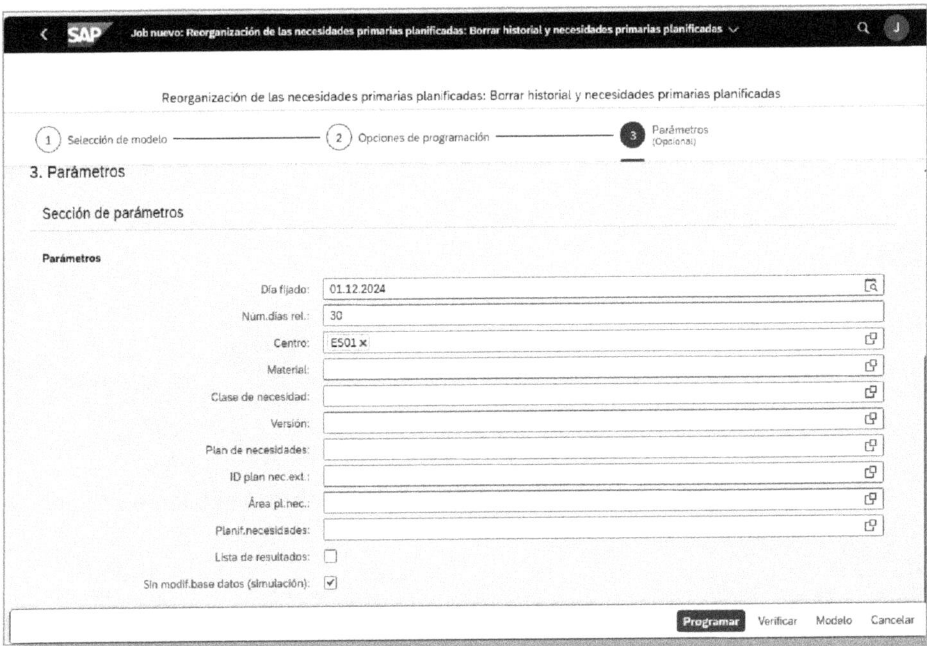

Figura 3.24: Reorganización de NPPs. Tercer paso

Podemos realizar una ejecución de simulación marcando la casilla SIN MODIF. BASE DATOS (SIMULACIÓN). Pulsando el botón Programar terminamos el proceso y se ejecutará la reorganización de NPPs.

3.2 MRP

El término MRP corresponde con las siglas en inglés de *Materials Requirements Planning* o planificación de necesidades de materiales. Se trata de una herramienta cuyo objetivo principal es garantizar la disponibilidad de los materiales en un centro específico en el momento en que sean necesarios. Para lograrlo, cuando se ejecuta el MRP para un material en un centro, el sistema calcula las cantidades que es necesario producir (o aprovisionar externamente) y determina las fechas en las que dichas cantidades deben estar disponibles. El MRP puede aplicarse a todo tipo de materiales, incluyendo productos terminados, semielaborados, materias primas y otros, asegurando una planificación eficiente de los mismos.

Productos producidos o aprovisionados externamente

En función del campo CLASE DE APROVISIONAMIENTO del material en la pestaña PLANIFICACIÓN DE NECESIDADES 2 del maestro de materiales, el MRP determinará si el material es producido en el centro o bien si se aprovisiona externamente (en este caso el MRP también calcula las necesidades de compra y genera propuestas de aprovisionamiento que pueden ser convertidas a pedidos de compra posteriormente).

Antes de ejecutar el MRP con fines de planificación, es esencial llevar a cabo una serie de actividades preparatorias. Estas incluyen el mantenimiento adecuado de los **datos maestros** (como las vistas de PLANIFICACIÓN DE NECESIDADES en el maestro de materiales, las listas de materiales, los puestos de trabajo y las hojas de ruta), la revisión de los **datos transaccionales** abiertos (como pedidos de venta, pedidos de compra y órdenes de fabricación) y la verificación del **stock actual del material**. Si estas tres premisas se cumplen, la precisión de los resultados del MRP suele ser muy alta, convirtiéndolo en una herramienta fundamental para las tareas de planificación de producción y compras.

3.2.1 MRP vs. MPS

SAP proporciona dos herramientas para la planificación de la producción y del abastecimiento externo de materiales, y que son fundamentales para optimizar los procesos de producción:

- **Plan maestro de producción**, conocido como MPS por sus siglas en inglés *Master Production Schedule*.
- **Planificación de Requerimientos de Materiales**, conocido como MRP (*Material Requirements Planning*).

Aunque son muy similares, el MPS y el MRP tienen enfoques y propósitos distintos. El **MPS** es una herramienta de planificación estratégica de alto nivel, utilizada principalmente para productos terminados que son críticos o de gran importancia. Su objetivo principal es determinar cuánto y cuándo producir cada material para satisfacer la demanda prevista, teniendo en cuenta factores como el stock disponible o deseado, las previsiones de ventas y los pedidos de venta registrados en el sistema. Esta planificación suele realizarse a medio plazo, abarcando periodos que pueden ir desde semanas hasta varios meses.

Por otro lado, el **MRP** opera a un nivel más detallado, enfocándose en la planificación de productos semielaborados y materias primas necesarios para la producción. En un escenario típico, el MRP se ejecuta después del MPS, una vez que se ha definido el plan de producción de los productos terminados. A partir de ahí, el MRP calcula las necesidades de materiales, considerando aspectos como el stock disponible, las listas de materiales, los tiempos de producción y los plazos de entrega de los proveedores. Normalmente, si se empleó MPS, el MRP se ejecuta para planificación a corto o medio plazo.

También es posible simplificar el modelo de planificación utilizando únicamente el MRP para todos los productos, tanto terminados como intermedios o materias primas, en casos donde la planificación de los productos terminados no sea crítica para el proceso productivo.

☛ Cómo configurar un material con MPS o MRP

Podemos configurar qué materiales se planificarán con MPS o con MRP en el campo TIPO DE MRP en la pestaña PLANIFICACIÓN DE NECESIDADES 1 del maestro de materiales. Para los materiales que se desean planificar utilizando MPS, se emplean generalmente los valores *M0*, *M1*, *M2* o *M3* de este campo. Por otro lado, los materiales que se planifican mediante MRP suelen utilizar otros tipos de MRP. como *PD* (planificación determinista) o *VB* (planificación basada en el consumo), entre otros.

Dado que la operativa de ejecución del MPS y el MRP comparte numerosas similitudes, centraremos nuestra atención en la descripción detallada del proceso MRP. Es importante señalar que los principios y procedimientos que se explicarán a continuación son, en gran medida, aplicables también al MPS. Esta decisión de enfocarnos en el MRP no solo simplifica nuestra exposición, sino que también evita redundancias innecesarias. Al comprender a fondo el funcionamiento del MRP, el lector podrá extrapolar fácilmente estos conocimientos al contexto del MPS, teniendo en cuenta las particularidades de cada sistema mencionadas anteriormente.

3.2.2 Cómo funciona el MRP

El proceso de planificación MRP se ejecuta individualmente para un material en un centro o área de MRP. Aunque sea posible ejecutar varios materiales en una única ejecución del MRP, internamente se irá ejecutando material a material. Es posible realizar una ejecución únicamente para un nivel de producto, o bien una ejecución multinivel. En este último caso, MRP comenzará planificando aquellos materiales que tengan un nivel superior en la estructura de productos, y posteriormente irá bajando nivel a nivel, de acuerdo con las listas de materiales, hasta completar la planificación de todos los materiales de la estructura del producto.

MRP considera los requerimientos generados en la planificación de la demanda, los stocks disponibles del material y los pedidos u órdenes de producción ya existentes en SAP. En la Figura 3.25 se muestran algunos de los elementos que MRP toma en cuenta, tanto para planificar materiales producidos como aprovisionados externamente, así como los resultados que ofrece.

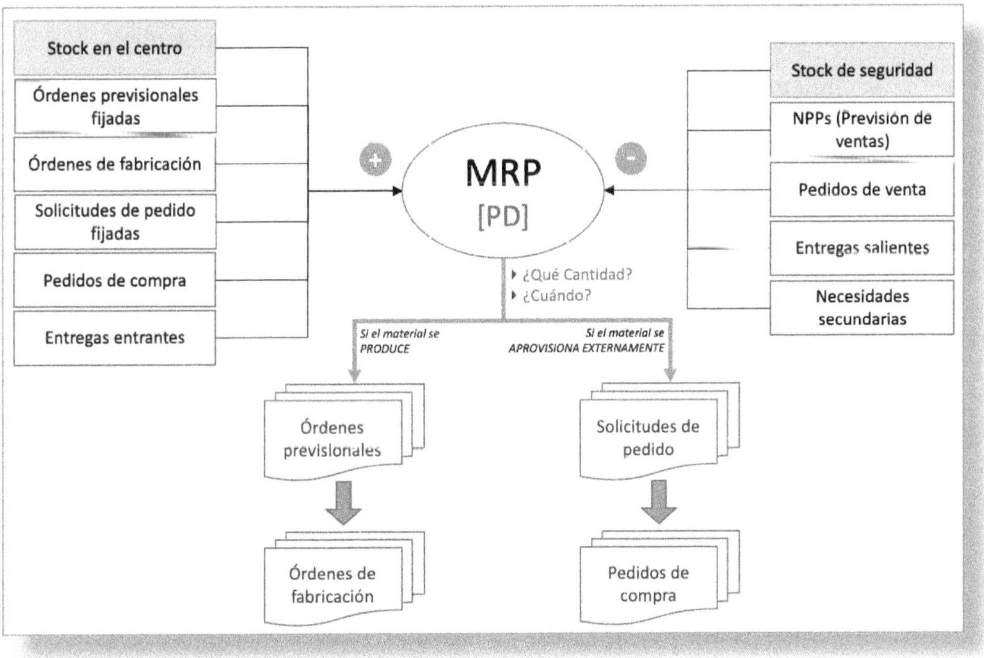

Figura 3.25: Esquema de funcionamiento del MRP

Los elementos de entrada al MRP los podemos dividir en elementos que suman stock del material (en la parte izquierda) y otros que van a decrementarlo (en la parte derecha). Entre los primeros podemos encontrar los siguientes para producción:

- **Stock disponible en el centro**. En parametrización podemos definir qué stocks (en libre utilización, en control de calidad, bloqueado, etc.) se considerarán como disponibles, además del stock en libre disposición.
- **Órdenes de fabricación y órdenes previsionales fijadas**. En caso de que produzcamos el material, MRP considera las órdenes de fabricación aún abiertas, y las órdenes previsionales que hayan sido fijadas, como órdenes que incrementarán el stock una vez concluidas.
- **Pedidos de compra, entregas entrantes y solicitudes de pedido fijadas**. En caso de que el material se aprovisione externamente (por ejemplo, comprado a un proveedor externo, a otra compañía del grupo, o trasladado desde otro centro), MRP tiene en cuenta como cantidades disponibles las que se recepcionarán en el centro en la fecha de entrega prevista.

Entre los elementos que MRP considera que decrementan el stock del material en el centro (o lo decrementarán en el futuro) están los siguientes:

- **Stock de seguridad**. Corresponde con una cantidad de stock que siempre debe permanecer en el centro para hacer frente a demandas imprevistas.
- **Necesidades primarias planificadas**. Las previsiones de demanda se consideran requerimientos que decrementan el stock del material.
- **Pedidos de venta, entregas salientes y pedidos intercompañía o de traslado a otros centros**. Para materiales que se deben servir desde el centro.
- **Necesidades secundarias y reservas**. Para materiales que son empleados para producir otros (semiterminados, materia prima, ...), se genera lo que se denomina en SAP una necesidad secundaria cada vez que dicho material aparece en la lista de componentes en una orden previsional. Cuando dicha orden previsional se convierte en orden de producción, las **necesidades secundarias** de sus componentes pasan a ser **reservas** de material. Tanto necesidades secundarias como reservas son elementos que decrementarán el stock del material en la fecha prevista de producción.

Con todos estos elementos, el algoritmo del MRP hace los cálculos para tratar de dar respuesta a dos preguntas principales:

- ¿Qué cantidad de material vamos a necesitar?
- ¿Cuándo vamos a necesitar dichas cantidades?

Como resultado de la ejecución del MRP, si un material tiene en algún momento unos requerimientos de stock superiores al stock previsto en esa fecha, el MRP genera automáticamente tantas órdenes previsionales (si producimos el material), o solicitudes de pedido (si lo aprovisionamos externamente), como sea necesario para cubrir toda la demanda de stock futura. Estas órdenes previsionales o solicitudes de pedido son propuestas de aprovisionamiento del material, que deberán ser revisadas, ajustadas y convertidas a órdenes de producción o proceso y pedidos de compra, traslado o intercompañía, respectivamente.

Fijación de órdenes previsionales y solicitudes de pedido

Las órdenes previsionales o solicitudes de pedido que no estén fijadas no son tenidas en cuenta por el MRP, pues son solo previsiones de producción o aprovisionamiento externo que no han sido confirmadas aún por las personas encargadas de realizar la planificación.

Cálculo de cantidades

El MRP calcula las cantidades de un material que es necesario producir según los siguientes parámetros definidos en la pestaña PLANIFICACIÓN DE NECESIDADES 1 del maestro de materiales:

- TAMAÑO DE LOTE
- TAMAÑO DE LOTE MÍNIMO
- TAMAÑO DE LOTE MÁXIMO
- TAMAÑO DE LOTE FIJO
- VALOR DE REDONDEO

Para mostrar cómo el MRP calcula las cantidades que se van a producir de un material según los distintos valores de estos campos, vamos a ver siete ejemplos mostrados en la Figura 3.26. Todos ellos tratan de cubrir una demanda de 17 650 unidades de uno de nuestros lápices. Las columnas segunda a la sexta muestran los valores de los diferentes parámetros, y la última el resultado del MRP en cuanto a cuántas órdenes previsionales genera para cubrir la demanda, y con qué cantidades (entre paréntesis).

Ejemplo	Tamaño de lote	Tamaño de lote fijo	Tamaño de lote mínimo	Tamaño de lote máximo	Valor de redondeo	Resultado del MRP
1	FX	7.500	-	-	-	Ord. Prev. 1 (7.500) Ord. Prev. 2 (7.500) Ord. Prev. 3 (7.500)
2	EX/WB/MB	-	-	-	-	Ord. Prev. 1 (17.650)
3	EX/WB/MB	-	25.000	-	-	Ord. Prev. 1 (25.000)
4	EX/WB/MB	-	-	10.000	-	Ord. Prev. 1 (10.000) Ord. Prev. 2 (7.650)
5	EX/WB/MB	-	-	-	1.000	Ord. Prev. 1 (18.000)
6	EX/WB/MB	-	-	10.000	100	Ord. Prev. 1 (10.000) Ord. Prev. 2 (7.700)
7	EX/WB/MB	-	8.000	12.000	-	Ord. Prev. 1 (12.000) Ord. Prev. 2 (8.000)

Figura 3.26: Ejemplos de cálculo de cantidades del MRP

En el ejemplo 1, MRP genera siempre órdenes previsionales de la misma cantidad (fija) de 7500 unidades. Por tanto, para cubrir la demanda son necesarias tres órdenes previsionales, cada una de ellas exactamente de 7500 unidades.

En el segundo ejemplo, MRP generará una orden previsional por la cantidad total de la demanda, esto es, propone exactamente lo que se necesita (ni más ni menos cantidad).

El tercer ejemplo es similar al segundo, pero en este caso tenemos la restricción adicional que la cantidad de una orden previsional no puede ser nunca inferior a 25 000 unidades. Por tanto, MRP generaría una orden previsional por esa cantidad, aunque sea superior a la demanda.

En el ejemplo 4 lo que tenemos es la restricción que una orden previsional nunca puede ser superior a 10 000 unidades. MRP generará una orden de 10 000 unidades y una segunda de las 7650 restantes, al ser esta cantidad inferior a 10 000.

El ejemplo 5 tiene únicamente la restricción que la cantidad de las órdenes previsionales debe estar redondeada a mil unidades, por lo tanto la cantidad de la orden generada es de 18 000 unidades.

El sexto ejemplo es similar al cuarto, con la restricción adicional que las cantidades de las órdenes generadas deben ser múltiplo de 100 unidades, por tanto la segunda orden generada tendrá una cantidad de 7700 unidades en lugar de 7650.

En el último ejemplo, las cantidades de las órdenes propuestas deben ser entre 8000 y 10 000 unidades, de ahí que se genere una primera orden de 10 000 unidades, y el resto, como no llega al mínimo, quedará con 8000 unidades.

Cálculo de tiempos

Además de determinar el número de órdenes que se van a generar y sus cantidades, el MRP también realiza un cálculo de tiempos para establecer cuándo debe iniciarse la producción de un material y garantizar su disponibilidad, asegurando así que se puedan cubrir las demandas previstas. En este cálculo intervienen diversos parámetros, tanto del maestro de materiales como de las hojas de ruta, que definen los tiempos de fabricación y los plazos necesarios. En la Figura 3.27 se ilustra cómo el MRP calcula la duración estimada de la producción basándose en estos parámetros, así como la fecha en la que el material estará disponible. Cuando se utiliza la programación regresiva, el sistema parte de la fecha de demanda y calcula hacia atrás en el tiempo para determinar cuándo es la fecha límite en que debe comenzar la producción, asegurando que el material esté listo justo a tiempo para satisfacer las necesidades planificadas.

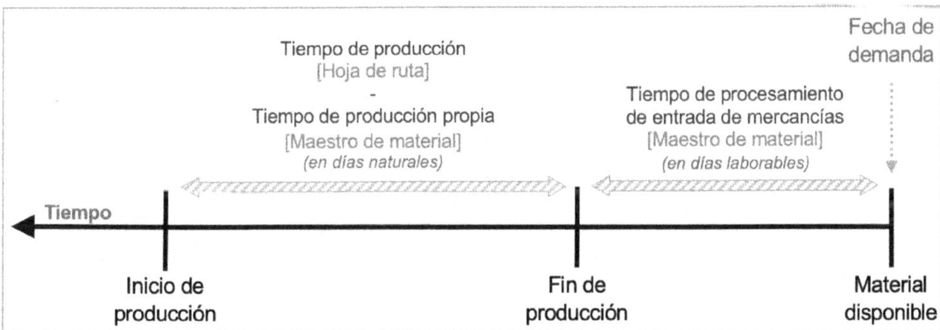

Figura 3.27: Cálculo de tiempos del MRP en programación regresiva

Para ello toma en cuenta dos tiempos diferentes:

- **Tiempo de producción**. El tiempo necesario en producir la cantidad requerida del material. Normalmente este tiempo se obtiene sumando el tiempo necesario para realizar cada una de las operaciones de la hoja de ruta. Si el MRP se ejecuta con cálculo de fechas extremas (parámetro PROGRAMACIÓN con valor *1*, seleccionable al ejecutar el MRP como veremos más adelante), entonces la duración de la producción se toma del campo TIEMPO DE FABRICACIÓN PROPIA del maestro de materiales (expresado en días naturales).

- **Tiempo de procesamiento de entrada de mercancías**. Este campo se toma de la vista PLANIFICACIÓN DE NECESIDADES 2 del maestro de materiales, e indica el número de días laborables entre el fin de la producción del material y cuándo está disponible. Este tiempo puede usarse para la estimación de la duración de la inspección de calidad, del traslado y ubicación del material en el almacén, etc.

Programación regresiva

MRP realiza por defecto una programación regresiva de las órdenes previsionales, excepto para algunos tipos de planificación, como por ejemplo la planificación por punto de pedido. Si el resultado de la programación regresiva determina que la fecha de inicio es anterior a la fecha de ejecución del MRP, entonces automáticamente se cambia la programación a progresiva, eso es, asumiendo que la producción debe comenzar hoy mismo, calcula cuándo se estima que terminará la producción y cuándo el material estará disponible. En este caso, MRP generará un mensaje de advertencia indicando que quizás el material no esté disponible en la fecha en que se demanda.

Cuando se ejecuta el MRP para varios niveles de producto, primero se calculan los tiempos de producción del material de nivel superior (producto terminado). La fecha de inicio de producción de este material determinará la fecha de demanda o necesidad del siguiente nivel (producto semielaborado). A continuación, el MRP calculará los tiempos de producción del material semielaborado y, si existen más niveles de producto, repetirá este proceso de manera secuencial, nivel por nivel.

En el caso de una programación progresiva (Figura 3.28), el MRP toma como fecha de inicio de producción la fecha actual (lo antes posible) y, a partir de ahí, calcula cuándo finalizará la producción y cuándo estará disponible el stock producido. Estos cálculos se realizan de manera similar a la programación regresiva, explicada anteriormente, pero partiendo del presente hacia adelante en lugar de retroceder desde la fecha de demanda.

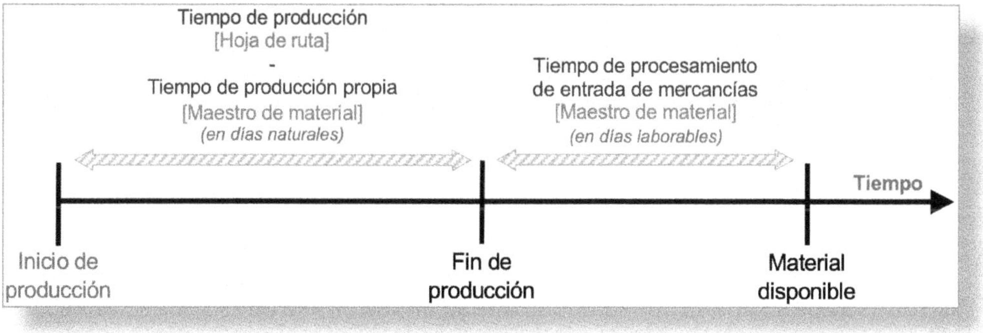

Figura 3.28: Cálculo de tiempos del MRP en programación progresiva

3.2.3 Ejecución del MRP

Hasta ahora, hemos explorado en qué consiste el MRP, cómo funciona, qué elementos considera para realizar sus cálculos, cómo determina las órdenes previsionales que se van a generar (incluyendo las cantidades necesarias) y cuándo deberían comenzar y finalizar dichas órdenes. En este apartado, nos centraremos en cómo se ejecuta el MRP y las opciones de control disponibles para gestionar y ajustar el comportamiento de la ejecución.

El MRP puede ejecutarse en cualquier momento, o programarse para que se ejecute periódicamente. Para ello, empleamos la app PROGRAMACIÓN DE EJECUCIONES MRP (Figura 3.29).

Figura 3.29: App Programación de ejecuciones MRP

En la pantalla inicial, mostrada en la Figura 3.30, podemos ver el listado de ejecuciones de MRP que se han realizado o programado anteriormente. En la parte superior podemos filtrar dicho listado por varios campos, como estado de la ejecución del MRP (completado, en proceso, programado, ...), por fecha de inicio o fin, o por la denominación que le hayamos dado a la programación de ejecución de MRP entre otros.

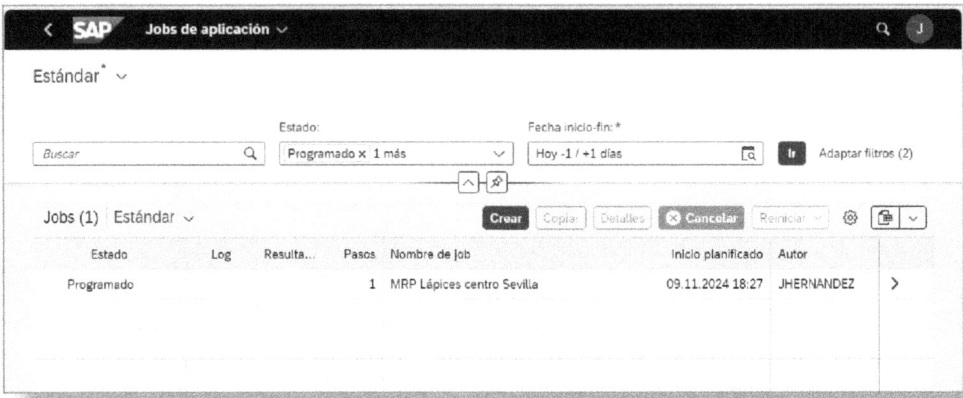

Figura 3.30: Programación de ejecuciones MRP. Pantalla principal

Para crear una nueva ejecución del MRP pulsamos el botón Crear y se nos abre un asistente en tres pasos donde indicamos cómo y cuándo queremos ejecutar el MRP. En el primer paso (Figura 3.31), seleccionamos la siguiente información:

- PLANTILLA DE JOB. Podemos indicar el nombre de una plantilla previamente guardada en la que vamos a basarnos para la ejecución del MRP, o bien si no nos basaremos en ninguna de ellas (indicando el valor *Planificación de necesidades del material MRP*).
- NOMBRE DE JOB. Podemos asignar una denominación identificativa a la ejecución del MRP (job) que estamos creando.

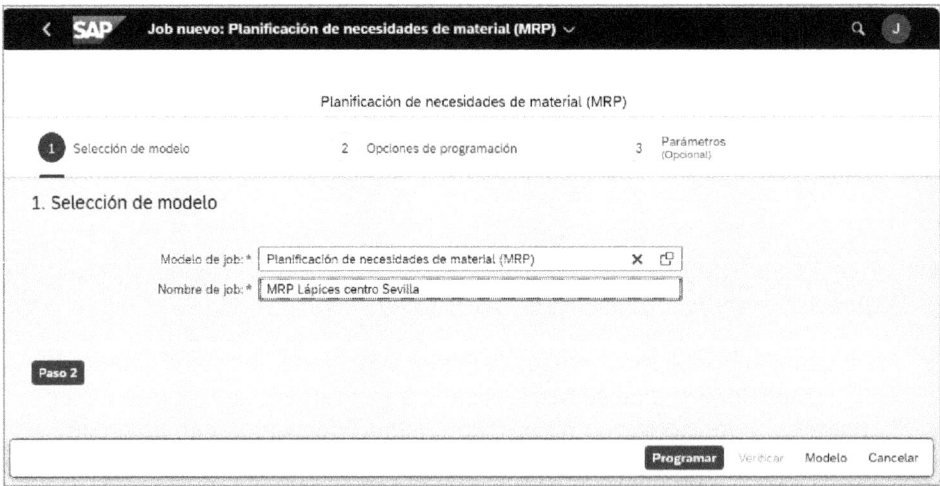

Figura 3.31: Programación de ejecución de MRP. Primer paso

Si pulsamos el botón Paso 2, accedemos al segundo paso (Figura 3.32), en el que indicamos cuándo deseamos ejecutar el MRP.

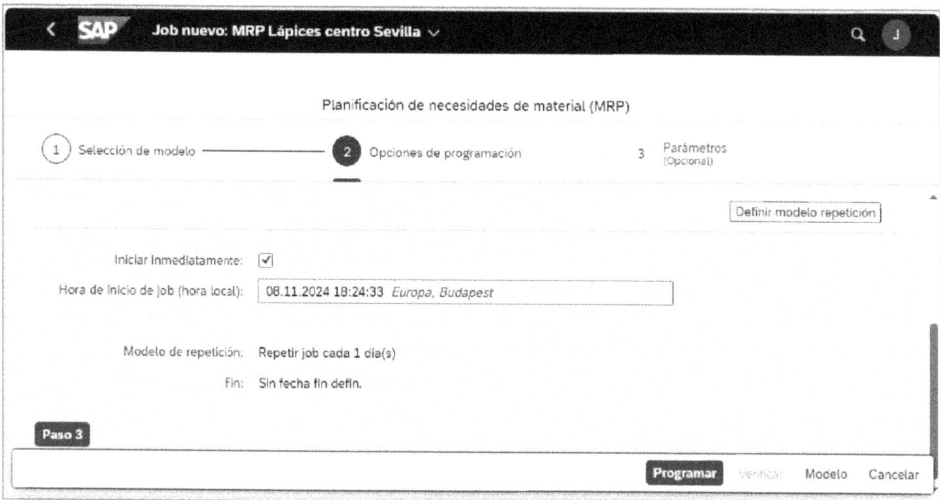

Figura 3.32: Programación de ejecución de MRP. Segundo paso

Aquí podemos indicar si la ejecución del MRP va a ser única o periódica. Con la opción DEFINIR MODELO REPETICIÓN se abre la siguiente ventana (Figura 3.33).

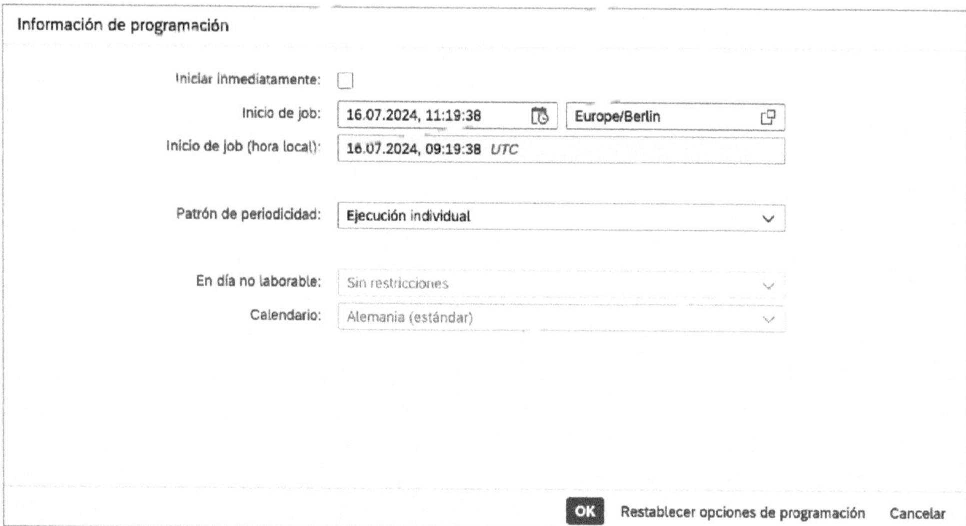

Figura 3.33: Definición de periodicidad en ejecución del MRP

Tenemos las siguientes opciones:

- Fecha y hora de inicio. Definimos cuándo queremos ejecutar el MRP. Si lo queremos ejecutar inmediatamente sin necesidad de programación, marcamos el indicador Iniciar inmediatamente.
- Patrón de periodicidad. Indicamos si únicamente se ejecutará una vez o si, por el contrario, se ejecutará periódicamente cada ciertos minutos, horas, días, semanas o meses, hasta una fecha determinada.
- En día no laborable. Si la fecha de ejecución del MRP coincide con un día no laborable según el calendario definido, podemos configurar el sistema para decidir cómo manejar esta situación. Las opciones incluyen ejecutar el MRP en la fecha no laborable tal cual, ajustar la ejecución al día laborable anterior o posterior al festivo, o incluso omitir la ejecución en ese momento.
- Calendario. Seleccionamos el calendario de los que haya definidos en SAP, que deseemos emplear.

Una vez que introducimos dichos parámetros, pulsamos el botón Paso 3 para acceder al último paso (Figura 3.34), en el que indicamos algunos parámetros para definir el alcance de la ejecución y controlar cómo se realizará.

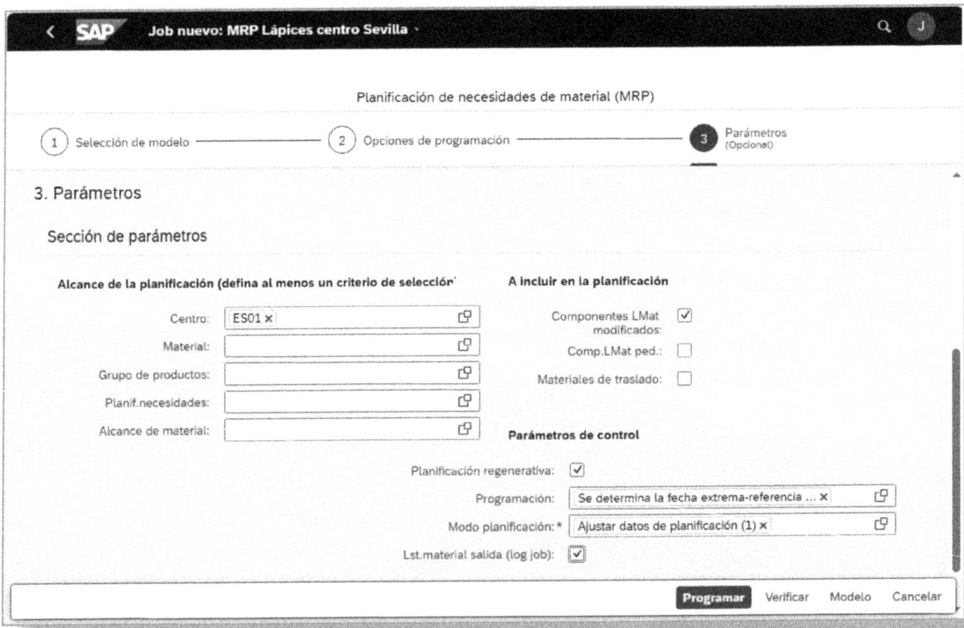

Figura 3.34 Programación de ejecución de MRP. Tercer paso

Los parámetros para definir el alcance que podemos emplear son los siguientes:

- CENTRO o centros para los que queremos ejecutar el MRP.
- MATERIAL o materiales que se planificarán.
- PLANIFICADOR DE NECESIDADES. Podemos filtrar que se ejecuten todos los materiales que tengan asociados uno o varios planificadores de necesidades en la pestaña PLANIFICACIÓN DE NECESIDADES 1 del maestro de materiales.
- ALCANCE DE MATERIAL. Indicamos si únicamente se ejecutará el MRP para los materiales planificados con MPS, con MRP o para todos los materiales.
- COMPONENTES DE LA LISTA DE MATERIALES MODIFICADOS. Si marcamos esta casilla, se ejecutará el MRP no solo para los materiales seleccionados, sino también para todos sus componentes de la lista de materiales (a todos los niveles) que hayan tenido algún tipo de cambio desde su última ejecución del MRP.

Los parámetros de control que podemos especificar son los siguientes:

- NUEVA PLANIFICACIÓN. Si se marca este campo, el MRP eliminará todas las órdenes previsionales o solicitudes de pedido que no estén fijadas, y las generará de nuevo si son necesarias.
- PROGRAMACIÓN. Indicamos si queremos que el MRP genere órdenes previsionales con fechas de inicio y fin de la producción sin desglosar por operaciones (valor *1 Se determina la fecha extrema-referencia para órdenes prev.*), o si queremos que además que las órdenes previsionales contengan información detallada de la programación de cada una de las operaciones que la componen (cuándo es el inicio y fin de cada operación), así como de los requerimientos de capacidad de puestos de trabajo que cada una de estas operaciones conlleva (valor *2 Programación del ciclo de trabajo y planlf. de capacidades*).
- MODO DE PLANIFICACIÓN. Para este campo tenemos dos posibles valores:
  - *1* (Ajustar datos de planificación). El MRP ajusta las órdenes previsionales o solicitudes de pedido no fijadas de acuerdo con las nuevas necesidades de aprovisionamiento, modificando las propuesta actuales, creando nuevas o eliminando las que ya no son necesarias.

   - *2* (Borrar y crear de nuevo datos de planificación). El MRP elimina primero todas las órdenes previsionales o solicitudes de pedido no fijadas y posteriormente genera de nuevo las propuestas que sean necesarias.
- LISTADO DE MATERIALES SALIDA. Marcando este indicador el MRP generará un listado con el resultado que se obtenga al ejecutarse.

Una vez que hemos rellenado los parámetros, pulsando el botón **Programar** se lanzará la ejecución del MRP en la fecha y hora indicada o inmediatamente. Otro botón interesante es Plantilla con el que podemos guardar los parámetros seleccionados para realizar un lanzamiento de MRP similar en el futuro.

Ejemplos de resultados de MRP

Si tomamos el ejemplo mostrado anteriormente en la Figura 3.10, donde teníamos demanda proveniente tanto de previsiones de venta como de un pedido de venta, ejecutando el MRP el resultado será la generación de una serie de órdenes previsionales cada vez que la cantidad disponible sea negativa. En la Figura 3.35 vemos cómo se han generado cinco órdenes previsionales.

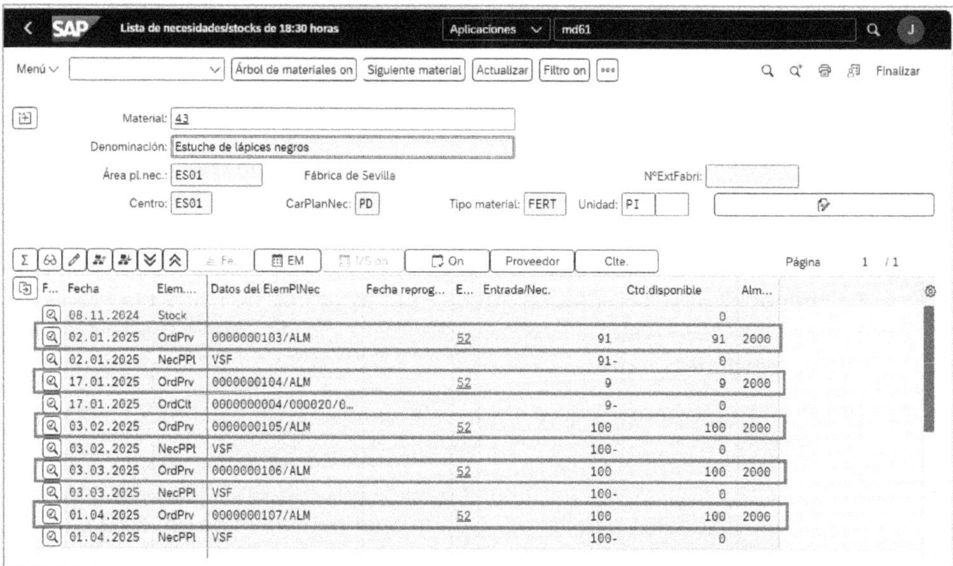

Figura 3.35: Ejemplo de resultado de MRP

3.2.4 Las órdenes previsionales

Como hemos visto, para los materiales que se producen en el centro donde se ejecuta el MRP, el sistema genera órdenes previsionales cada vez que determina que es necesario producir para cubrir la demanda. Estas órdenes previsionales pueden considerarse una versión simplificada de una orden de producción, ya que contienen la información esencial necesaria para planificar y ejecutar la producción, sirviendo como una propuesta inicial que puede convertirse en una orden de producción completa más adelante. En la Figura 3.36 se muestra la estructura de una orden previsional.

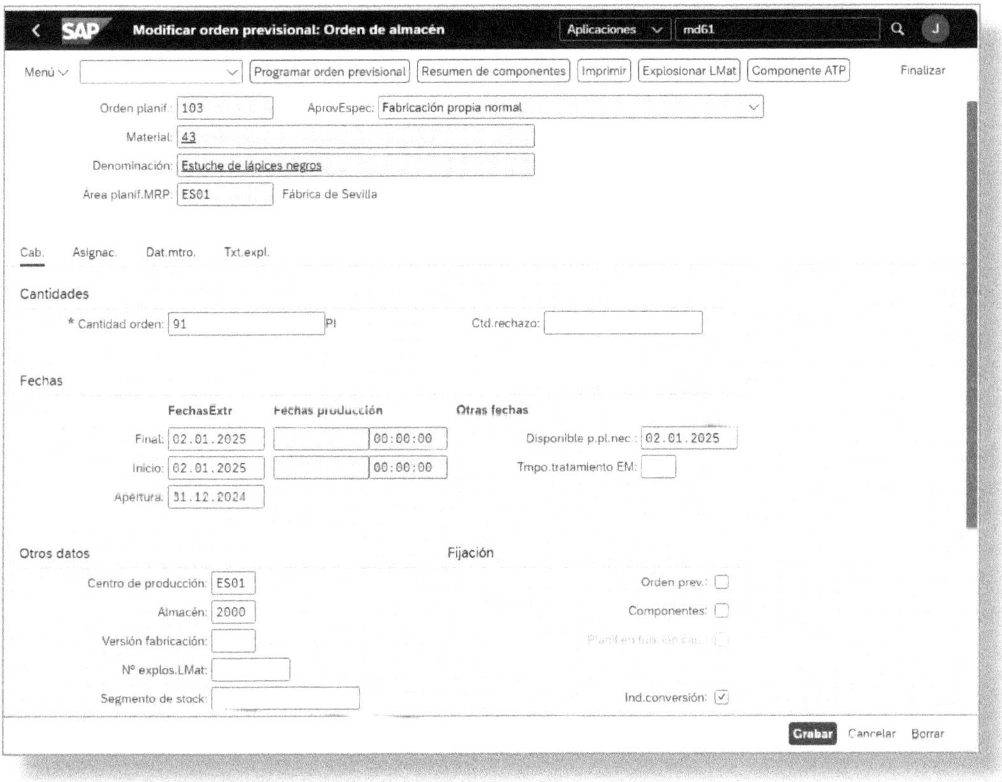

Figura 3.36: Orden previsional. Datos de cabecera

En la cabecera de la orden previsional encontramos los siguientes campos:

- CÓDIGO DE ORDEN PREVISIONAL. Se asigna secuencialmente y, por lo general, tiene un rango de numeración diferente al de las órdenes de producción.
- MATERIAL que producir.

- CANTIDAD DE LA ORDEN
- FECHAS DE INCIO Y FIN DE PRODUCCIÓN
- FECHA DE DISPONIBILIDAD del material producido.
- CENTRO de producción.
- VERSIÓN DE FABRICACIÓN
- INDICADORES DE FIJACIÓN. La orden puede fijarse de manera manual o automática. Si se realiza cualquier cambio en los campos de la orden, al guardar, esta quedará automáticamente fijada. Esto evita que el MRP sobrescriba la orden y se pierdan los ajustes manuales realizados, garantizando que las modificaciones se mantengan intactas y se respete la planificación específica definida por el usuario.

En la pestaña ASIGNACIÓN (Figura 3.37) podemos ver el PLANIFICADOR DE NECESIDADES del material y el pedido de venta para el que se destinará la producción, en caso de que el material se fabrique contra pedido.

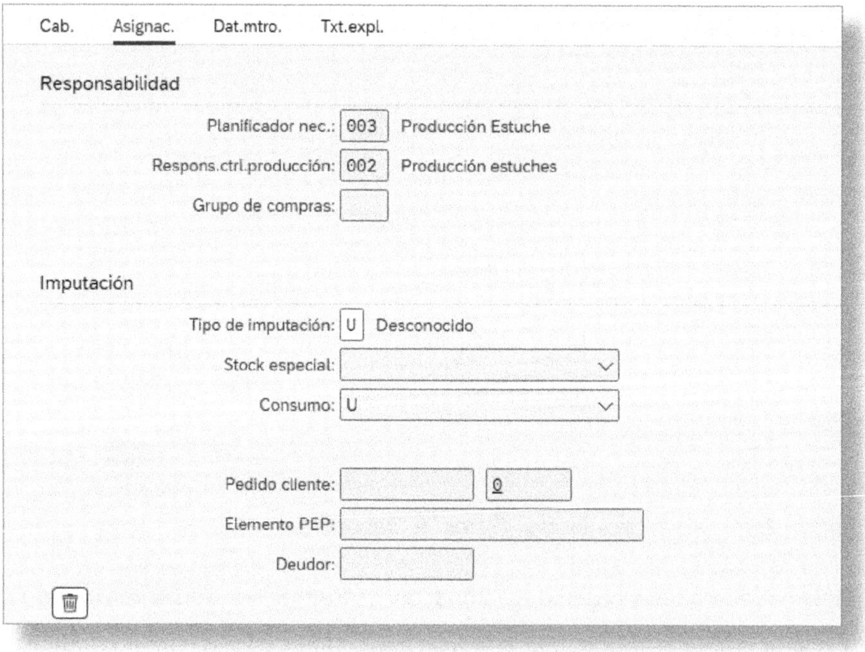

Figura 3.37: Orden previsional. Pestaña Asignación

En la pestaña DATOS MAESTROS se muestran algunos parámetros del maestro del material relevantes para el cálculo de cantidades y de tiempos.

En la pestaña PROGRAMACIÓN DETALLADA (Figura 3.38), podemos ver la estimación de cuándo comenzará y terminará cada operación, así como la capacidad de cada puesto de trabajo que va a requerir esta orden. Esta pestaña únicamente aparece en la orden si el MRP se ejecutó con el parámetro PROGRAMACIÓN con valor 2.

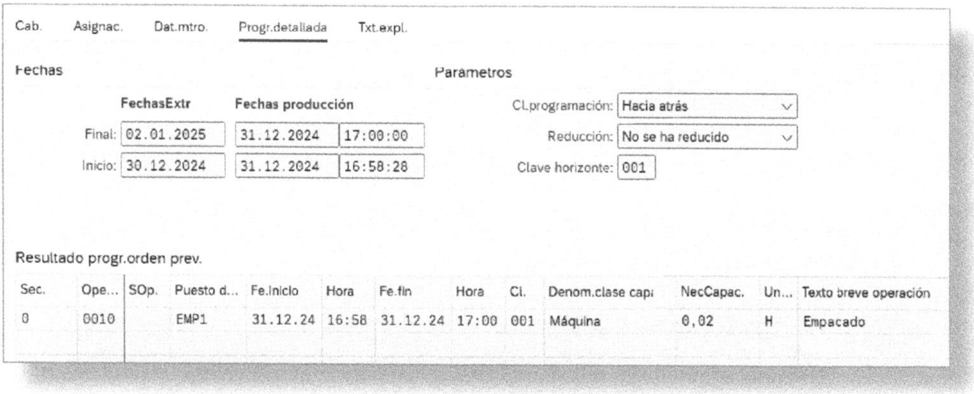

Figura 3.38: Orden previsional. Pestaña Programación detallada

También podemos ver los componentes de la orden previsional pulsando el botón Resumen de componentes. Aparece la siguiente pantalla (Figura 3.39), con la lista de componentes y cantidades necesarias para producir la cantidad de la orden previsional.

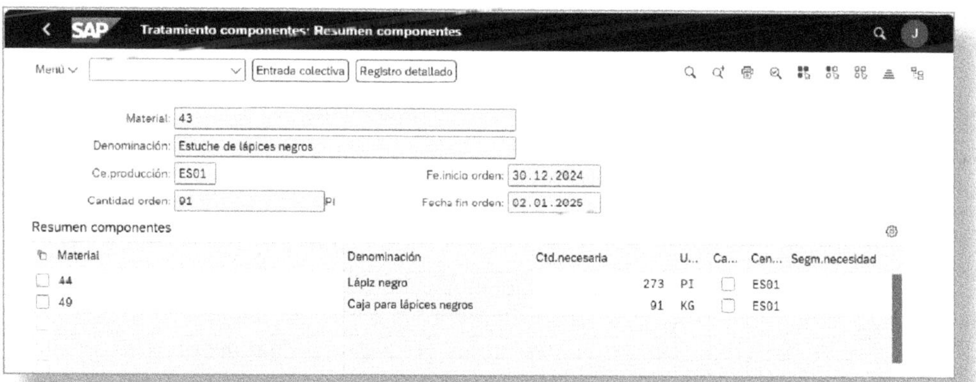

Figura 3.39: Orden previsional. Lista de componentes

Modificación de órdenes previsionales

Podemos modificar manualmente una orden previsional con la app MODIFICAR ORDEN PREVISIONAL (Figura 3.40).

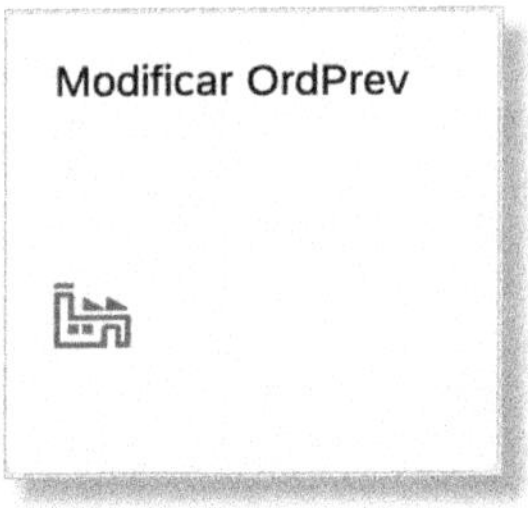

Figura 3.40: App Modificar orden previsional

En la pantalla de selección (Figura 3.41) indicamos el código de la orden previsional que se va a modificar.

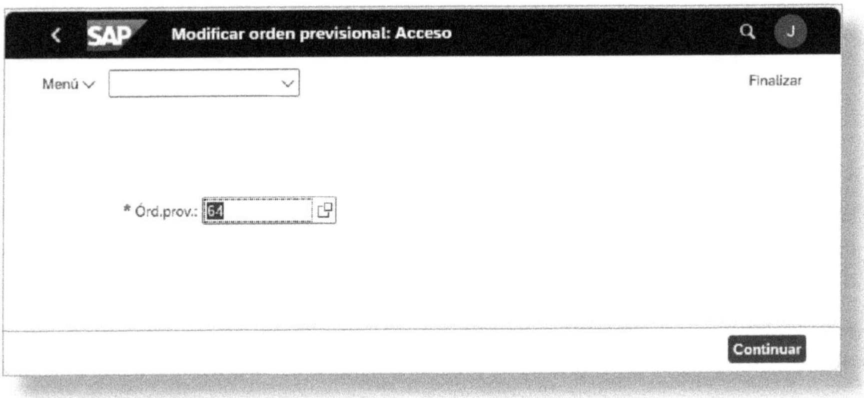

Figura 3.41: Modificar orden previsional. Pantalla inicial

Una vez accedemos a la orden (Figura 3.42) podemos realizar las modificaciones que deseemos y grabar los cambios mediante el botón Grabar.

Como comentamos anteriormente, el indicador de fijación se marcará automáticamente si se modifica manualmente la orden previsional. Si lo que deseamos es eliminar la orden previsional, podemos pulsar el botón Borrar.

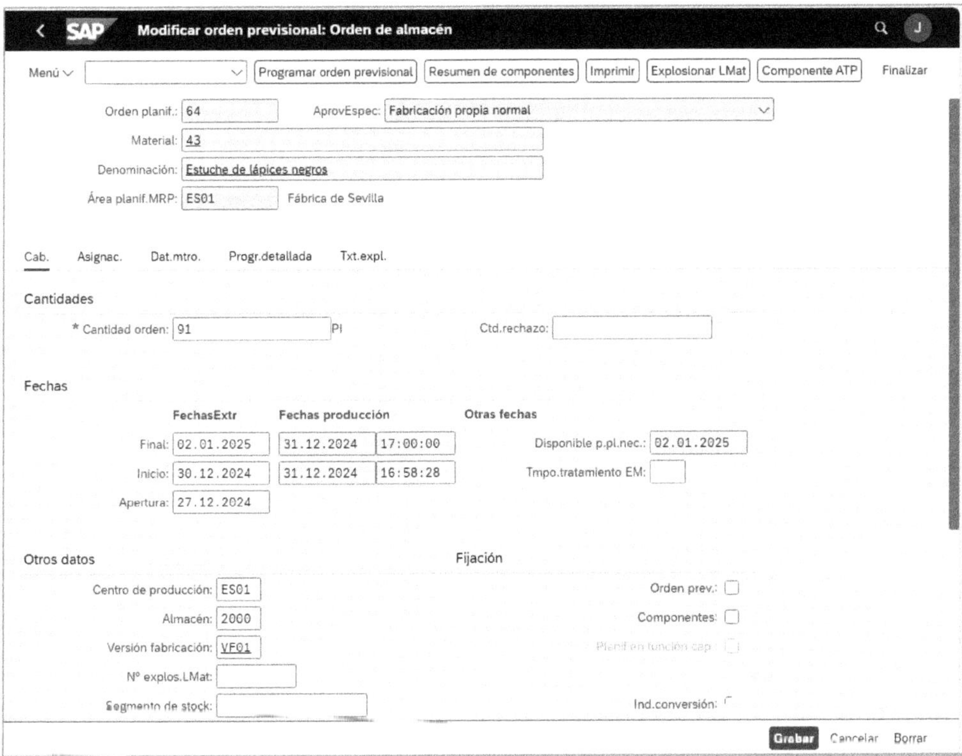

Figura 3.42: Modificar orden previsional

Listado de órdenes previsionales

Podemos consultar las órdenes previsionales generadas por el MRP mediante la app SUPERVISAR ÓRDENES DE PRODUCCIÓN/PREVISIONALES (Figura 3.43).

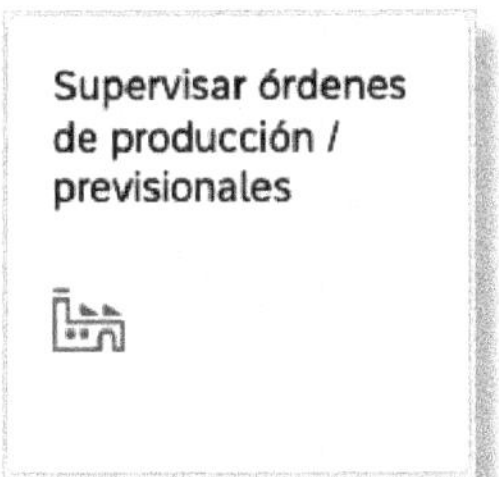

Figura 3.43: App Supervisar órdenes de producción/previsionales

En la pantalla de selección (Figura 3.44), seleccionamos mediante casillas de verificación si queremos visualizar órdenes previsionales, órdenes de producción o ambas. También disponemos de numerosos campos de filtro, como el centro, material, planificador de necesidades, responsable del control de producción, fechas de producción, etc.

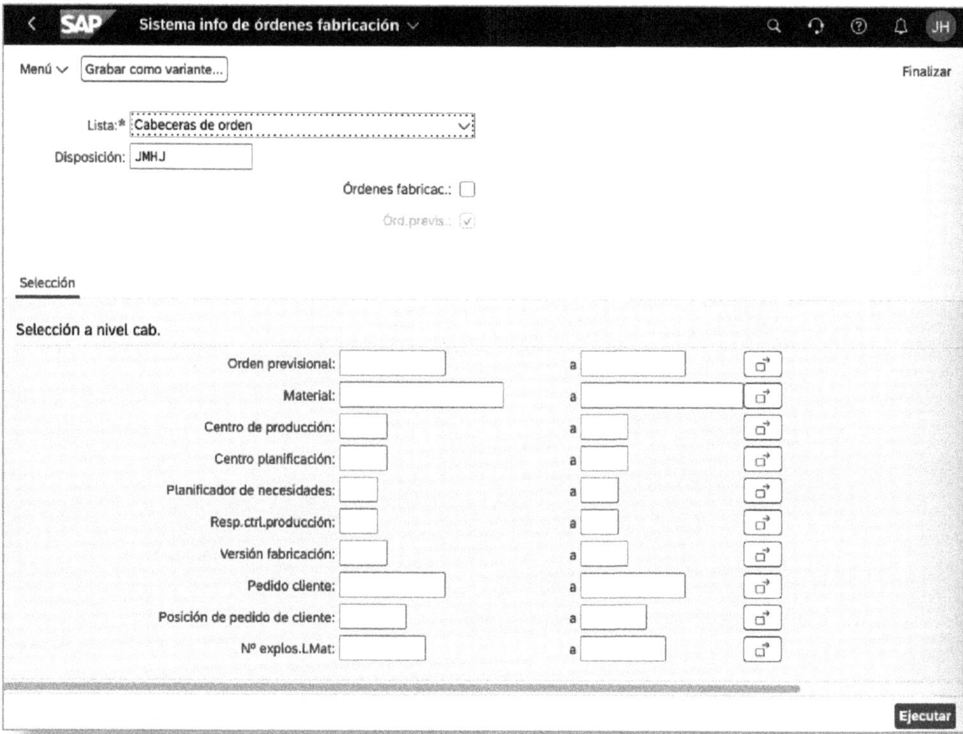

Figura 3.44: Pantalla de selección de la app Supervisar órdenes de producción/previsionales

Una vez indicados los valores por los que queremos filtrar, pulsamos el botón Ejecutar y nos aparece el listado de órdenes que cumplen los criterios deseados (Figura 3.50).

Estos resultados podemos filtrarlos, ordenarlos, exportarlos o configurar las columnas que deseemos visualizar.

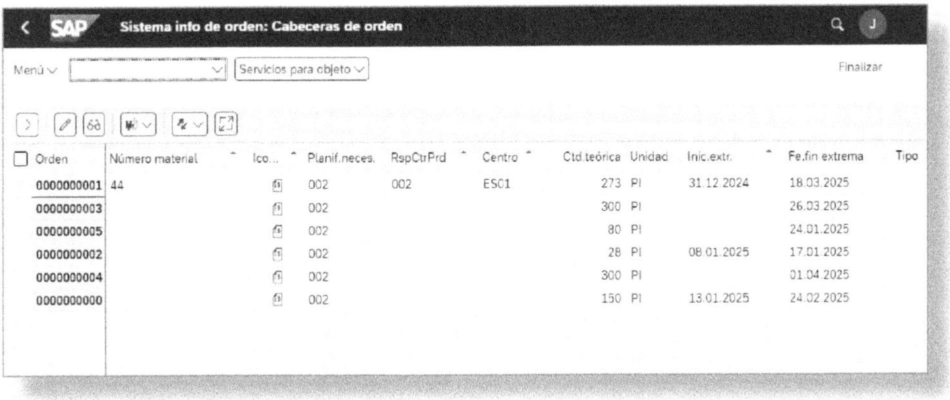

Figura 3.45: Resultados de la app Supervisar órdenes de producción / previsionales

3.2.5 Aplicaciones útiles para planificación

Vamos a revisar a continuación algunas aplicaciones que nos ayudarán a tomar decisiones cuando estamos realizando el proceso de planificación de la producción.

Supervisar stocks y necesidades

Una aplicación muy útil a la hora de realizar la planificación, tanto de producción como de compras, es la app SUPERVISAR LISTA DE STOCK/NECESIDADES (Figura 3.46), donde podemos consultar el stock disponible actualmente de un material en un centro, así como las necesidades (demandas) o entradas previstas (órdenes previsionales, de producción, de compra, ...).

Figura 3.46: App Supervisar lista de stock/necesidades

En la pantalla inicial, mostrada en la Figura 3.47, indicamos el material y el centro o área de MRP que queremos consultar.

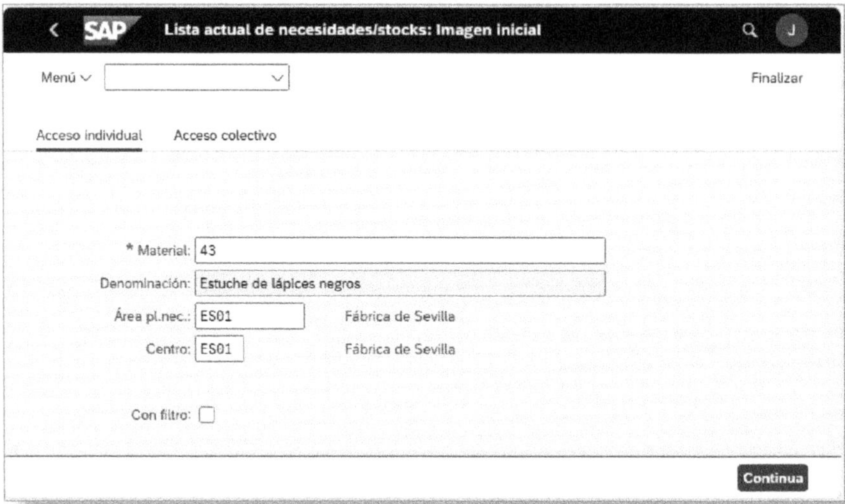

Figura 3.47: Lista de necesidades y stocks. Pantalla inicial

Al pulsar el botón Continua, aparece la siguiente pantalla (Figura 3.48).

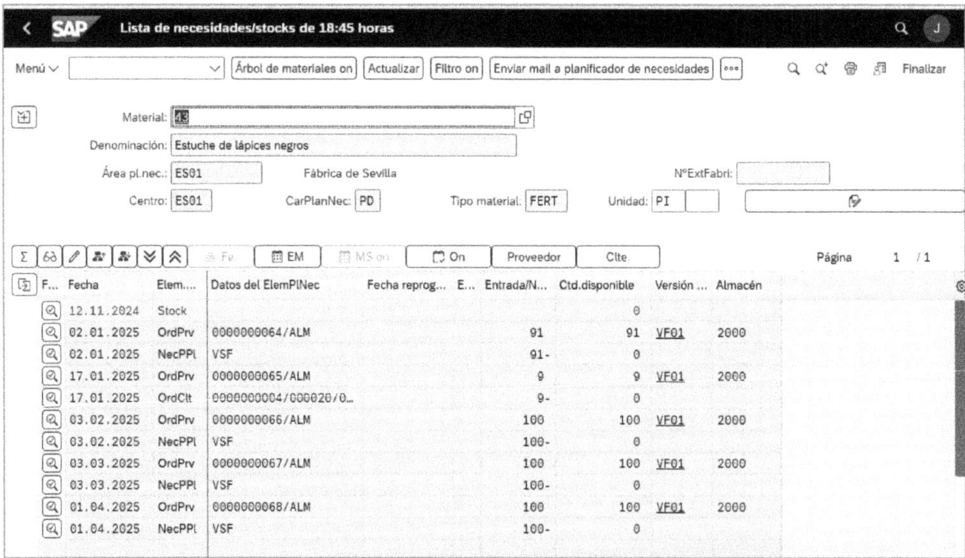

Figura 3.48: Lista de necesidades y stocks

En la parte superior se muestra el material junto con el centro y algunos campos relevantes para la planificación. En la parte inferior, se despliega una lista donde la primera fila indica siempre el stock disponible del material en ese centro. Si el material tiene un stock de seguridad en dicho centro, este aparecerá en la segunda línea con un valor negativo. Las filas siguientes presentan, en orden cronológico, tanto las entradas previstas de stock como las salidas. La columna Ctd. Disponible muestra la proyección del stock disponible después de cada elemento en la fila correspondiente.

Este listado es de gran utilidad para la planificación de la producción de un material, ya que cuando la columna Ctd. Disponible muestra un valor negativo, indica una infracobertura de stock que debe resolverse. Si ejecutáramos el MRP con planificación determinista, se generarían propuestas de producción automáticamente cada vez que esta columna presente un valor negativo.

En la columna Excepción, podemos ver para cada elemento de la lista aquellos mensajes de advertencia o error generados por el MRP, por ejemplo, la necesidad de reprogramar una producción, o si la fecha de inicio del elemento está en el pasado, entre otros. En la columna aparece un código de mensaje, que puede consultarse pulsando el botón que aparece a la derecha del campo.

Pulsando el botón , podemos realizar consultas de las cantidades totales por semanas, meses, etc., de las entradas y salidas previstas del material en dichos periodos.

Verificar cobertura de material

Esta app (Figura 3.49) es muy similar a la Lista de necesidades y stocks y nos permite comprobar el estado de cobertura de stocks de un material.

Figura 3.49: App Verificar cobertura de material

En la pantalla inicial que aparece en la Figura 3.50, seleccionamos el material y centro a consultar.

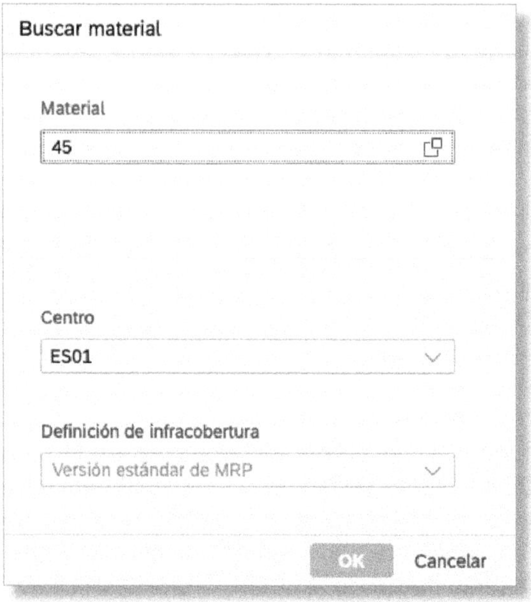

Figura 3.50: Verificar cobertura de material. Pantalla inicial

En la siguiente pantalla (Figura 3.51) nos aparece el estado detallado de cobertura de material de una manera análoga a LISTA DE NECESIDADES Y STOCKS, con algunas funcionalidades adicionales. Entre ellas está la DEFINICIÓN DE INFRACOBERTURA DESEADA. Este campo tiene cuatro opciones diferentes para realizar el cálculo de los días de cobertura de stocks del material según se tengan en cuenta diferentes elementos. Estos valores son los siguientes:

- *Visión estándar de MRP*. Se tienen en cuenta todas las entradas y salidas previstas.
- *Cobertura de stock*. Se tiene en cuenta únicamente el stock actual del material (sin entradas ni salidas previstas).
- *Necesidades pedidas*. Se tienen en cuenta todas las entradas de stock previstas (en firme y planificadas), pero únicamente las salidas en firme.
- *Entradas solicitadas*. Se tienen en cuenta únicamente las entradas pedidas y todas las salidas (en firme y planificadas).

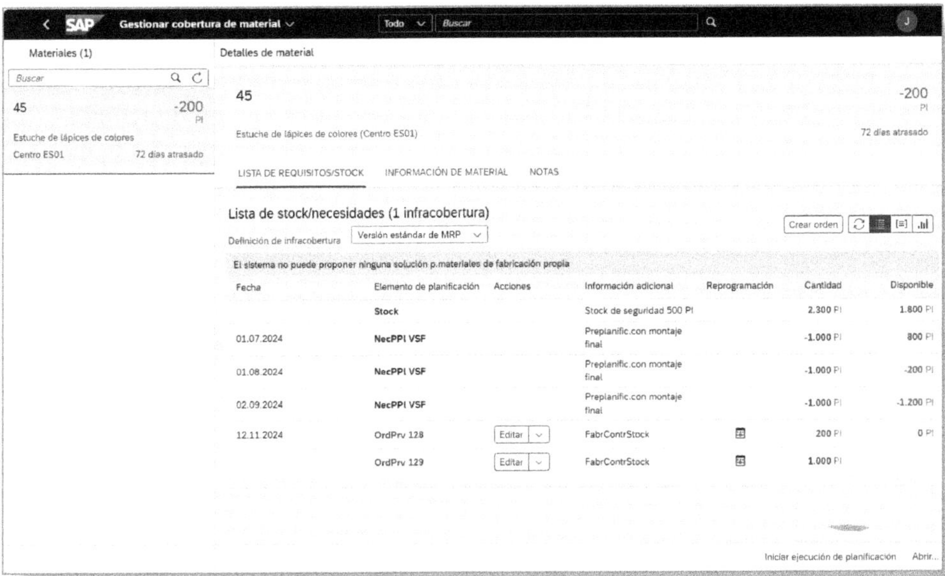

Figura 3.51: Verificar cobertura de material. Resultado

Otras funcionalidades que podemos realizar directamente con esta app son la creación o modificación de órdenes previsionales, o la ejecución del MRP para el material.

Supervisión de coberturas de material

Con la app SUPERVISIÓN DE COBERTURAS DE MATERIAL (Figura 3.52) podemos visualizar el estado de coberturas de stock de un conjunto de materiales (no únicamente uno).

Figura 3.52: App Supervisión de coberturas de material

Esta app permite filtrar los resultados que se van a mostrar por varios criterios, como qué materiales queremos consultar, la cantidad de stock de infracobertura o la DEFINICIÓN DE INFRACOBERTURA que vimos anteriormente. En la pantalla de resultados (Figura 3.53) podemos ver los materiales seleccionados o el estado de la cobertura de stocks de los mismos gráficamente para los próximos 40 días. Cada barrita del campo DISPONIBILIDAD DE STOCKS representa un día. Aquellas que estén rayadas corresponden con días no laborables. Las barritas en color rojo indican que para ese día no hay cobertura de stocks.

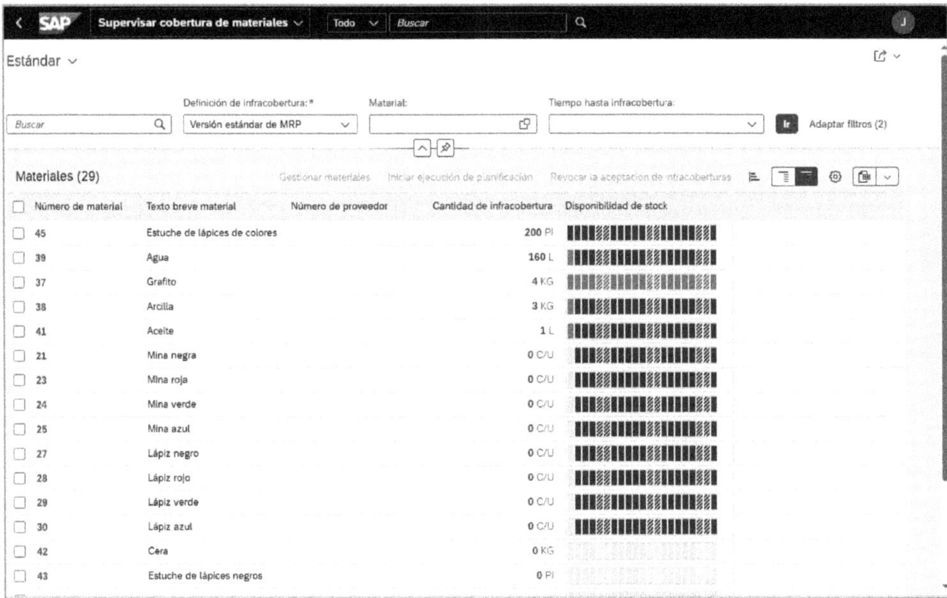

Figura 3.53: Supervisar coberturas de material

Como vemos en este ejemplo, para el material 37 (Grafito), no tendremos stock suficiente para cubrir la demanda en los próximos 40 días, por lo que sería necesario realizar un aprovisionamiento externo, en este caso lo antes posible, para que no afecte al proceso productivo.

Seleccionando una línea y pulsando la opción GESTIONAR MATERIALES, vemos el detalle de cada material (app GESTIONAR COBERTURAS DE MATERIAL).

3.3 Planificación de capacidad

El MRP es un proceso que genera órdenes previsionales cuando estime que es necesario producir un material para cubrir la demanda existente. En estas órdenes previsionales MRP no tiene en cuenta la capacidad disponible en cada uno de los puestos de trabajo donde se realicen sus operaciones, por lo que es posible que a alguno de ellos se le asigne una capacidad mayor de la que dispone.

Como vimos en el apartado anterior, podemos configurar la ejecución del MRP mediante el valor *2* (Programación del ciclo de trabajo y planif. de capacidades) en el parámetro PROGRAMACIÓN de modo que, para cada operación de la orden previsional, se calcule su duración y la capacidad que va a requerir del puesto de trabajo donde se realice. SAP nos permite comparar la capacidad disponible de cada puesto de trabajo con la demanda de capacidad de las órdenes previsionales y de producción. Esto ayuda a prevenir posibles problemas de cuellos de botella en los puestos de trabajo, así como a garantizar que los plazos de producción se cumplan.

SAP proporciona algunas herramientas para la planificación de capacidad con el objeto de que los recursos de producción, como máquinas y personal, no estén sobrecargados ni infrautilizados, de modo que estén disponibles para cumplir con el plan de producción. Estas herramientas las podemos clasificar en tres grupos:

- DEFINICIÓN DE CAPACIDAD. En la Sección 2.3 vimos cómo podemos indicar la capacidad disponible en cada momento para cada puesto de trabajo.
- EVALUACIÓN DE CAPACIDAD. Una vez definida la capacidad de cada puesto de trabajo, SAP permite comparar la capacidad requerida de cada uno de ellos de acuerdo con el plan de producción para identificar sobrecargas o periodos de baja utilización.
- AJUSTE DE CAPACIDAD. En caso de que algún puesto de trabajo tenga una sobrecarga de capacidad, se deberán realizar algunos ajustes para garantizar que la demanda de capacidad se ajuste a la disponible en el puesto de trabajo.

Vamos a ver a continuación algunas herramientas para la evaluación y ajuste de capacidades en puestos de trabajo.

3.3.1 Evaluación de capacidad

Con la app GESTIONAR CAPACIDAD DE CENTRO DE TRABAJO (Figura 3.54) también podemos supervisar el estado de carga de capacidad de nuestros puestos de trabajo.

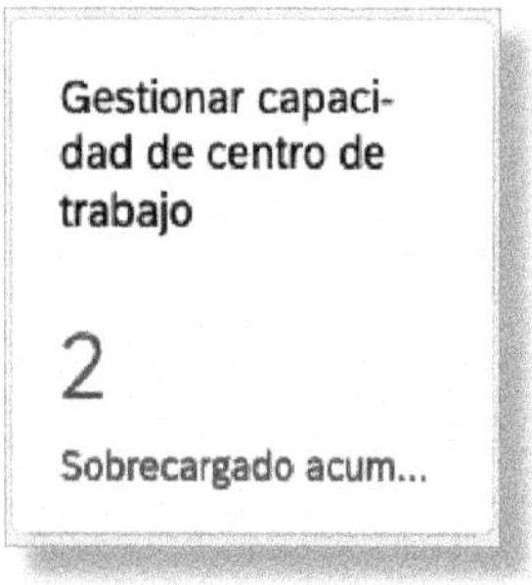

Figura 3.54: App Gestionar capacidad de centro de trabajo

Esta app proporciona un listado donde se muestra (Figura 3.55) la carga máxima de cada puesto de trabajo en el periodo seleccionado, la carga acumulada, los requerimientos totales de capacidad o el grado de utilización diario de los mismos (el color rojo significa que la capacidad está sobrecargada).

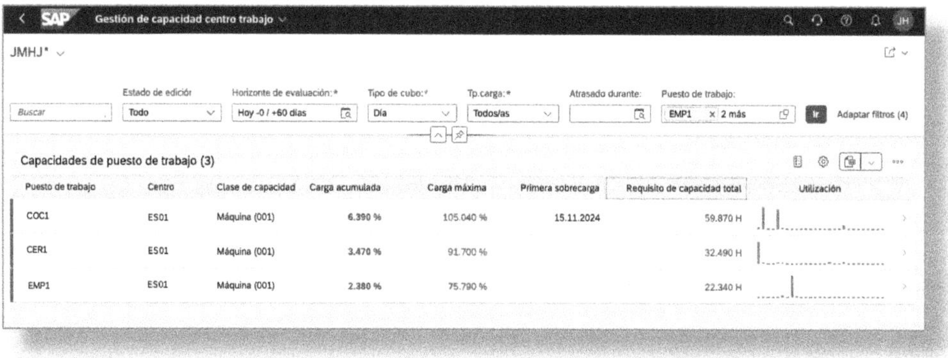

Figura 3.55: Gestionar capacidad de centro de trabajo. Listado

Podemos ir a cada puesto de trabajo individual haciendo clic en el símbolo > a la derecha de cada fila. Con esta acción, se nos abre una nueva pantalla (Figura 3.56) donde aparece gráficamente el porcentaje de utilización diaria y en la parte inferior se muestran las órdenes de producción o previsionales que están ocupando capacidad en dicho puesto de trabajo.

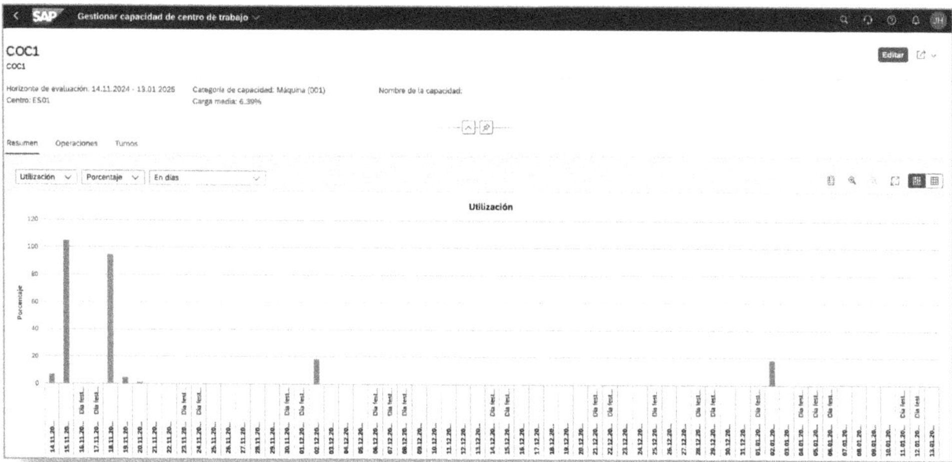

Figura 3.56: Gestionar capacidad de centro de trabajo. Detalle

Esta app permite ver qué órdenes previsionales o de producción causan la carga de capacidad, e incluso reprogramar las órdenes directamente para ajustar la caga de capacidad del puesto de trabajo.

3.3.2 Ajuste de capacidad

El ajuste de capacidad (*capacity leveling*) es un proceso que busca equilibrar la carga de trabajo en los centros de producción con la capacidad disponible, optimizando así la utilización de recursos. Consiste en realizar los ajustes de capacidad necesarios para evitar sobrecargas, redistribuyendo la carga a otros centros de trabajo o ajustando las capacidades disponibles, como añadir turnos extra o reducir el tiempo de inactividad. A continuación, describiremos algunas de las apps que SAP proporciona para realizar esta labor.

Tabla de planificación de capacidad

La app TABLA DE PLANIFICACIÓN DE CAPACIDAD (Figura 3.57) permite visualizar y gestionar la capacidad de los puestos de trabajo, así como equilibrar manualmente la demanda con la capacidad disponible. También facilita la identificación de cuellos de botella y puestos de trabajo con capacidad disponible, permitiendo ajustes en tiempo real en la planificación de la producción.

Figura 3.57: App Tabla de planificación de capacidad

Panel de planificación de capacidad

La app PANEL DE PLANIFICACIÓN DE CAPACIDAD (Figura 3.58) muestra gráficos y tablas que representan la utilización de recursos a lo largo del tiempo, lo cual ayuda a identificar rápidamente cuellos de botella y sobrecapacidades. Permite realizar ajustes en tiempo real, como reasignar órdenes de producción o modificar fechas de inicio, para optimizar la utilización de los puestos de trabajo.

Figura 3.58: App Panel de planificación de capacidad

Una vez seleccionados los criterios de filtro que deseamos, aparece la pantalla mostrada en la Figura 3.59, donde aparecen en cada fila los distintos puestos de trabajo seleccionados, con las órdenes de producción o previsionales en el eje temporal en forma de barra azul.

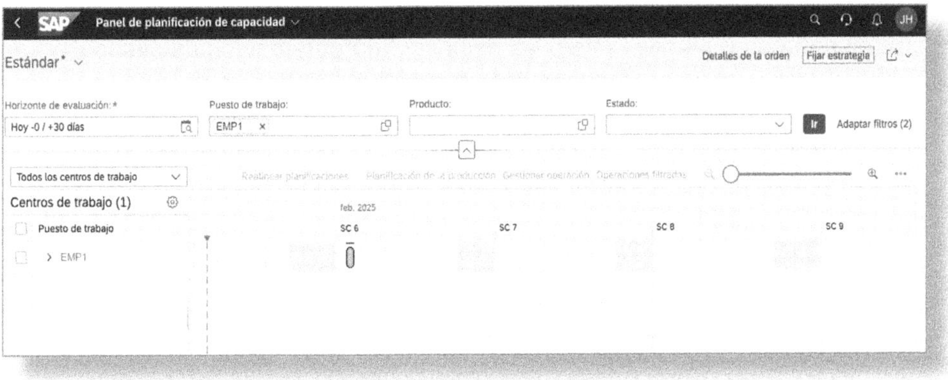

Figura 3.59: Planificación de capacidad de puesto de trabajo

Podemos consultar (Figura 3.60) la ocupación de capacidad de una orden de fabricación en los distintos puestos de trabajo donde se ejecuta.

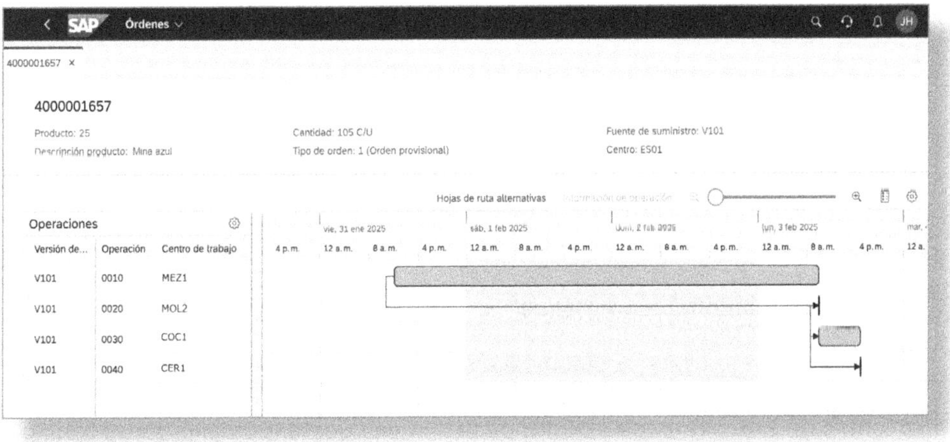

Figura 3.60: Capacidad por orden de fabricación

3.4 Introducción a PP/DS

Además de las herramientas descritas en este capítulo para llevar a cabo las tareas relacionadas con la planificación de la producción, SAP ofrece una solución especializada y avanzada conocida como **PP/DS** (*Production Planning and Detailed Scheduling*). Este módulo está diseñado para aquellos entornos en los que se requiere una planificación más detallada y sofisticada que la que puede lograrse con las transacciones estándar de SAP PP. Mientras que la planificación tradicional en SAP PP se centra en un enfoque macro que aborda aspectos generales de la producción, PP/DS se enfoca en un nivel micro, es decir, en la programación detallada de operaciones y recursos. Esto implica una asignación precisa de máquinas, líneas de producción, personal y materiales, considerando restricciones clave como la disponibilidad de recursos, los tiempos de preparación (*set-up*) de las máquinas o líneas, las fechas de entrega comprometidas y las prioridades de producción.

PP/DS es especialmente útil en entornos productivos complejos, donde la sincronización entre la demanda, los recursos y los materiales es crítica. A continuación, describiremos brevemente algunas de las funcionalidades más destacadas de PP/DS, sin profundizar en detalles técnicos, dado el carácter introductorio de este trabajo. Estas funcionalidades incluyen la planificación automática y manual, la optimización basada en restricciones, el uso de diagramas de Gantt interactivos, la simulación de escenarios y la integración con sistemas externos, como los sistemas MES.

3.4.1 Funcionalidades de PP/DS

PP/DS cuenta con una serie de funcionalidades que la convierten en una solución avanzada para la planificación y programación de la producción. A continuación, describimos las principales:

Planificación automática y manual

PP/DS permite realizar la planificación de manera automática, utilizando algoritmos avanzados (llamados **heurísticos**). A diferencia de las herramientas de SAP PP, estos algoritmos tienen en cuenta múltiples variables, como la disponibilidad de materiales, la capacidad de los recursos y las fechas de entrega. Sin embargo, también ofrece flexibilidad para realizar ajustes manuales, lo que permite a los planificadores adaptar los planes a situaciones específicas o prioridades cambiantes.

Optimización basada en restricciones

Una de las características más potentes de PP/DS es su capacidad para trabajar con restricciones. El sistema tiene en cuenta limitaciones como la capacidad de las máquinas, los tiempos de preparación, la disponibilidad de materiales, etc. Esto permite crear planes de producción realistas y ejecutables, sin necesidad de hacer ajustes manuales para solventar estas restricciones.

Diagrama de Gantt interactivo

Esta herramienta visual permite a los planificadores ver y ajustar la programación de las órdenes de producción de manera gráfica. Es especialmente útil para identificar conflictos de recursos, redistribuir tareas y optimizar la secuencia de las operaciones.

Simulación y comparación de escenarios

Otra funcionalidad interesante de PP/DS es la capacidad de simular diferentes escenarios de producción. Los planificadores pueden crear múltiples versiones de un plan y compararlas para evaluar su impacto en los plazos de entrega, los costes y la utilización de los recursos. Esto facilita el proceso de toma de decisiones y la selección del plan más adecuado.

Integración con MES y sistemas externos

PP/DS puede integrarse con sistemas de ejecución de manufactura (MES) y otros sistemas externos, al igual que SAP PP. Esto permite una sincronización perfecta entre la planificación y la ejecución de la producción.

Alertas y monitoreo en tiempo real

PP/DS incluye un sistema de alertas que los planificadores emplean para identificar posibles problemas, como retrasos en la producción, falta de materiales o sobrecarga de recursos. Además, el sistema permite monitorear el avance de la producción en tiempo real, lo que facilita la identificación y resolución rápida de incidencias.

3.4.2 Procesos de PP/DS

Entre los procesos que se pueden realizar en PP/DS para la planificación avanzada de la producción vamos a destacar dos de ellos, la ejecución del MRP y el optimizador.

Ejecución del MRP en PP/DS

PP/DS incluye herramientas para la ejecución del MRP. A diferencia del MRP tradicional, que se centra principalmente en la disponibilidad de materiales y la generación de propuestas de órdenes sin considerar, por ejemplo, la capacidad disponible de los puestos de trabajo (considera que tienen capacidad infinita), PP/DS añade una capa adicional de optimización al considerar restricciones de capacidad y recursos en tiempo real. Para ello se emplean unos algoritmos denominados **heurísticos** que generan propuestas de producción de manera rápida y eficiente. Existen diferentes heurísticos que se pueden seleccionar dependiendo de qué factores quieran priorizar los planificadores de producción (restricciones de capacidad de máquinas, minimizar tiempos de preparación de las líneas para conseguir las secuencias óptimas de operaciones, etc.). Con los heurísticos se solucionan problemas habituales en el MRP tradicional, como la sobrecarga de recursos o la generación de planes de producción inviables que requerían necesariamente un ajuste manual por parte de las personas que realizan la planificación de la producción.

El optimizador

El optimizador es una de las herramientas más potentes dentro del módulo de planificación avanzada de SAP. Está diseñado para crear planes de producción altamente eficientes, teniendo en cuenta múltiples restricciones y objetivos. El optimizador utiliza algoritmos matemáticos avanzados para proponer planes de producción óptimos que equilibren factores como los costes, los plazos de entrega y la utilización de recursos.

El optimizador funciona analizando determinadas variables y restricciones involucradas en el proceso de producción, como por ejemplo, la disponibilidad de las líneas de producción, los tiempos de preparación, las secuencias de operaciones, las fechas de entrega comprometidas o las prioridades de producción. A partir de esta información, el optimizador genera un plan de producción que maximiza la eficiencia y minimiza los costes.

Ejemplo del uso del optimizador

Por ejemplo, podemos indicar al optimizador que nuestro objetivo es obtener una secuencia óptima de operaciones en una línea de producción para reducir los tiempos de preparación que se producen al cambiar los materiales producidos en dicha línea. El optimizador tratará de sugerir la secuencia de producción que implique menos tiempos de preparación. Para ello puede sugerir realizar varias órdenes de producción del mismo material seguidas, aunque estuvieran planificadas para distintos días.

Una de las características más destacadas del optimizador es su capacidad para trabajar con objetivos múltiples y, en ocasiones, conflictivos. Por ejemplo, puede equilibrar la necesidad de cumplir con los plazos de entrega con la minimización de los costes de producción o la maximización de la utilización de recursos. Para lograrlo, el optimizador emplea algoritmos de optimización que evalúan millones de combinaciones posibles en cuestión de segundos, seleccionando la que mejor se ajuste a los criterios definidos que definan las personas que realizan la planificación de la producción.

El optimizador también permite realizar simulaciones y comparaciones de escenarios. Esto significa que se pueden generar varios planes de producción alternativos y compararlos para evaluar su impacto en los costes, los plazos de entrega y la utilización de recursos.

4 Control de la producción

La fase de control de la producción gestiona todo el proceso productivo una vez que se han planificado las órdenes previsionales. Esta fase abarca desde la ejecución de las órdenes de producción hasta la obtención de productos terminados, pasando por el registro del consumo de materiales, la gestión de tiempos y recursos, y el cálculo de los costes de producción, entre otros aspectos clave. A lo largo de los siguientes apartados, profundizaremos en cada uno de estos procesos.

En el capítulo anterior, exploramos cómo SAP gestiona la planificación de la producción, abarcando desde la gestión de la demanda hasta la elaboración del plan detallado de producción. Ahora, avanzamos hacia la siguiente fase del proceso productivo: el control o ejecución de la producción. Esta etapa es crucial, ya que es donde el plan de producción se materializa, culminando en la obtención de productos terminados, listos para ser utilizados o distribuidos según las necesidades del negocio.

El proceso de ejecución comienza con la conversión de las órdenes previsionales en órdenes de producción concretas. Estas órdenes son liberadas, lo que marca el inicio efectivo de la producción. En esta fase, se pueden llevar a cabo diversas actividades preparatorias, como la verificación de la disponibilidad de los materiales necesarios, la creación de reservas de dichos materiales, la evaluación de la capacidad productiva, y la generación e impresión de documentación asociada a las órdenes de producción, listado de componentes, etc.

Una vez iniciada la producción física, el control de producción implica una serie de acciones, como el registro del consumo de los componentes utilizados en la fabricación, la confirmación de las actividades del proceso productivo (detallando horas de inicio y fin, tiempos empleados, recursos utilizados, etc.) y la recepción de los productos terminados, lo que incrementa el inventario con los bienes fabricados. Además, se calculan los costes de producción, lo que permite una gestión financiera y una evaluación del rendimiento del proceso.

Es importante destacar que estas tareas pueden ejecutarse directamente en SAP o mediante sistemas externos especializados, conocidos como sistemas de ejecución de producción (**MES**, por sus siglas en inglés). En el caso de utilizar un MES, es fundamental configurar adecuadamente la interfaz entre ambos sistemas para garantizar un flujo de información eficiente y bidireccional. Esto implica el mantenimiento y sincronización de datos maestros (normalmente enviados desde SAP al MES), así como la transmisión a SAP de información en tiempo real sobre producciones, consumos y actividades realizadas en la planta. Esta integración permite una gestión precisa y en tiempo real del proceso productivo, combinando la capacidad de planificación de SAP con el control detallado que ofrecen los sistemas MES en las líneas de producción.

El ciclo de vida de una orden de producción finaliza con su cierre, momento en el que se puede realizar el análisis de los resultados obtenidos, incluyendo desviaciones en tiempos, costes y consumos. En los siguientes apartados, profundizaremos en cada una de estas tareas, así como en las principales herramientas que SAP proporciona para llevarlas a cabo de manera eficiente y efectiva.

☛ Integración de SAP con sistemas MES

La integración de SAP con los distintos sistemas MES puede llevarse a cabo de múltiples formas. En esta publicación no entraremos en los detalles de estos mecanismos técnicos de integración, pues rebasaría el ámbito propuesto.

4.1 La orden de fabricación

La orden de fabricación es el dato transaccional en SAP que contiene toda la información necesaria para llevar a cabo una producción concreta de un material en un centro. En esencia, una orden de fabricación especifica qué material se va a producir y en qué cantidad, dónde se realizará la producción, cuándo se llevará a cabo (fechas y horas de comienzo y fin de cada una de la orden, de cada una de sus operaciones, etc.), qué recursos se utilizarán y cómo se liquidarán los costes asociados.

Como veremos en el siguiente apartado, en SAP existen principalmente dos métodos para crear órdenes de fabricación: manualmente o automáticamente a partir la conversión de órdenes previsionales.

4.1.1 Secciones de la orden de fabricación

Las órdenes de fabricación se estructuran básicamente de la siguiente forma:

- **Cabecera**. Contiene los datos generales de la orden.
- **Lista de los componentes** necesarios para producir la cantidad requerida (materiales, cantidades, lotes a consumir, etc.).
- **Lista de operaciones** que se van a realizar, incluyendo los puestos de trabajo asignados, las fechas planificadas y los costes estimados.

Vamos a ver en detalle a continuación qué información contienen cada una de estas secciones.

Cabecera de la orden de fabricación

En SAP, la cabecera de una orden de fabricación contiene información que define los aspectos generales del proceso de producción de un material. En ella se agrupan tanto los datos maestros que intervienen en la misma, como los parámetros que determinarán cómo se realizará la ejecución de la orden. En la Figura 4.1 se muestran los datos de cabecera de la orden de fabricación.

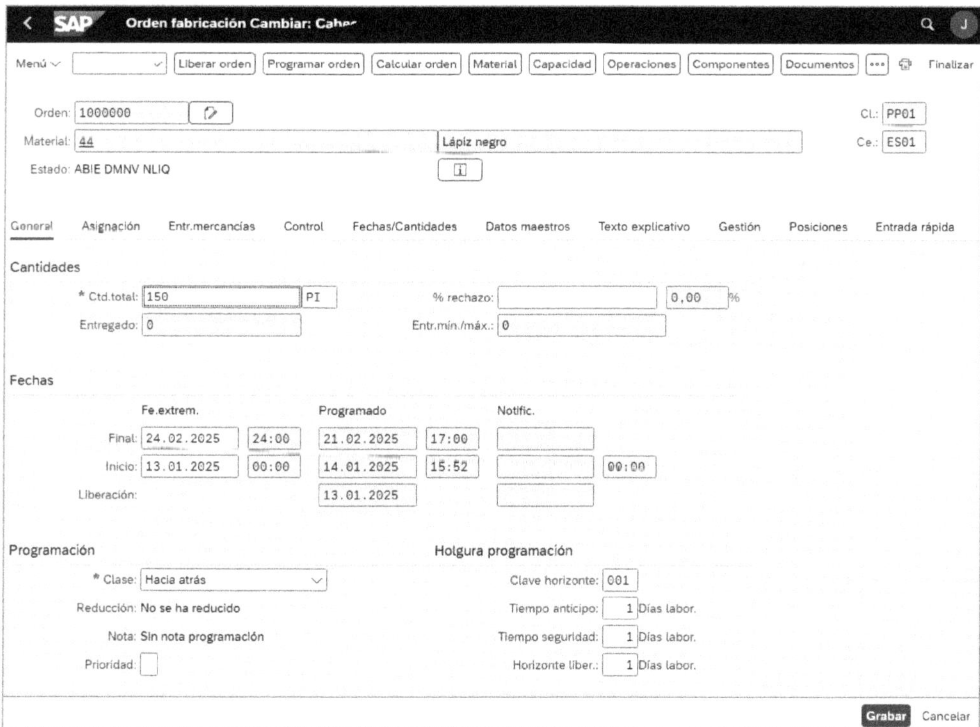

Figura 4.1: Orden de fabricación. Cabecera

En la parte superior aparecen los campos principales de la orden, y los demás se encuentran repartidos en una serie de pestañas. Estos campos son los siguientes:

- NÚMERO DE LA ORDEN. Es un identificador único de la orden de fabricación. Este código normalmente es generado automáticamente por el sistema (números secuenciales), pero también se puede parametrizar que se asigne manualmente. El rango de números empleado para las órdenes de fabricación se puede definir en parametrización.
- MATERIAL que fabricar, tanto su código como la descripción del mismo.
- CLASE DE ORDEN. A cada orden de fabricación se le asigna una clase de orden. La clase de orden se configura en parametrización y determina cómo se gestionará y procesará internamente la orden, por ejemplo podemos tener una clase de orden para la producción normal y una distinta para gestionar las acciones para un retrabajo o corrección del material ya producido. Cada material puede tener una clase de orden por defecto, definida dentro de PERFIL DE CONTROL DE FABRICACIÓN asignado en la pestaña PREPARACIÓN DE TRABAJO del maestro de materiales. Si este campo está informado, al crear la orden de fabricación se propondrá esta clase de orden por defecto, aunque podría ser cambiada si es necesario.
- CENTRO. Indica el centro donde se llevará a cabo el proceso de fabricación.
- ESTADO. Indica el estado del ciclo de vida en el que se encuentra la orden (creada, liberada, en proceso, finalizada, ...), algunas acciones que se han realizado con ella (por ejemplo si ya se ha imprimido) o alguna alerta (por ejemplo, si falta stock de algún componente). SAP utiliza este sistema de estados para controlar el flujo de la orden de fabricación. Pueden existir varios estados en la orden, y estos pueden ser estándar, o bien de usuario, esto es, estados personalizados creados y parametrizados para controlar algún elemento específico de la orden de fabricación que no esté recogido por los estados estándar.

Algunos de los campos más relevantes incluidos en la pestaña GENERAL son los siguientes:

- CANTIDAD A PRODUCIR. Indica la cantidad total que vamos a fabricar del material. En el campo ENTREGADO vemos qué cantidad ya se ha producido de la orden.

- FECHAS. Estas fechas indican cuándo se realizará la producción. En las FECHAS EXTREMAS indicamos cuándo queremos que comience o termine la producción incluyendo los tiempos de holgura al comienzo y/o fin de la producción. Las FECHAS PROGRAMADAS indican cuándo comenzará y terminará efectivamente la producción, sin considerar los tiempos de holgura.
- PROGRAMACIÓN. Establece cómo deseamos planificar la ejecución de la orden de fabricación. Por ejemplo, en una **programación regresiva** se define una fecha objetivo para la finalización de la producción, y el sistema calcula hacia atrás en el tiempo cuándo debe comenzar cada operación y la orden en su conjunto. En cambio, con una **programación progresiva** se especifica la fecha de inicio de la producción, y se realiza un cálculo hacia adelante en el tiempo para determinar las fechas de inicio y fin de cada operación, así como la fecha estimada de finalización de la orden.

En la pestaña ASIGNACIÓN (Figura 4.2) encontramos información relevante a elementos con los que la orden está vinculada.

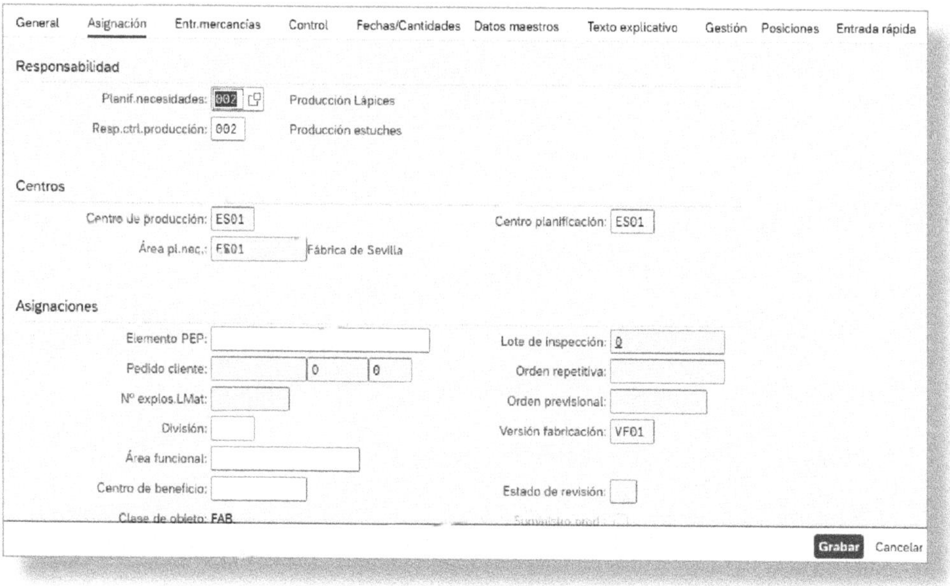

Figura 4.2: Orden de fabricación. Asignación

Esta pestaña contiene los siguientes campos.

- RESPONSABILIDAD. Contiene los campos PLANIFICADOR DE NECESIDADES y RESPONSABLE DE CONTROL DE PRODUCCIÓN tomados por defecto del maestro de materiales, aunque podrían cambiarse manualmente en cada orden.

- Asignaciones. Contiene campos como Pedido de cliente al que está vinculada la orden, en caso de que la producción sea contra pedido, Orden previsional a partir de la cual se creó la orden de fabricación (si se creó mediante conversión), Versión de fabricación asignada a la orden o el Centro de beneficio, entre otros.

La pestaña Entrada de mercancías (Figura 4.3) comprende campos relativos a la recepción del stock producido en SAP.

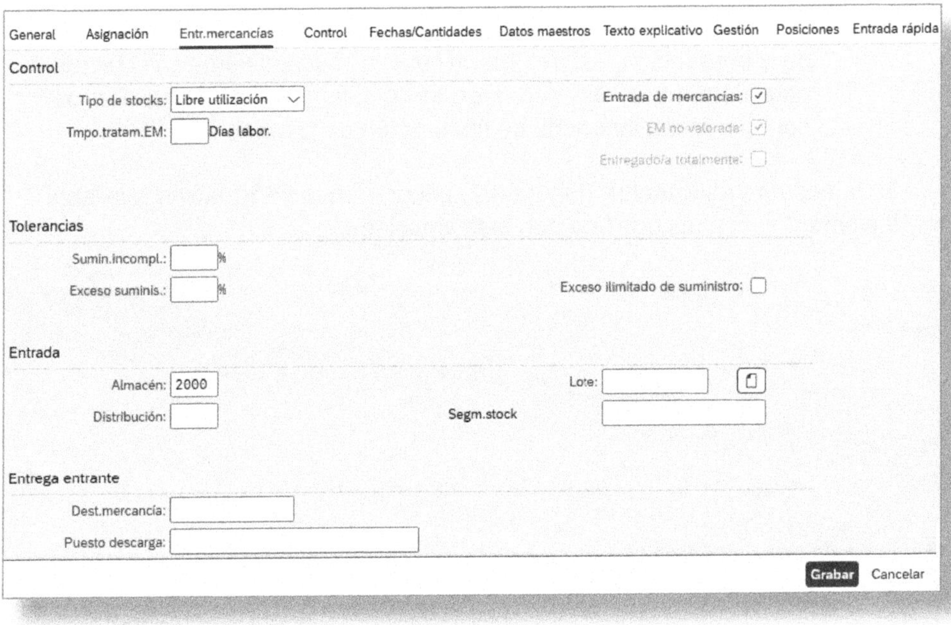

Figura 4.3: Orden de fabricación. Entrada de mercancías

Esta pestaña contiene los siguientes campos.

- Tipo de stocks. Cuando se fabrique el material, el stock entrará en el sistema con el tipo de stock indicado en este campo (libre disposición, en control de calidad o bloqueado).
- Tiempo de entrada de mercancías. Este campo se toma directamente del maestro de materiales, aunque puede modificarse manualmente en la orden si fuera necesario.

- TOLERANCIAS. La cantidad realmente producida debe estar en el rango definido por la cantidad teórica de la orden más estos márgenes de tolerancia, tanto si la cantidad producida es menor como si es mayor que la teórica.
- ENTRADA. Definimos en qué ALMACÉN del centro se recepcionará el material producido, y en caso de que se gestione por lotes, qué número de lote del material producido corresponde con la orden de fabricación.

Ejemplo de tolerancia de cantidad producida

Si la cantidad de una orden de fabricación de una caja de lápices es 1000 unidades, y definimos una tolerancia de sobreproducción de un 10 %, podríamos recepcionar hasta 1100 unidades. Si la cantidad producida realmente fuera 1101 unidad, el sistema podría impedir la recepción de más de un 10 % de cantidad extra, o bien se podría permitir emitiendo un mensaje de advertencia. De igual modo funcionaría el margen de infraproducción.

Otras pestañas interesantes de la cabecera de la orden de fabricación son, por ejemplo, la pestaña CONTROL, donde aparecen datos relativos al cálculo de costes y al perfil de control de fabricación que tiene asignada la orden. Estos campos también podrían modificarse manualmente si se desea. La pestaña DATOS MAESTROS muestra qué datos maestros (versión de fabricación, hoja de ruta y lista de materiales) tiene asignada la orden. En la pestaña Datos maestros podemos consultar el usuario que creó o hizo la última modificación de la orden, así como las fechas y horas de creación y última modificación de la orden.

Componentes

Desde la pantalla principal de la orden de fabricación podemos acceder a la lista de materiales mediante el botón [Componentes] y aparecerá la siguiente pantalla (Figura 4.4).

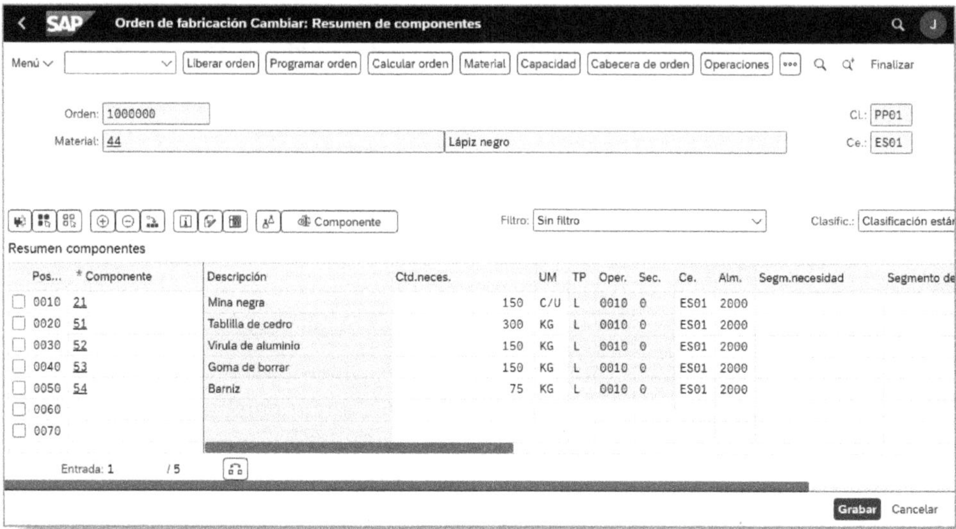

Figura 4.4: Orden de fabricación. Componentes

En la sección RESUMEN DE COMPONENTES, aparece el listado de todos los componentes tomados de la lista de materiales del material asignada a la orden de fabricación. En función de la cantidad que se va a producir, se calculan proporcionalmente las cantidades necesarias de cada componente.

Cálculo de cantidades de componentes

SAP calcula las cantidades de los componentes en una orden de fabricación basándose en la información de la lista de materiales. Si el componente no está marcado como cantidad fija en la BOM, el sistema ajusta la cantidad requerida multiplicando la cantidad planificada del producto final por la cantidad del componente especificada en la BOM, y dividiendo por la cantidad base definida en la cabecera de la BOM. Por ejemplo, si se van a producir 1000 unidades y la BOM indica que se requieren 2 unidades de un componente para fabricar 1 unidad del producto, entonces se necesitarán 2000 unidades del componente para completar la orden (1000 x 2 / 1). Si el componente tiene fijado el indicador CANTIDAD FIJA, no se realizará este cálculo proporcional, y siempre se consumirá la cantidad del componente indicada en la BOM.

Algunos de los campos interesantes de cada componente son los siguientes:

- ALMACÉN desde el que se consumirá el stock. Por defecto, este campo se copia en la orden desde el campo ALMACÉN DE PRODUCCIÓN del maestro de materiales (pestaña PLANIFICACIÓN DE NECESIDADES 2).
- LOTE. Si el componente se gestiona por lotes, este campo indica qué lote es el que se consume para realizar la producción. Mediante este campo se consigue tener trazabilidad de lotes, pues permite vincular el lote producido con los lotes de componentes empleados para su producción.
- TOMA RETROACTIVA (columna T). Si un componente tiene marcado este campo, el consumo de la cantidad requerida en la fabricación se realizarán automáticamente cuando se notifique la orden y se recepcione la cantidad producida. Este campo se toma del maestro de materiales (pestaña PLANIFICACIÓN DE NECESIDADES 2), pero puede modificarse manualmente en cada orden. El proceso de toma retroactiva se explicará en detalle en la Sección 4.5.1.

Si queremos comprobar la disponibilidad de stocks de algún componente, desde el listado de componentes, lo seleccionamos y pulsamos el botón [Componente]. De esta manera, el sistema calculará si hay suficiente stock de dicho componente para emplearse en la producción.

Operaciones

Desde la pantalla principal de la orden de fabricación accedemos a la lista de operaciones pulsando el botón [Operaciones]. En la Figura 4.5 se muestra el listado de operaciones. Estas operaciones se copian en la orden desde la hoja de ruta del material asignada a la orden de fabricación.

En este listado únicamente se muestran algunos de los campos más relevantes de cada una de ellas. Podemos consultar todos los campos de cada operación haciendo doble clic en el número de la operación. Como vemos en la Figura 4.6, el detalle de la operación, es decir sus campos relativos, están clasificados en una serie de pestañas.

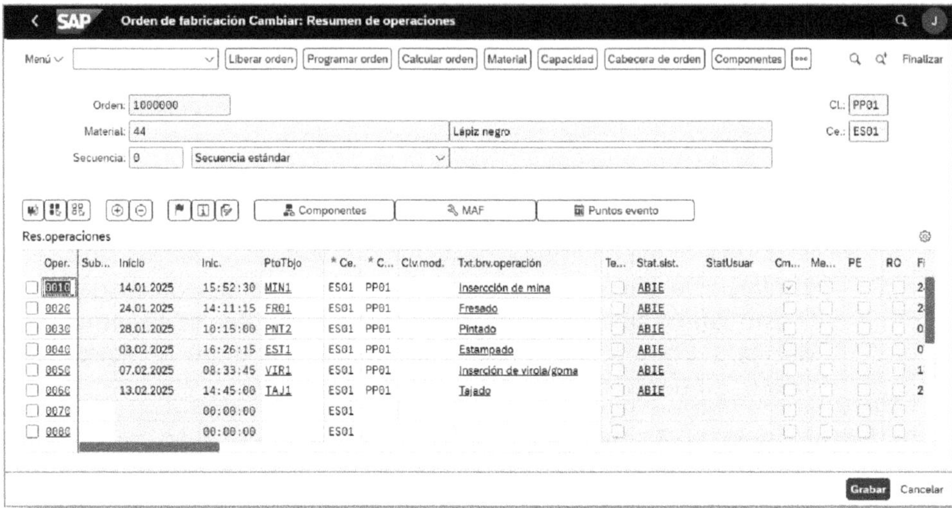

Figura 4.5: Orden de fabricación. Operaciones

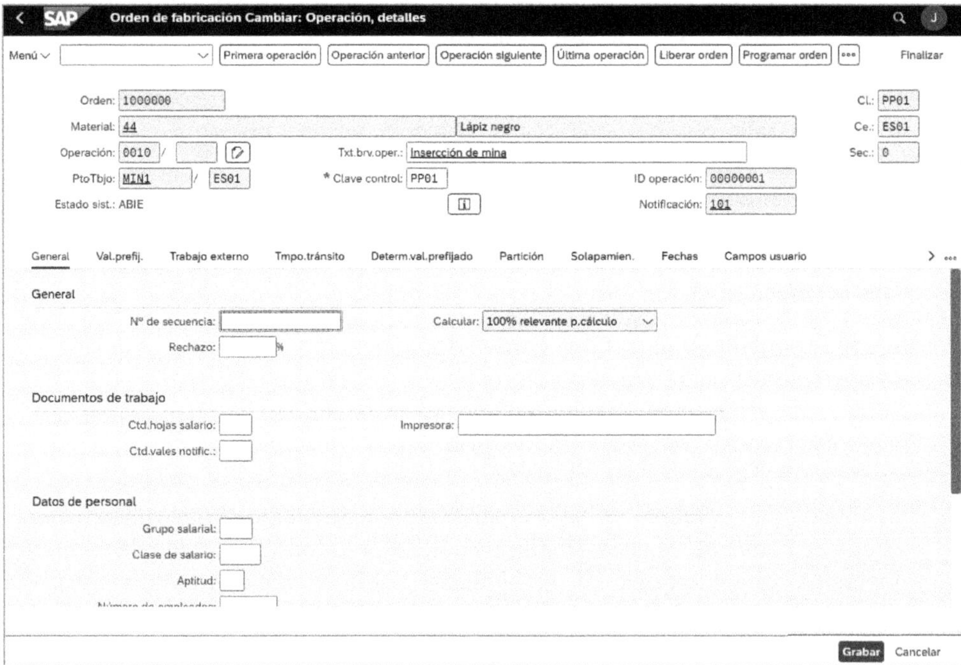

Figura 4.6: Orden de fabricación. Detalle de operaciones

Vamos a ver el contenido de algunas de estas pestañas. En la pestaña VALORES PREFIJADOS aparecen los valores registrados en la hoja de ruta para el cálculo de duraciones de fabricación. Si estos valores fueran diferentes a los teóricos, se pueden modificar manualmente.

Otra pestaña que contiene información relevante es FECHAS (Figura 4.7), donde aparece el detalle de la programación de la operación, esto es, la cronología detallada de la misma con todas sus etapas, sus duraciones y fecha y hora de principio y fin de cada una.

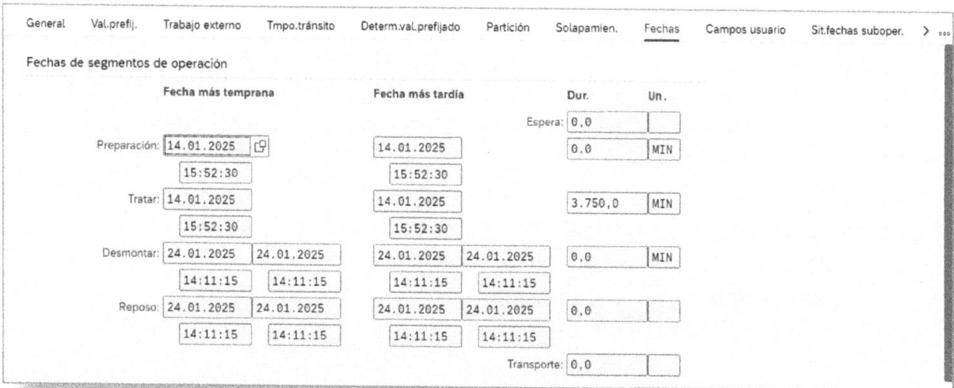

Figura 4.7: Orden de fabricación. Fechas de operación

En la pestaña CANTIDADES Y ACTIVIDADES (Figura 4.8) podemos visualizar las cantidades producidas y rechazadas en la operación hasta el momento, así como las actividades registradas, como los tiempos de preparación, máquina o mano de obra empleados, etc.

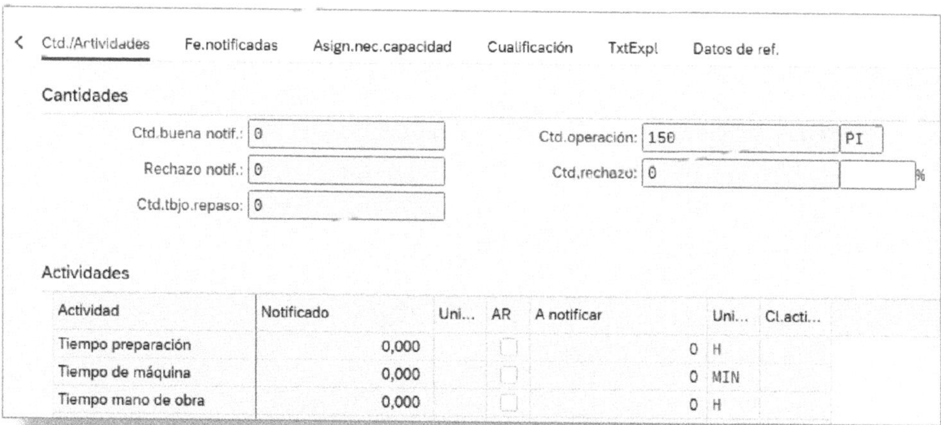

Figura 4.8: Orden de fabricación. Cantidades de operación

4.1.2 Operaciones con la orden de fabricación

SAP proporciona una serie de acciones que podemos hacer en una orden de fabricación. Algunas de las más usuales se describen a continuación.

Programación de órdenes

La programación de una orden permite planificar temporalmente las operaciones necesarias para la fabricación de un producto. Este proceso tiene en cuenta diversos factores, como el tipo de programación seleccionada (regresiva, progresiva, etc.), la fecha de inicio o fin deseada y los parámetros que influyen en el cálculo de los tiempos de producción, tales como el tiempo de preparación, el tiempo de máquina, los tiempos de holgura y las relaciones entre las operaciones.

La programación de la orden se realiza automáticamente en SAP tras ciertos eventos, como la creación de la orden o su liberación. Sin embargo, también es posible llevar a cabo una programación manual en cualquier momento utilizando la opción de menú FUNCIONES • PROGRAMAR • ORDEN.

Cambiar la versión de fabricación

La versión de fabricación se asigna por defecto al crear la orden de producción. Sin embargo, si deseamos cambiarla en caso de que hayamos definido más de una versión para el material, podemos hacerlo mediante la opción de menú FUNCIONES • LEER DATOS MAESTROS PP. Aparece la ventana emergente mostrada en la Figura 4.9.

En el campo VERSIÓN DE FABRICACIÓN seleccionamos la que deseemos asignar. Como veremos más adelante, al realizar la operación de actualizar los datos maestros de la orden, si esta estuviera liberada, esta liberación se revertiría y la orden volvería al estado «creada».

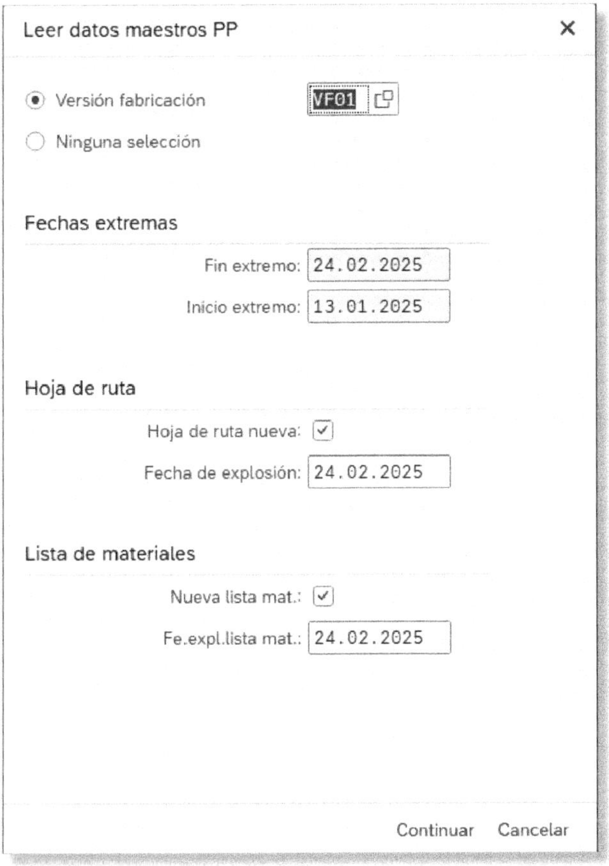

Figura 4.9: Orden de fabricación. Leer datos maestros de PP

Verificación de disponibilidad

Podemos ejecutar la verificación de disponibilidad de componentes en cualquier momento mediante la opción de menú FUNCIONES • VERIF. DISPONIBILIDAD • MATERIAL ATP. Si no estuvieran disponibles todos los componentes, podemos consultar la lista de aquellos componentes que no tienen stock suficiente para la producción de la orden.

4.2 Gestión de órdenes de fabricación

En esta sección veremos las diferentes maneras que SAP proporciona de crear y modificar órdenes de fabricación, así como algunas apps interesantes para poder consultarlas una vez creadas.

4.2.1 Creación por conversión de órdenes previsionales

Si queremos convertir las órdenes previsionales en órdenes de fabricación, podemos hacerlo individual o colectivamente. Para ello disponemos de algunas apps que vamos a comentar a continuación.

Convertir órdenes provisionales

Podemos emplear la app CONVERTIR ÓRDENES PROVISIONALES (Figura 4.10).

Figura 4.10: App Convertir órdenes provisionales

En la Figura 4.11 aparece la pantalla inicial de esta app, que permite indicar una serie de filtros en la pantalla superior. En la parte inferior aparece la lista de órdenes provisionales que cumplen los criterios seleccionados en los filtros.

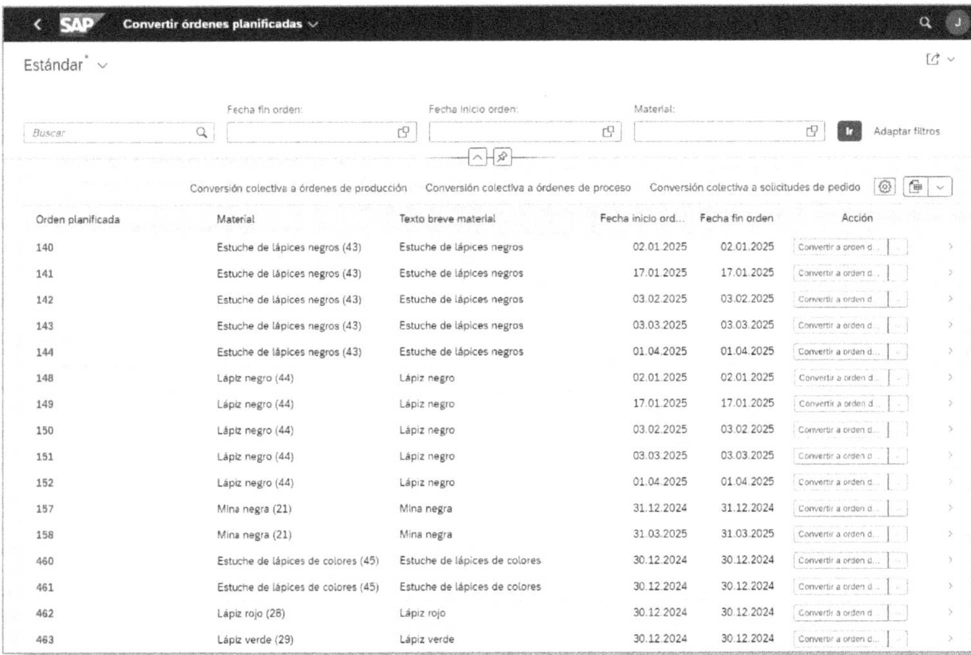

Figura 4.11: Conversión de órdenes previsionales

Si en el campo ACCIÓN tenemos el valor *Convertir a orden de producción* y lo seleccionamos, nos llevará a la siguiente pantalla (Figura 4.12).

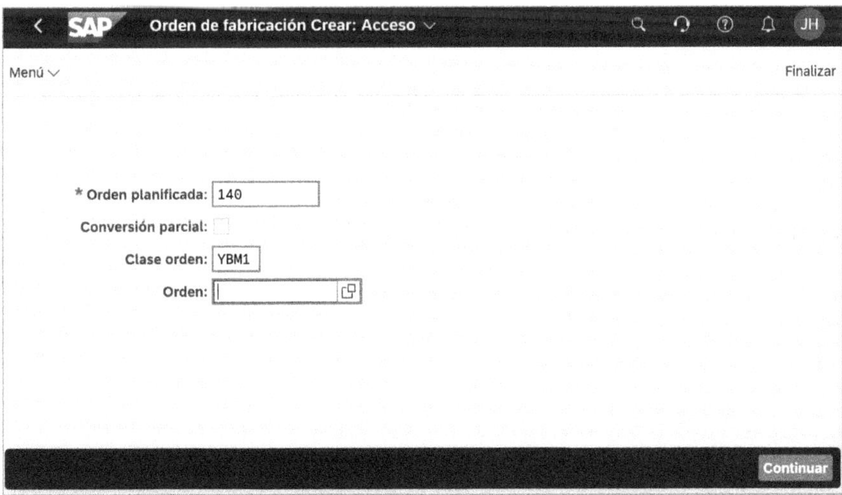

Figura 4.12: Conversión individual de orden previsional

Si pulsamos el botón Continuar, accedemos a la misma pantalla de creación manual de la orden, pero con toda la información transferida desde la orden previsional (cantidad, fechas, tiempos, etc.).

Desde esta app también es posible realizar una conversión colectiva (masiva) de órdenes previsionales en órdenes de fabricación mediante la opción CONVERSIÓN COLECTIVA A ÓRDENES DE PRODUCCIÓN. En este caso, aparece la siguiente ventana (Figura 4.13), donde podemos seleccionar las órdenes previsionales que queremos convertir.

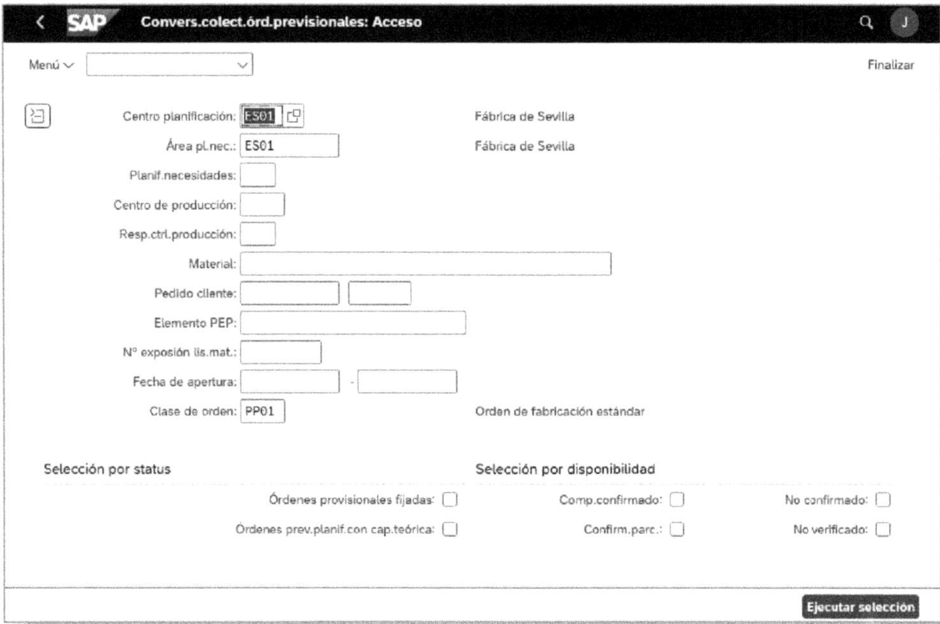

Figura 4.13: Conversión colectiva de órdenes previsionales

Tratamiento en masa de órdenes de fabricación

Otra forma de realizar esta conversión masiva de órdenes previsionales en órdenes fabricación es mediante la app TRATAMIENTO EN MASA DE ÓRDENES DE FABRICACIÓN (Figura 4.14).

En la pantalla inicial (Figura 4.15), marcamos el indicador ORD.PREV, y desmarcamos ÓRDENES FABRICACIÓN, para seleccionar únicamente órdenes previsionales. También podemos seleccionar aquellos parámetros por los que queramos filtrar las órdenes que queremos convertir.

Figura 4.14: App Tratamiento en masa de órdenes de fabricación

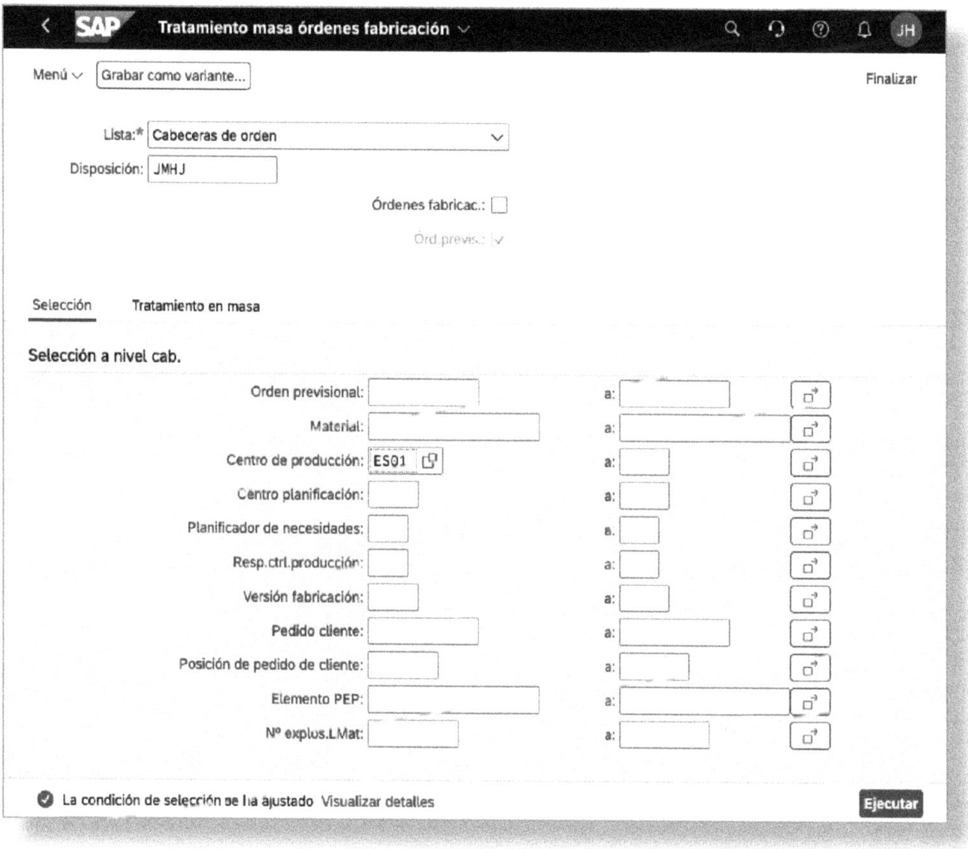

Figura 4.15: Tratamiento en masa de órdenes de fabricación. Pantalla inicial

Si pulsamos el botón Ejecutar, se abre la pantalla con las órdenes previsionales que cumplen los criterios definidos (Figura 4.16).

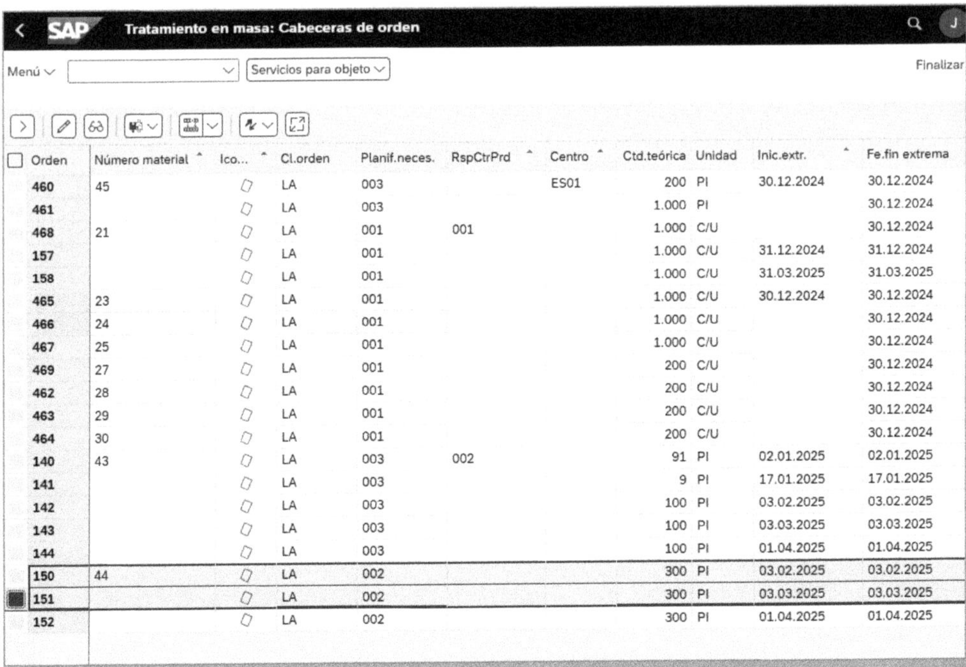

Orden	Número material	Ico...	Cl.orden	Planif.neces.	RspCtrPrd	Centro	Ctd.teórica	Unidad	Inic.extr.	Fe.fin extrema
460	45		LA	003		ES01	200	PI	30.12.2024	30.12.2024
461			LA	003			1.000	PI		30.12.2024
468	21		LA	001	001		1.000	C/U		30.12.2024
157			LA	001			1.000	C/U	31.12.2024	31.12.2024
158			LA	001			1.000	C/U	31.03.2025	31.03.2025
465	23		LA	001			1.000	C/U	30.12.2024	30.12.2024
466	24		LA	001			1.000	C/U		30.12.2024
467	25		LA	001			1.000	C/U		30.12.2024
469	27		LA	001			200	C/U		30.12.2024
462	28		LA	001			200	C/U		30.12.2024
463	29		LA	001			200	C/U		30.12.2024
464	30		LA	001			200	C/U		30.12.2024
140	43		LA	003	002		91	PI	02.01.2025	02.01.2025
141			LA	003			9	PI	17.01.2025	17.01.2025
142			LA	003			100	PI	03.02.2025	03.02.2025
143			LA	003			100	PI	03.03.2025	03.03.2025
144			LA	003			100	PI	01.04.2025	01.04.2025
150	44		LA	002			300	PI	03.02.2025	03.02.2025
151			LA	002			300	PI	03.03.2025	03.03.2025
152			LA	002			300	PI	01.04.2025	01.04.2025

Figura 4.16: Tratamiento en masa de órdenes de fabricación. Lista de resultados

En ella podemos seleccionar las órdenes previsionales que queramos convertir y pulsar el botón. En la siguiente ventana emergente (Figura 4.17) seleccionamos la función CONVERSIÓN ORDEN PREVISIONAL.

Mediante el botón ejecutaremos la conversión. Si marcamos el campo DAR SALIDA A LOG, podremos visualizar el resultado de la conversión una vez concluida (Figura 4.18).

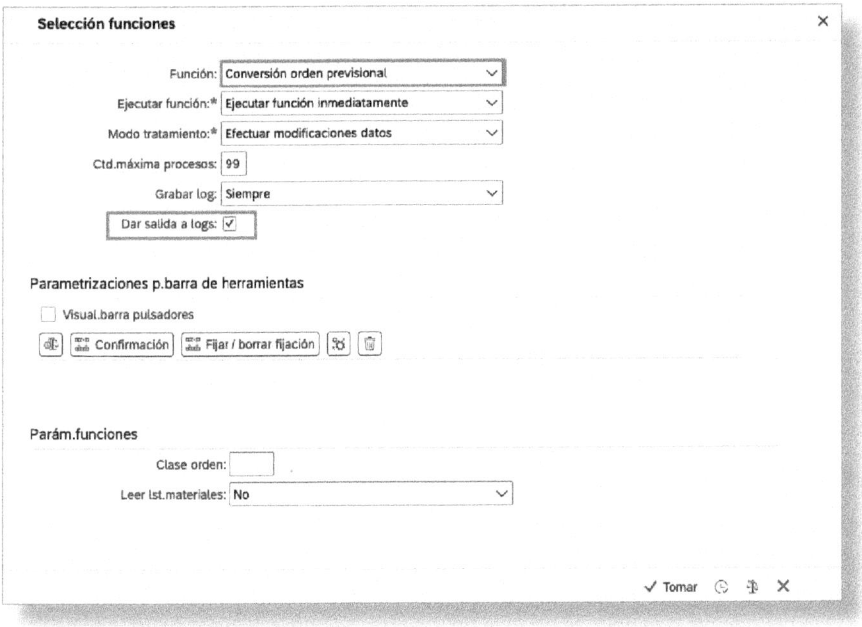

Figura 4.17: Seleccionar función de convertir órdenes previsionales

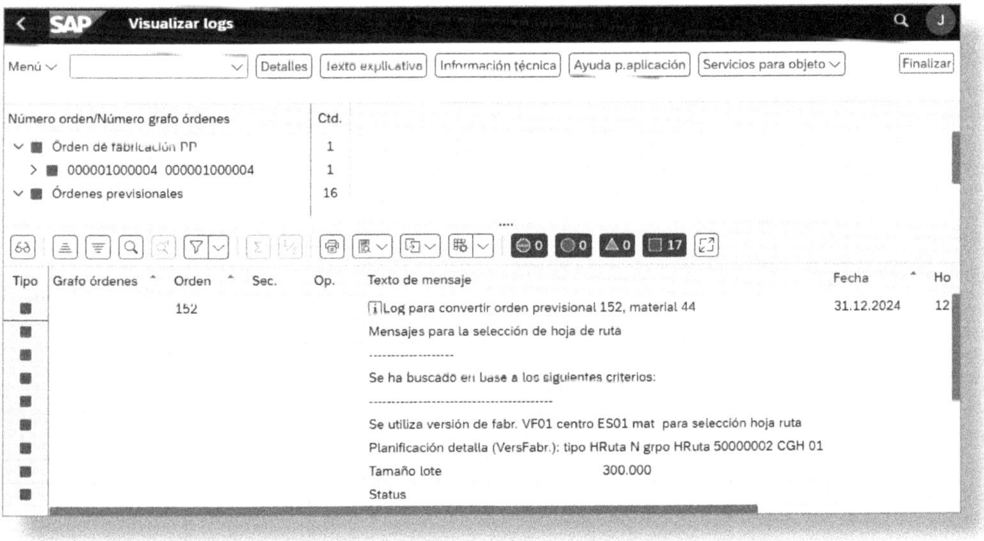

Figura 4.18: Tratamiento en masa de órdenes de fabricación. Log

Al convertir una orden previsional en una orden de fabricación suceden una serie de acciones en el sistema:

- La orden previsional deja de aparecer en las apps de gestión de coberturas de stock del material o en la lista de requerimientos y stock. En su lugar aparecerá la orden de fabricación recién creada.
- El número de la orden previsional que generó una orden de fabricación lo podremos consultar en la pestaña ASIGNACIÓN de la orden de fabricación.
- Las necesidades secundarias de los componentes se convierten automáticamente en reservas de stock.

4.2.2 Creación manual de la orden de fabricación

Podemos crear una orden de fabricación manualmente sin que necesariamente tenga que provenir de una orden previsional previa. Para ello se emplea la app CREAR ORDEN DE PRODUCCIÓN (Figura 4.19).

Figura 4.19: App Crear orden de producción

En la Figura 4.20 se muestra la pantalla de selección de esta app, en la que indicamos el material que vamos a producir y el centro. Si hemos mantenido el campo PERFIL DE CONTROL DE FABRICACIÓN en el maestro de materiales, y este tiene asociado una clase de orden por defecto, no será necesario introducir nada en el campo CLASE DE ORDEN. En caso contrario, deberíamos seleccionar un valor en este campo.

Podemos crear una orden de fabricación como copia de otra existente, introduciendo el número de esta última en el campo MODELO. Al pulsar el botón Continuar, accedemos a la pantalla de datos de cabecera de la orden. Si hemos creado la orden copiándola de otra, todos los datos de la orden modelo se copiarán a la nueva orden y estarán rellenos. En caso contrario, aparecerá la ventana mostrada en la Figura 4.21.

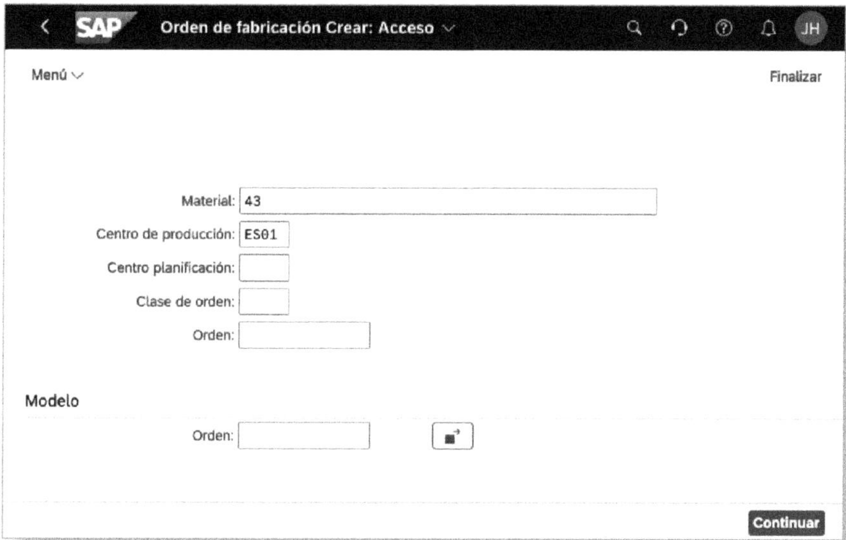

Figura 4.20: Crear orden de fabricación. Pantalla inicial

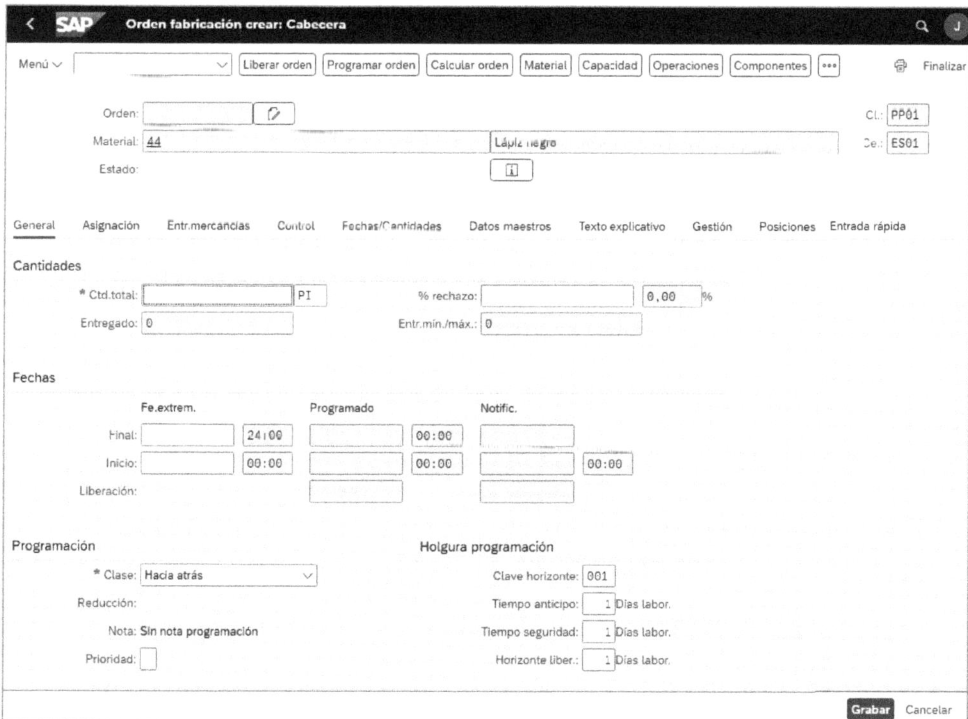

Figura 4.21: Crear orden de fabricación. Pantalla general

En esta pantalla rellenamos los campos necesarios, al menos los que son obligatorios, que son los siguientes:

- CANTIDAD
- CLASE DE PROGRAMACIÓN
- Fecha de inicio o final (en función de la clase de programación).

Una vez que tengamos todos los datos rellenos, para crear la orden pulsamos el botón Grabar. En la barra de herramientas aparecerá el siguiente mensaje (Figura 4.22).

Figura 4.22: Crear orden de fabricación. Mensaje de creación

4.2.3 Modificación de órdenes de fabricación

Para modificar datos de una orden de fabricación existente empleamos la app MODIFICAR ORDEN DE PRODUCCIÓN (Figura 4.23).

Figura 4.23: App Modificar orden de producción

En la pantalla inicial (Figura 4.24) introducimos el número de la orden de fabricación que queremos modificar.

Al pulsar el botón Continuar accedemos a la pantalla de datos de cabecera de la orden desde la cuál podemos modificar los campos o realizar las acciones que deseemos.

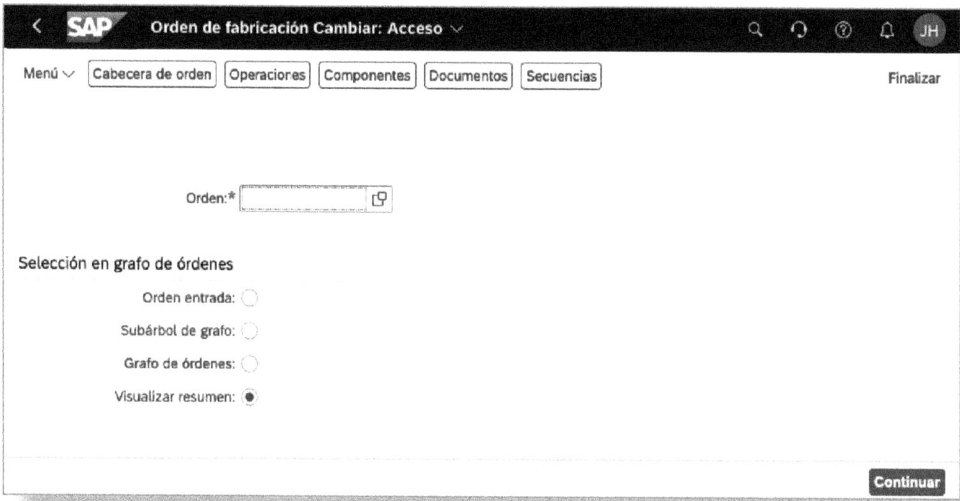

Figura 4.24: Modificar orden de fabricación. Pantalla inicial

4.2.4 Listado de órdenes de fabricación

SAP proporciona algunas apps para consultar las órdenes de fabricación. Vamos a ver a continuación algunas de las más empleadas.

Gestionar órdenes de producción

Con esta app (Figura 4.25) podemos consultar las órdenes de fabricación que tenemos en nuestro sistema.

Figura 4.25: App Gestionar órdenes de producción

En la pantalla principal (Figura 4.26) podemos filtrar las órdenes que se mostrarán, además de por número de orden, fecha o material, por estos otros campos:

- ESTADO de la orden.
- TIPO DE PROBLEMA. Podemos ver únicamente órdenes que tengan algún problema, como retraso, falta de componentes, desviaciones de cantidad, movimientos de stock fallidos, etc.
- DURACIÓN DEL RETRASO.

Figura 4.26: Listado de órdenes de fabricación

En la parte inferior aparece la lista de órdenes de fabricación con indicadores de estado y de progreso, así como una serie de iconos que muestran los problemas que tienen. Haciendo clic en una línea veremos más detalles de la orden de fabricación (Figura 4.28), así como una opción para modificarla.

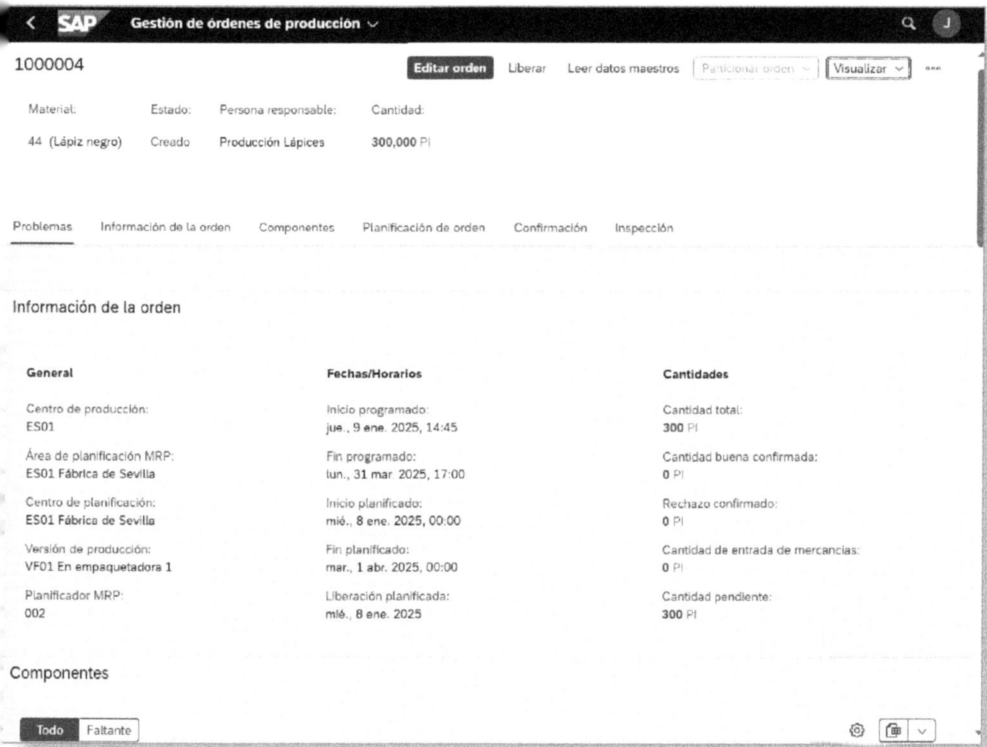

Figura 4.27: Detalle de orden de fabricación

Supervisar órdenes de fabricación

Otra aplicación útil para consultar listados de órdenes de fabricación es SUPERVISAR ÓRDENES DE PRODUCCIÓN/PREVISIONALES (Figura 4.28).

Figura 4.28: App Supervisar órdenes de producción/previsionales

En la pantalla de selección (Figura 4.29) podemos filtrar por una gran cantidad de campos. También podemos consultar diferentes aspectos de las órdenes de fabricación mediante el campo LISTA, como órdenes, operaciones, componentes, movimientos de stocks, etc. También tenemos la posibilidad de consultar órdenes previsionales o ambos tipos de órdenes.

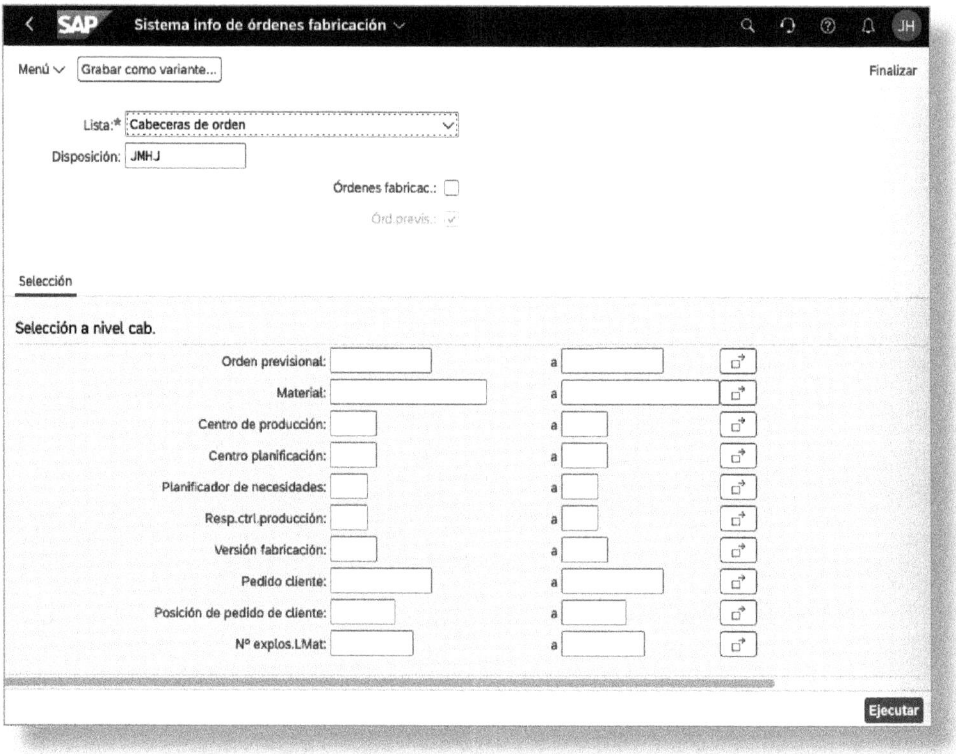

Figura 4.29: Supervisar órdenes de producción/previsionales. Pantalla inicial

Pulsando el botón Ejecutar se muestra la lista de órdenes que cumplen los criterios de filtro (Figura 4.30).

Podemos configurar qué columnas queremos visualizar, así como realizar operaciones, como ordenar, filtrar, exportar, etc. Haciendo doble clic sobre el número de orden, llegamos a la app de visualización de dicha orden.

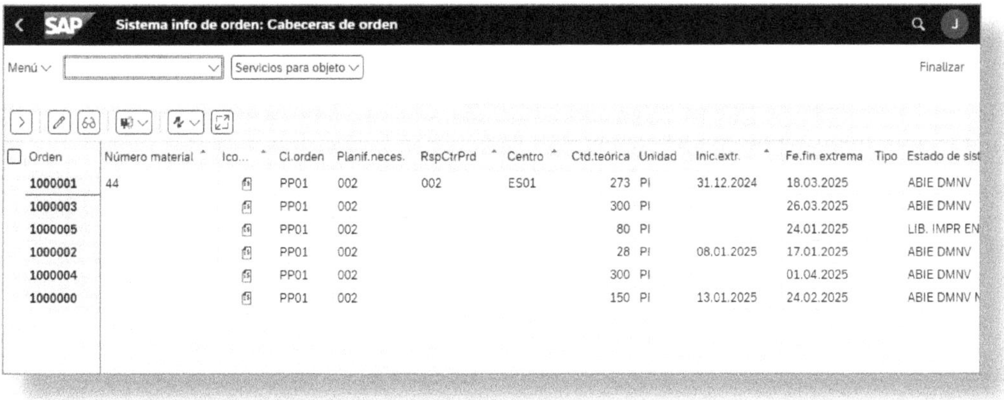

Figura 4.30: App Supervisar órdenes de producción/previsionales. Resultados

4.3 Liberación de órdenes de producción

La liberación de una orden de fabricación es una acción que indica que ya está lista para que comience la producción física del material. Esta liberación puede configurarse para que ocurra automáticamente al crear la orden o puede realizarse manualmente, en función de las necesidades y políticas de la empresa. La liberación de la orden de fabricación habilita que puedan realizarse otra serie de acciones una vez se haya realizado la producción física, como por ejemplo, el consumo de las cantidades de componentes empleadas en la fabricación, el registro de actividades o la recepción del stock del material producido en el sistema.

Este proceso implica cambiar el estado de la orden de *CRTD* (creada) a *LIB.* (liberada) y, según tengamos la parametrización, también se pueden realizar automáticamente algunas de las siguientes acciones:

- **Verificación de disponibilidad**. Consiste en calcular si tendremos la cantidad necesaria de cada componente en la fecha en la que debe comenzar la operación donde sean necesarios (en la hoja de ruta asociamos en qué operación de la orden se consumirá cada componente de la lista de materiales). Se puede parametrizar qué tipo de acción queremos que se realice en caso de que no haya disponibilidad de algún componente, por ejemplo, impedir que se libere, preguntar al usuario si desea liberar o no, permitir la liberación emitiendo un mensaje de advertencia, etc.

- **Verificación de capacidad**. El sistema evalúa si los puestos de trabajo asignados a cada operación cuentan con la capacidad suficiente para ejecutar las tareas planificadas en las fechas planificadas. En caso de que no haya capacidad disponible, es posible parametrizar que se bloquee la liberación de la orden o, alternativamente, que se permita su liberación emitiendo un mensaje de advertencia.
- **Impresión de documentos**. Podemos parametrizar que se impriman determinados documentos automáticamente, como el informe resumen de la orden de fabricación o su lista de componentes.

> **Configuración de acciones automáticas**
>
> En el campo PERFIL DE CONTROL DE FABRICACIÓN del maestro de materiales podemos configurar qué acciones de las descritas deseamos que se realicen automáticamente y en qué momento se deben ejecutar, al crear la orden o al liberarla.

4.3.1 Liberación manual de una orden de fabricación

En el campo PERFIL DE CONTROL DE FABRICACIÓN también podemos configurar que las órdenes de fabricación de un material en un centro se liberen automáticamente al ser creadas, o que la liberación tenga que realizarse manualmente. En este segundo caso, podemos hacer la liberación orden a orden o bien colectivamente.

Liberación colectiva de órdenes de fabricación

Para realizar una liberación colectiva, empleamos la app TRATAMIENTO EN MASA DE ÓRDENES DE FABRICACIÓN, que ya comentamos en la Sección 4.2.1. La única diferencia es que en lugar de indicar que la función por ejecutar sea la CONVERSIÓN DE ORDEN PREVISIONAL A ORDEN DE FABRICACIÓN, indicamos LIBERACIÓN (Figura 4.31).

El resto de funcionalidades de esta app se realizaría de la misma manera.

Liberación individual de una orden de fabricación

Podemos liberar una orden desde la app MODIFICAR ORDEN DE FABRICACIÓN mediante la opción de menú FUNCIONES • LIBERAR (Figura 4.32).

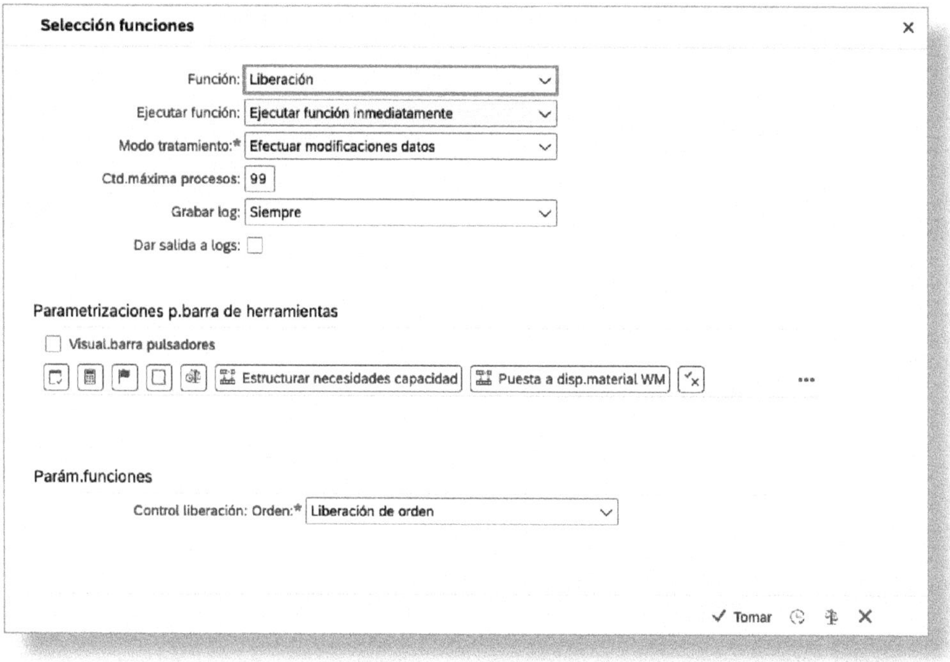

Figura 4.31: Función para la liberación colectiva de órdenes

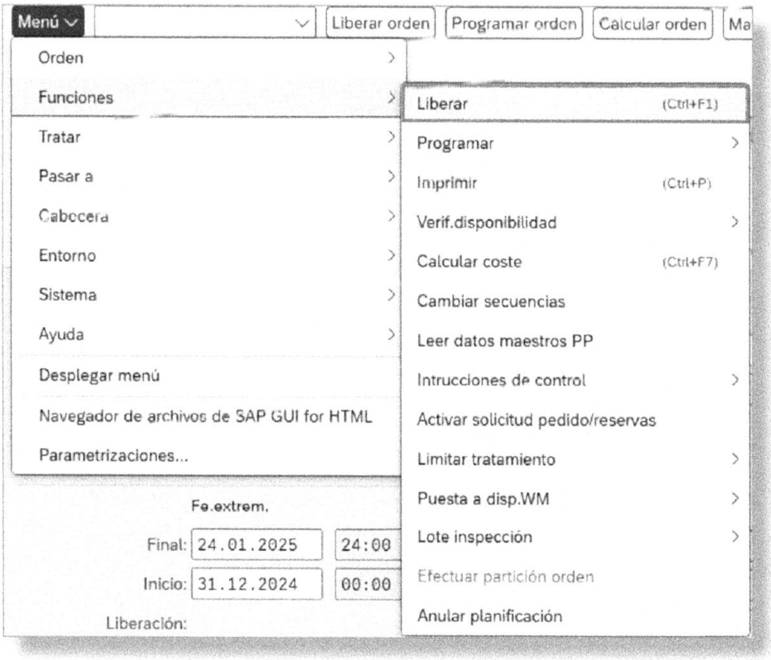

Figura 4.32: Liberar orden de fabricación

La liberación se efectuará al guardar la orden de fabricación.

4.3.2 Cancelar la liberación de una orden de farbicación

Podemos cancelar una orden de fabricación si se cumplen dos condiciones:

1. La orden está ya liberada.
2. Si la orden no se ha confirmado y no se han hecho movimientos de stocks (consumos o recepción de producción).

Si se cumplen estas dos condiciones, la liberación de la orden se puede revertir desde la app MODIFICAR ORDEN DE FABRICACIÓN mediante la opción de menú FUNCIONES • LEER DATOS MAESTROS PP (Figura 4.33).

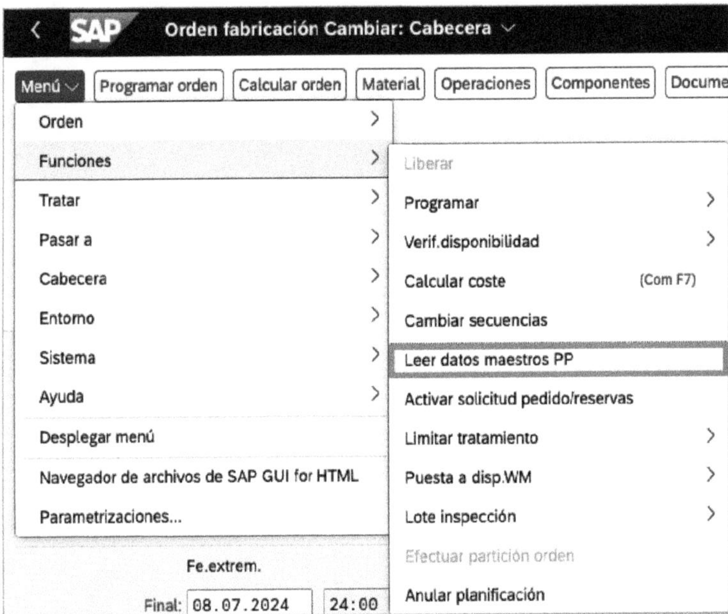

Figura 4.33: Cancelación de la liberación de una orden de fabricación

Esta opción no solo refresca la información de los datos maestros en la orden de fabricación, sino que también cancela la liberación de la orden. Esta cancelación tendrá efecto al guardar la orden, que pasará de estado *LIB.* (liberada) a *CRTD* (creada).

4.3.3 Acciones al liberar una orden de fabricación

Además del cambio de estado de la orden al ser liberada, podemos parametrizar una serie de acciones automáticas que optimizan el proceso de producción. A continuación, se detallan algunas de las más relevantes.

Determinación automática de lotes

Los lotes son una manera de organizar el stock de los materiales. Cada lote tiene un identificador único que agrupa unidades de stock de un material con parámetros similares, como por ejemplo, la fecha de fabricación o de caducidad. La función de determinación de lotes permite al sistema seleccionar automáticamente los lotes de los componentes óptimos que se emplearán en la producción. Para ello, debemos parametrizar una serie de criterios o reglas parametrizadas previamente, que pueden ser por ejemplo aquellos con fecha de caducidad más próxima, con menor vida útil restante, el primero que se recepcionó en el almacén, etc.

Aunque el sistema puede determinar una serie de lotes de componentes por consumir, es posible que en la realidad se empleen otros distintos. En dicho caso, los que realmente se emplearon se especificarán al hacer el consumo de los componentes.

Como comentamos anteriormente, el registro en la orden de fabricación de los lotes de cada componente empleados para producir un lote del material producido es fundamental para conseguir una *trazabilidad* del producto terminado.

☛ Trazabilidad

La trazabilidad de productos es un aspecto esencial sobre todo en determinadas industrias como la alimentaria, farmacéutica o química, ya que permite rastrear con precisión la composición de los productos terminados, en caso de ser necesario realizar un seguimiento detallado de sus componentes. Esto resulta primordial, especialmente en situaciones donde se detecta algún defecto o problema, ya que facilita identificar rápidamente su origen para poder emprender las medidas correctivas que sean necesarias. En ocasiones, la trazabilidad es un requisito en normativas regulatorias para asegurar la calidad y seguridad de los productos.

Tras la determinación de lotes, los lotes asignados automáticamente a los componentes aparecerán en la columna LOTE de la sección de COMPONENTES de la orden de fabricación (Figura 4.34).

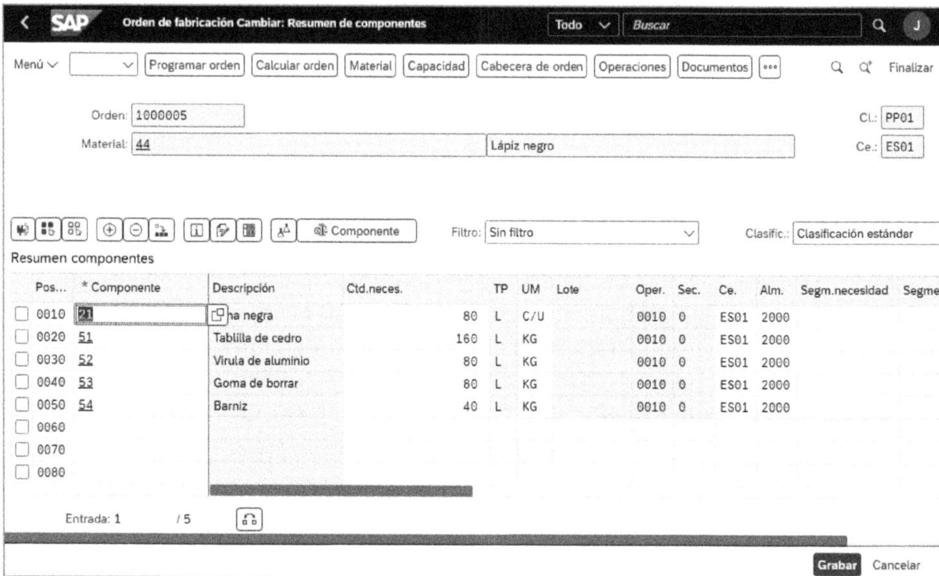

Figura 4.34: Orden de fabricación. Lista de componentes

Creación de lote del material producido

Si el material que producimos se gestiona por lotes podemos parametrizar que, al liberar la orden, el sistema genere y asigne un número de lote al stock que vamos a producir. Este número aparecerá en la pestaña ENTRADA DE MERCANCÍAS en la orden de fabricación (Figura 4.35).

Creación de números de serie del material producido

En ocasiones, un número de lote no es suficiente para identificar individualmente la unidad de material que producimos, por lo que podemos emplear números de serie. Los números de serie son identificadores únicos que distinguen unidades individuales de un material. Al igual que el número de lote, el formato de los números de serie también puede parametrizarse, y son útiles para garantizar la trazabilidad de ciertos productos.

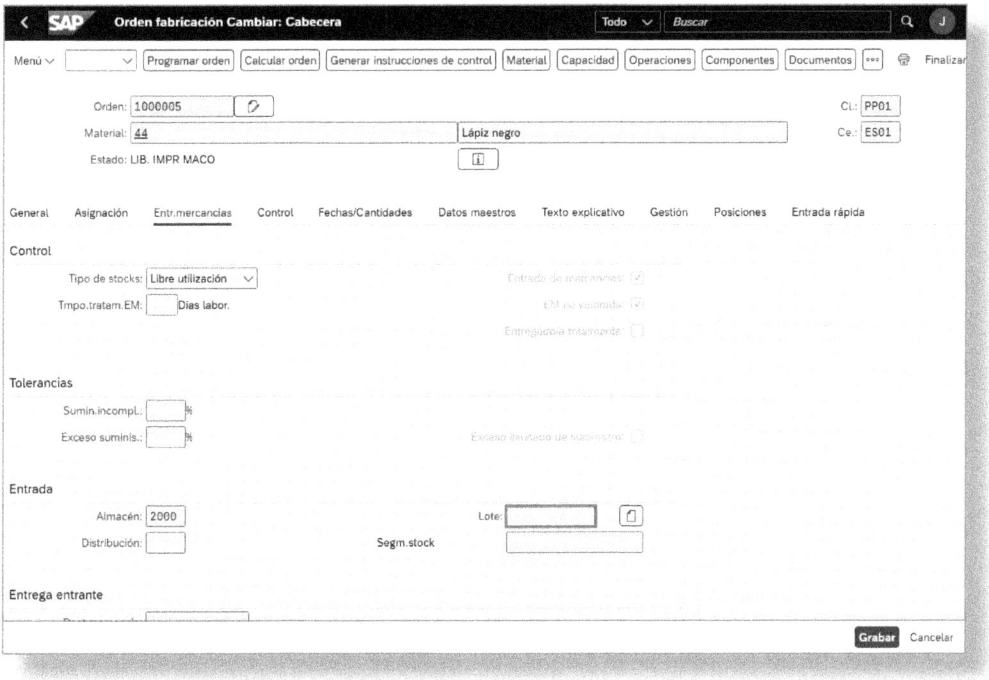

Figura 4.35: Orden de fabricación. Lote producido

Podemos parametrizar que los números de serie se generen al liberar la orden de fabricación o al recepcionar los materiales producidos.

> **Números de serie**
>
> Por ejemplo, si tenemos una orden de fabricación de 1000 unidades y el material es gestionado por números de serie, el sistema generará 1000 números de serie distintos que serán asignados a cada unidad individual producida.

Puesta a disposición de materiales

La puesta a disposición es el proceso mediante el cual se preparan los materiales necesarios (componentes) para una orden de fabricación, de manera que estén disponibles en el momento y lugar indicados. Este proceso está vinculado con la gestión de almacenes.

Al liberar la orden de fabricación, el sistema genera automáticamente las denominadas **solicitudes de picking** para trasladar los componentes necesarios desde su ubicación en el almacén hasta un área denominada **área de suministro de producción**. Con esta información, el personal de almacén puede preparar las cantidades necesarias para la producción por anticipado y almacenarlas en esta área desde donde serán tomadas durante el proceso productivo.

4.4 Notificación de órdenes de producción

Una vez que se ha completado la producción física de una orden de fabricación, ya sea de forma total o parcial, es necesario llevar a cabo el proceso de notificación, también conocido como confirmación de la orden. Este proceso consiste en registrar los datos reales de las operaciones realizadas durante la producción. Gracias a la notificación, es posible realizar un seguimiento detallado del progreso de la producción, mantener actualizados los movimientos de inventario relacionados con la orden y calcular con precisión los costes de producción. Esto último resulta fundamental, ya que al notificar la orden se le asignan los costes reales y podemos analizar las desviaciones respecto a los costes planificados.

Para realizar este proceso, las plantas de producción pueden apoyarse en los sistemas MES comentados anteriormente, que capturan datos de las líneas de producción, como tiempos empleados, cantidades producidas y otros indicadores relevantes. Estos sistemas envían la información directamente a SAP mediante interfaces previamente configuradas, agilizando el flujo de datos y minimizando errores manuales. Si no disponemos de sistemas MES, la notificación se puede realizar manualmente utilizando algunas aplicaciones específicas que veremos a continuación.

☛ ¿Qué órdenes se pueden notificar?

Para notificar una orden de fabricación es necesario que se encuentre liberada (estado *LIB.*).

La notificación de una orden puede realizarse de dos formas principales: confirmando cada operación individualmente o confirmando la orden en su totalidad. En el primer caso, cuando se notifica una operación específica, la orden pasa del estado *LIB.* (liberada) al estado adicional *NOTP* (notificada parcialmente). En el segundo caso, cuando se confirma toda la orden, esta adquiere el estado *NOTI* (notificada completamente), manteniendo también el estado *LIB*.

La notificación de la orden o de alguna de sus operaciones puede conllevar algunos movimientos de stock, como el consumo de componentes o la entrada del material producido, como veremos en el siguiente apartado.

4.4.1 Notificación de operaciones

En SAP, es posible llevar a cabo la notificación de una orden de fabricación de manera detallada, operación por operación, lo que permite registrar los datos reales de cada actividad a medida que se completa. El campo CLAVE DE CONTROL, la cual se asocia a la operación y se copia en la orden desde la hoja de ruta, es el que determina si una operación puede ser confirmada o no. En algunos casos, hay operaciones que no requieren confirmación directa. Esto significa que, al confirmar una operación posterior que sí sea confirmable, el sistema marcará automáticamente como confirmadas aquellas operaciones previas que no sea necesario notificar manualmente.

Es importante tener en cuenta que las operaciones deben confirmarse en el orden establecido en la hoja de ruta. No es posible confirmar una operación si existe alguna previa que requiera confirmación y aún no ha sido notificada.

Para realizar la notificación de operaciones, disponemos de la app CONFIRMAR OPERACIÓN DE ORDEN DE FABRICACIÓN (Figura 4.36).

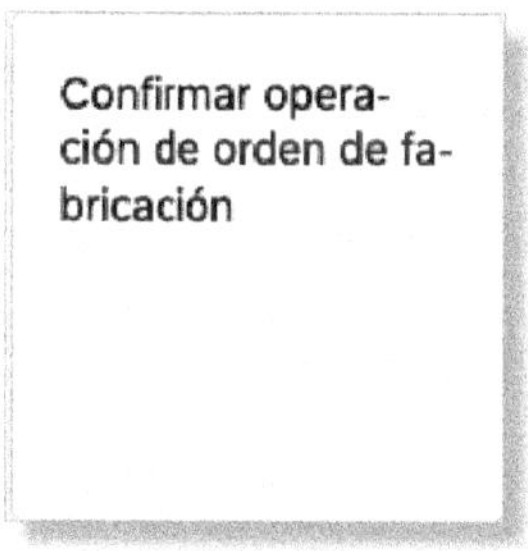

Figura 4.36: App Confirmar operación de orden de fabricación

En la pantalla principal (Figura 4.37) debemos introducir la orden, la operación por notificar y si vamos a realizar una notificación parcial o total de la operación.

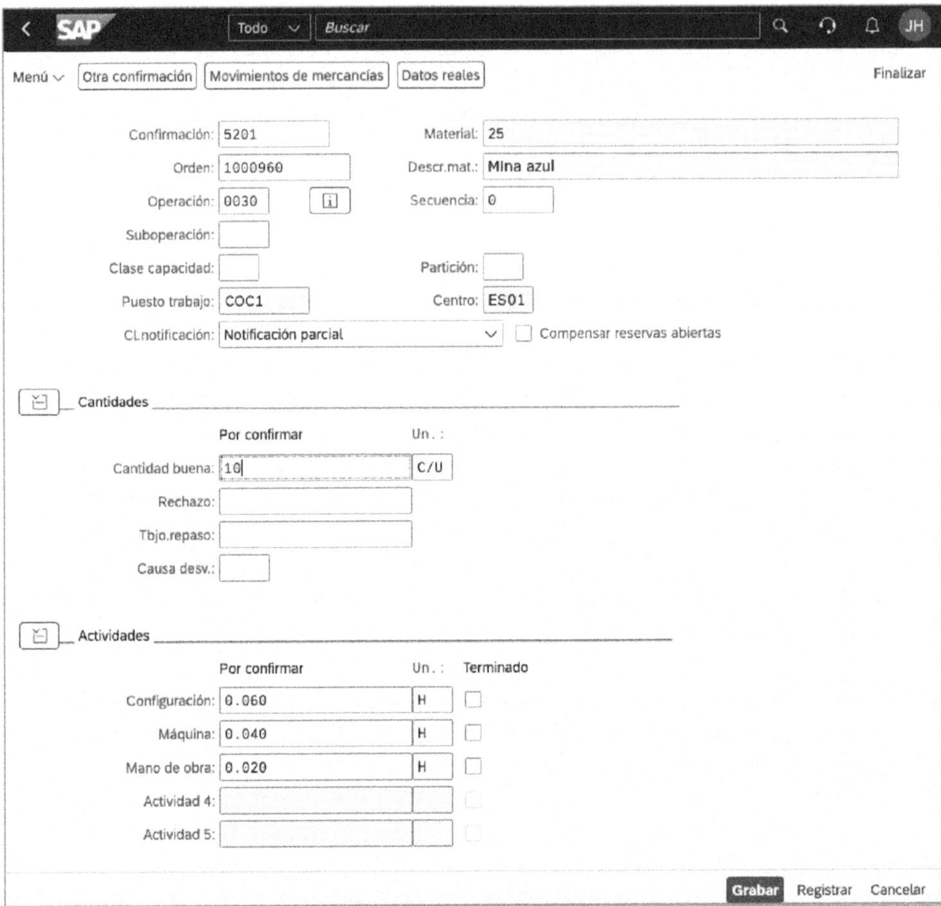

Figura 4.37: Confirmación de orden de fabricación

En la sección CANTIDADES indicamos la cantidad realmente producida y, si la hubiera, la cantidad que ha sido rechazada por algún motivo.

Cantidades por notificar

Si pulsamos el botón Datos reales, se rellenará la sección CANTIDADES con las cantidades teóricas de la orden de fabricación pendiente aún de notificar. Esto nos ahorrará tener que teclear las cantidades si se ha producido exactamente la cantidad planificada.

En la sección ACTIVIDADES introduciremos los tiempos empleados para cada actividad definida en la orden (definidas en la hoja de ruta). Además de estas informaciones, al notificar la operación también podremos introducir qué persona realizó o estuvo encargada de la producción, las fechas y horas reales en las que se estuvo produciendo y algún texto que se quiera adjuntar a la notificación.

4.4.2 Notificación de la orden completa

Si deseamos notificar una orden de fabricación en su conjunto en lugar de por operaciones, empleamos la app CONFIRMAR ORDEN DE FABRICACIÓN (Figura 4.38).

Figura 4.38: App Confirmar orden de fabricación

En la pantalla inicial (Figura 4.39) introducimos el número de la orden que se va a confirmar.

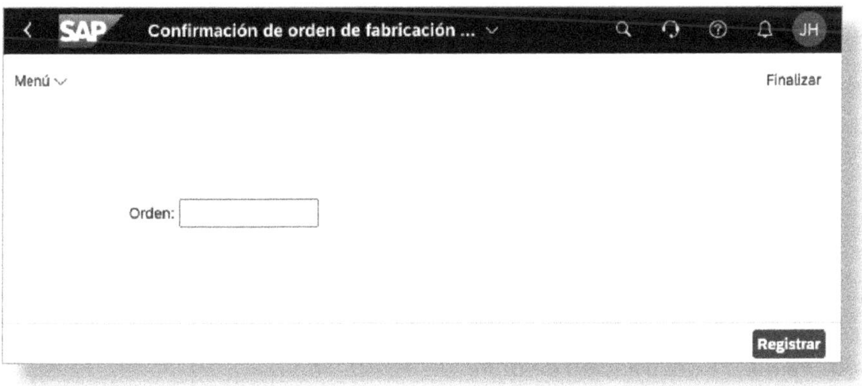

Figura 4.39: Confirmar orden de fabricación. Pantalla inicial

Mediante el botón Registrar pasamos a la pantalla mostrada en la Figura 4.40, donde indicamos los datos de la notificación, entre ellos los siguientes:

- Si la confirmación es parcial o total.
- Las cantidades producidas correctamente o rechazadas.
- La persona encargada de la producción (campo Nº PERSONAL).
- Fechas y horas reales de comienzo y fin de la producción.
- Texto o notas que se quieran registrar con la notificación.

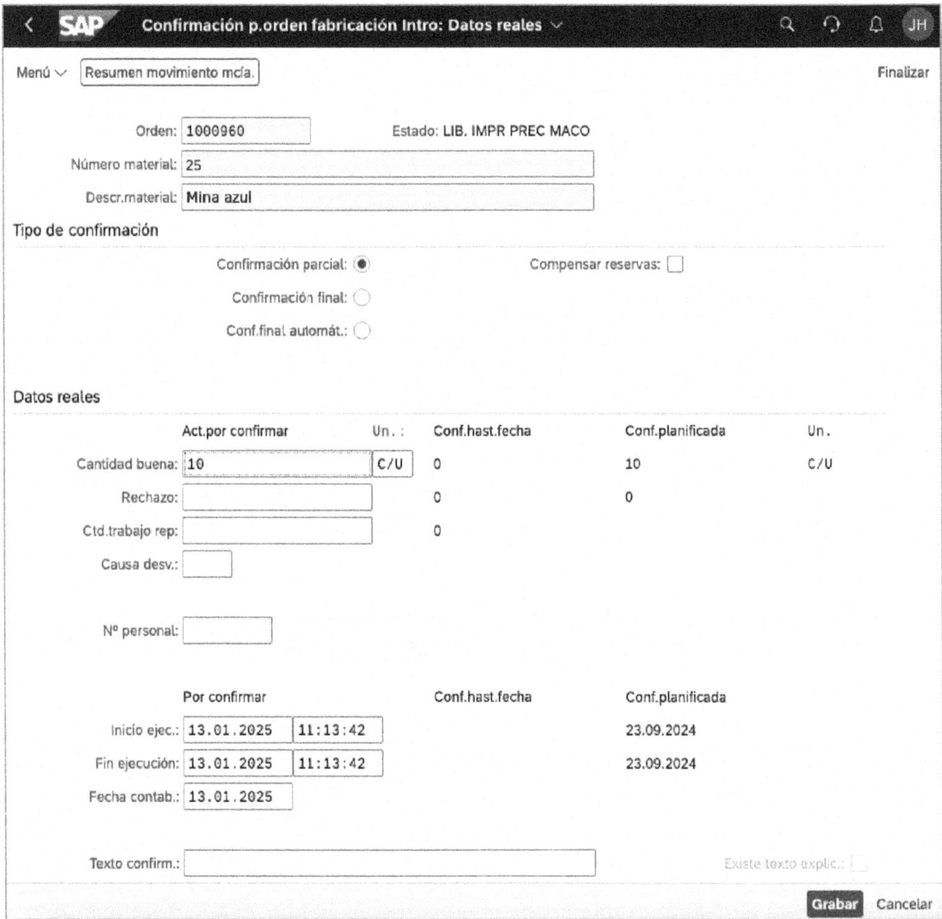

Figura 4.40: Confirmación de orden de fabricación

4.5 Movimientos de mercancías

Tras la notificación de una orden de fabricación hay que registrar los movimientos de stocks que se han producido, tanto el consumo de materiales empleados en la producción (movimiento **261**) como la entrada del producto terminado al inventario (movimiento **101**). Estos movimientos pueden estar parametrizados para realizarse tanto manual como automáticamente, como veremos en los siguientes apartados.

> **Movimientos de stock**
>
> SAP codifica cada tipo de movimiento de stock (entradas, salidas, traspasos, ...) con un número de tres dígitos. Algunos de estos movimientos incrementan el stock y otros lo decrementan.

4.5.1 Consumo de componentes

El consumo de componentes en una orden de fabricación es el proceso mediante el cual los materiales necesarios para la producción de un producto son retirados del inventario del centro. Este procedimiento no solo reduce las existencias físicas, sino que también genera movimientos financieros y contables que impactan directamente en los costes reales asociados a la orden de fabricación. Normalmente el consumo de componentes se realiza al notificar la orden, pero podría realizarse tanto antes como después de la notificación.

La información sobre los componentes consumidos y sus cantidades puede integrarse en SAP desde un sistema externo, como un sistema MES, o registrarse directamente en SAP. En este último caso, el consumo puede gestionarse de dos maneras: manualmente, donde los usuarios registran cada movimiento de material, o automáticamente mediante un proceso conocido como *toma retroactiva*. En todos estos casos, el tipo de movimiento de stock de consumo es el 261, y el 262 para la anulación de algún consumo. A continuación, se describen las opciones que SAP ofrece para llevar a cabo esta operación.

Consumo manual

Si no tenemos configurada la toma retroactiva del material (que veremos en detalle en el siguiente apartado), el consumo de los componentes se hace mediante un proceso manual, empleando la app CONTABILIZAR MOVIMIENTO MERCANCÍAS (Figura 4.41).

Figura 4.41: App Contabilizar movimiento mercancías

En la pantalla principal (Figura 4.42) debemos indicar, en la parte superior, el tipo de movimiento que vamos a realizar, en este caso SALIDA DE MERCANCÍAS, en el campo de la derecha qué tipo de salida realizaremos, en este caso el valor ORDEN significa un consumo para una orden de fabricación, y en el tercer campo de la cabecera indicaremos el número de la orden de fabricación (en este ejemplo, 1000457).

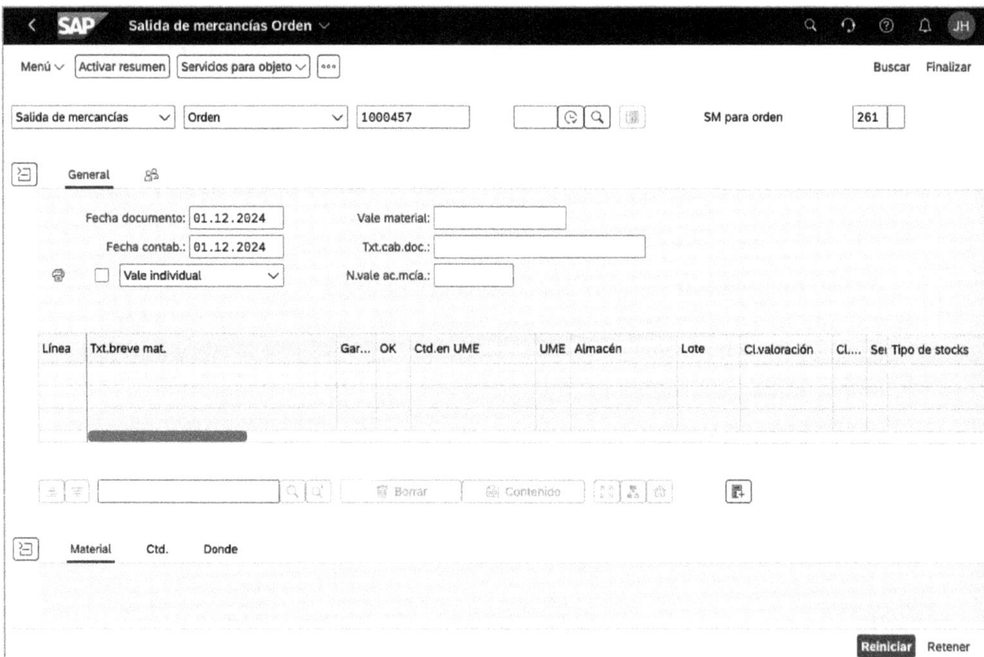

Figura 4.42: Consumo de componentes. Selección de orden de fabricación

Una vez rellenados estos tres campos, pulsando el botón [botón] se completa automáticamente el campo SM PARA ORDEN con el valor del tipo de movimiento de stock que se realizará, en este caso *261*.

Al presionar la tecla **Intro**, aparece automáticamente la lista de componentes de la orden. En la parte inferior podemos modificar los datos que deseemos de cada uno de los componentes (cantidad, almacén, n.º de lote, ...). Una vez que todos los datos estén correctos, marcamos el indicador POSICIÓN OK. Tras revisar todos los datos de los componentes por consumir, y con este indicador marcado, pulsamos el botón Contabilizar para efectuar los movimientos de material.

! Movimientos por contabilizar

Hay que asegurar que los datos de los consumos que vamos a realizar sean correctos. Una manera de comprobar que todo está bien es pulsando el botón VERIFICAR antes de contabilizar. Se hará una comprobación previa de que los consumos puedan realizarse, una especie de simulación de la contabilización, para revisar si hay algo que modificar.

Una vez contabilizados los consumos podemos comprobar que se han realizado correctamente mediante la app VISUALIZAR LISTA DE DOCUMENTOS DE MATERIAL, que describiremos más adelante en la Sección 4.5.3.

Toma retroactiva

La toma retroactiva, también conocida por su denominación en inglés *backflush*, es un procedimiento que permite automatizar el consumo de materiales empleados en la producción, con el objetivo de simplificar la gestión del proceso productivo, eliminando la necesidad de realizar los consumos manualmente.

Si deseamos que un material se consuma automáticamente, se configura en el campo TOMA RETROACTIVA de la pestaña PLANIFICACIÓN DE NECESIDADES 2 del maestro de materiales. Este campo permite dos opciones según el valor que le asignemos:

- En *blanco*. El material no tiene toma retroactiva.
- Valor *1*. El material se consumirá siempre con toma retroactiva.
- Valor *2*. El material se consumirá como toma retroactiva solo si el puesto de trabajo de la operación por notificar tiene activado el indicador TOMA RETROACTIVA en la pestaña DATOS BÁSICOS.

La toma retroactiva funciona de la siguiente forma. En el momento de hacer la confirmación de la producción, e indicar la cantidad que hemos producido, se realizará automáticamente el movimiento de consumo (tipo de movimiento 261) para aquellos materiales configurados con toma retroactiva. La cantidad consumida se calcula a partir de la cantidad producida en la proporción indicada en la lista de materiales.

☛ ¿Cuándo es conveniente emplear la toma retroactiva?

La toma retroactiva es un procedimiento muy útil cuando el consumo de un componente es predecible y hay pocas o nulas variaciones del consumo real respecto al previsto. De esta manera se evita la tarea de realizar el consumo manualmente.

Gestión de movimientos de stock automáticos erróneos

Cuando utilizamos el proceso de toma retroactiva para un material, pueden surgir situaciones en las que el consumo no pueda registrarse correctamente. Esto puede ocurrir por diversas razones, como la falta de stock suficiente para consumir, la ausencia de datos maestros esenciales, por ejemplo, el almacén desde el cual se debe tomar el inventario, entre otros.

En estos casos, el sistema permite avanzar con la notificación de la orden de producción. Sin embargo, los movimientos de consumo que no pudieron completarse quedan marcados como pendientes. Esto asegura que las incidencias puedan ser identificadas y resueltas manualmente, permitiendo que los movimientos pendientes se ejecuten una vez que se hayan subsanado los problemas detectados.

Podemos revisar y contabilizar los movimientos pendientes mediante la app TRATAR POSTERIORMENTE MOVIMIENTOS DE MERCANCÍAS (Figura 4.43).

Figura 4.43: App Tratar posteriormente movimientos de mercancías

En la pantalla inicial (Figura 4.44) podemos filtrar los movimientos que queramos revisar.

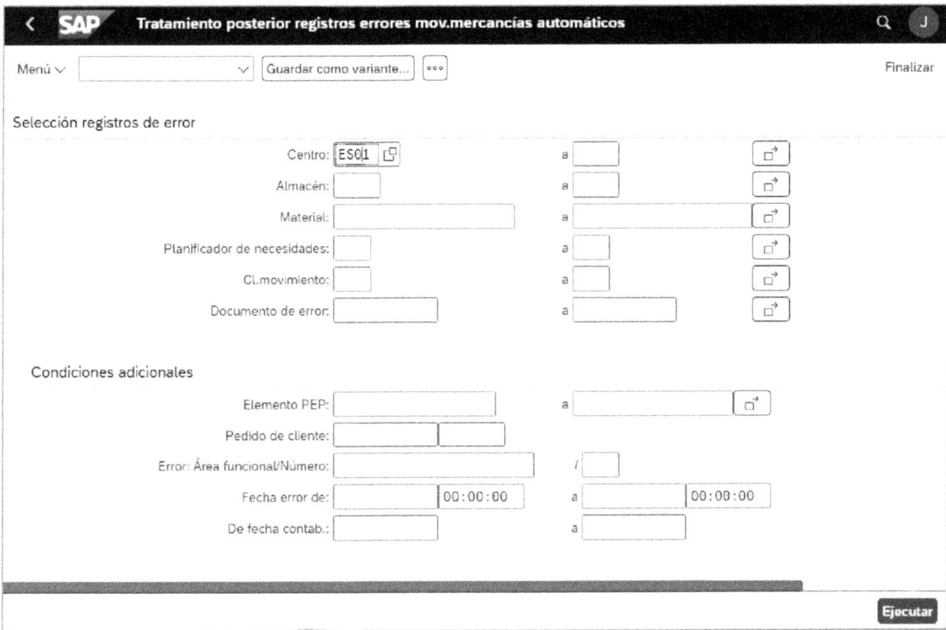

Figura 4.44: Tratar posteriormente movimientos de mercancías. Pantalla de selección

Si pulsamos el botón **Ejecutar** visualizamos la lista de movimientos (Figura 4.45).

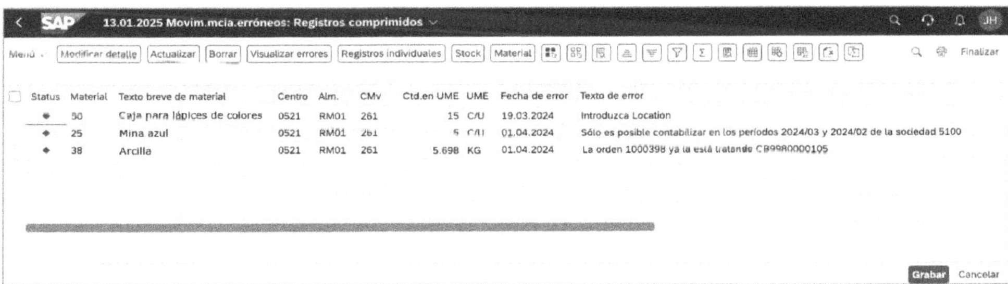

Figura 4.45: Listado de errores en movimientos automáticos

En la lista aparecen materiales que, al tratar de ser consumidos automáticamente, por alguna razón, no se pudo realizar el movimiento de stock. En este ejemplo, el primer error es que en la orden de fabricación no constaba el almacén desde donde se debía consumir la *Caja para lápices de colores*, en el segundo caso, el movimiento se trató de consumir en una fecha que correspondía a un periodo contable no permitido, y en el tercer caso, la orden de fabricación estaba bloqueada por otro usuario (por ejemplo porque estaba realizando alguna modificación en ella).

4.5.2 Recepción del material producido

Como parte de la etapa de ejecución de la producción se debe realizar la tarea de registrar la entrada de materiales terminados o semiterminados en el sistema, una vez que han sido fabricados conforme a una orden de producción.

La recepción de mercancías se realiza mediante el tipo de movimiento *101*. Este movimiento incrementa las existencias del material en el almacén correspondiente y genera automáticamente documentos contables que reflejan los cambios en el inventario. También se pueden realizar algunas acciones colaterales como, por ejemplo, la generación de un lote en caso de que el material producido sea gestionado por lotes, o la derivación de lotes, en caso de que así esté parametrizado.

Derivación de lotes

Cuando un material se gestiona por lotes, es posible definir en el lote una serie de características personalizadas en la que podemos registrar información relativa al lote. La derivación de lotes es una funcionalidad que permite transferir determinados valores de características de los lotes de componentes consumidos durante el proceso de fabricación al lote del material producido, esto es, se rellena automáticamente el valor de las características con el valor que tengan en los lotes de los componentes. Para ello, se aplican determinadas reglas previamente parametrizadas para copiar las características seleccionadas al lote del producto final. Podríamos decir qué características del lote producido heredan el valor de características del lote del componente.

El stock generado entra generalmente como stock de **libre utilización**, aunque según la configuración de calidad del material, la recepción se puede realizar en un stock especial denominado **inspección de calidad** hasta que sea inspeccionado y aprobado. La cantidad producida puede consultarse en la orden de fabricación en el campo ENTREGADO (Figura 4.46).

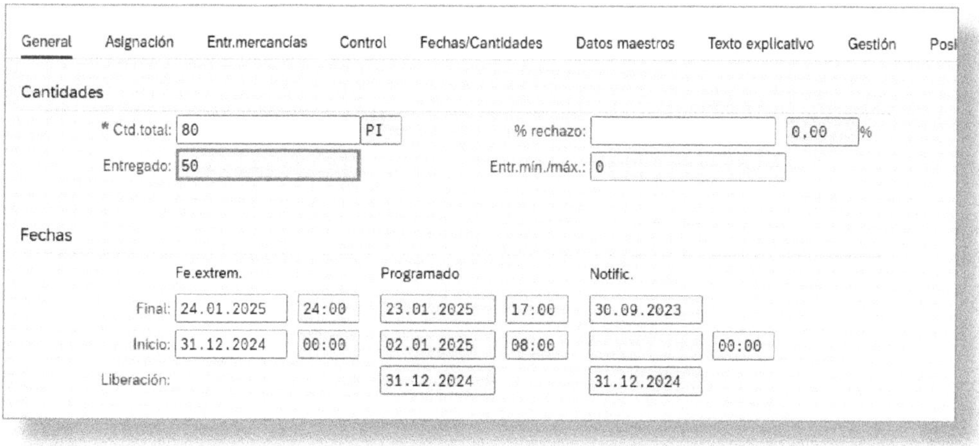

Figura 4.46: Cantidad producida de una orden de fabricación

La recepción de mercancías de producción se puede realizar tanto manual como automáticamente.

Recepción manual

Realizamos la entrada de mercancías producidas con la misma app CONTABILIZAR MOVIMIENTO MERCANCÍAS, la misma que vimos anteriormente para realizar el consumo de componentes. En este caso, en la cabecera seleccionaremos ENTRADA DE MERCANCÍAS en el primer campo, la opción ORDEN en el segundo campo, y el número de la orden de fabricación por recepcionar en el tercero (Figura 4.47).

Tras ejecutar, se nos muestran los datos del material por recepcionar contenidos en la orden de fabricación, como la cantidad, el centro, el almacén, etc. En la sección inferior podemos revisar o modificar estos datos.

Una vez que tenemos todos los datos completados, pulsamos el indicador ☐ Posición OK. Podemos comprobar que la recepción se realizará correctamente mediante el botón Verificar, que nos alertará de los posibles mensajes o errores que se producirán. Esta comprobación no realiza ningún tipo de movimiento de stock, solo una simulación del proceso para detectar posibles errores.

Una vez que todo esté correcto, pulsando el botón Contabilizar, se efectuará el movimiento de entrada de stocks producidos.

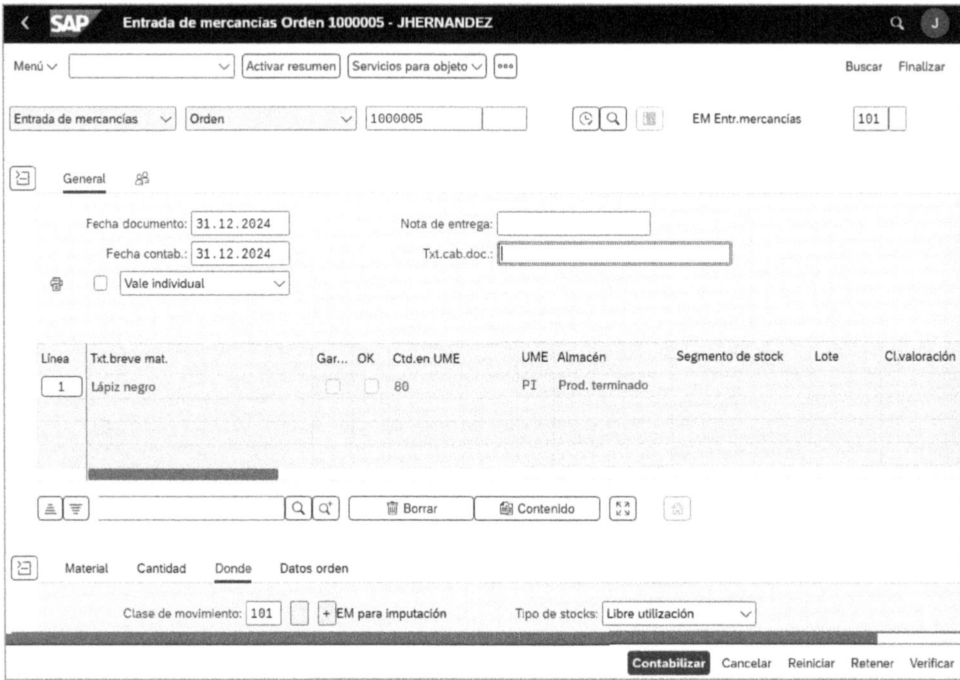

Figura 4.47: Entrada de mercancías de producción

Recepción automática

La recepción de producción de un material también puede realizarse de forma automática cuando se notifica la orden de fabricación. Este proceso simplifica la gestión, ya que evita la necesidad de registrar manualmente la entrada de mercancías, y puede configurarse utilizando dos métodos principales.

El primer método consiste en asignar un valor específico en el campo PERFIL DE CONTROL DE FABRICACIÓN del maestro de materiales, dentro de la vista PREPARACIÓN DE TRABAJO. Este perfil debe estar parametrizado para habilitar la recepción automática de producción. El segundo método implica asignar una CLAVE DE CONTROL en la hoja de ruta del material producido. Esta clave debe estar parametrizada para realizar automáticamente la recepción de producción al momento de notificar la orden.

En ambos casos, al notificar la orden de fabricación, el sistema ejecutará automáticamente el tipo de movimiento *101* correspondiente a la cantidad teórica que se va a producir indicada en la orden. Sin embargo, si por algún motivo este movimiento automático no puede completarse, quedará pendiente, tal como sucede con los consumos automáticos fallidos. Esto puede ocurrir, por ejemplo, debido a problemas con los datos maestros o restricciones en el sistema.

Para gestionar estos movimientos pendientes, es posible utilizar la app Tratar Posteriormente Movimientos de Mercancías, que permite revisar y contabilizar las recepciones pendientes una vez que se hayan solucionado los problemas que impidieron su ejecución inicial. Esta app es la misma que empleamos para revisar los consumos automáticos que no pudieron realizarse, como vimos anteriormente.

4.5.3 Visualización de movimientos de stock de una orden de fabricación

Podemos visualizar los movimientos de stock que realizamos en el proceso de producción mediante la app Visualizar lista de documentos de material (Figura 4.48).

Figura 4.48: App Visualizar lista de documentos de material

> **☛ Documentos de material**
>
> En SAP se denomina **documento de material** al objeto que se genera automáticamente cada vez que se realiza algún movimiento de stock, y que recoge toda la información relacionada con el mismo.

En la pantalla inicial de esta app seleccionamos los campos por los que queremos filtrar (Figura 4.49).

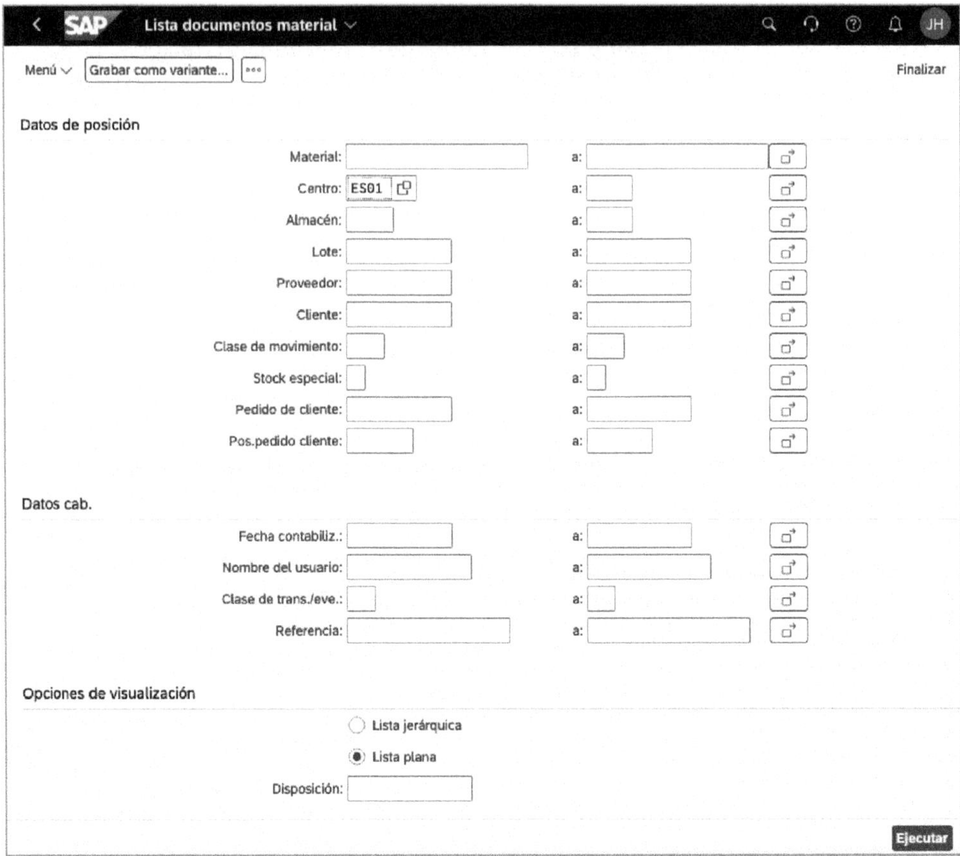

Figura 4.49: Visualizar documentos de material. Pantalla inicial

En la sección OPCIONES DE VISUALIZACIÓN seleccionamos si queremos ver los resultados de manera *jerárquica* o como *lista plana*. Si seleccionamos esta última opción, al ejecutar vemos los resultados en forma de tabla (Figura 4.50).

En esta pantalla podemos ordenar, filtrar, totalizar por las columnas que deseemos, y también es posible personalizar qué columnas deben aparecer y en qué orden. Algunos campos interesantes son los siguientes:

- NÚMERO DE DOCUMENTO DE MATERIAL. Número del documento de material generado por SAP cada vez que se realiza un movimiento de stock. Si hacemos doble clic en este número, podemos consultar todos los detalles del documento de material.

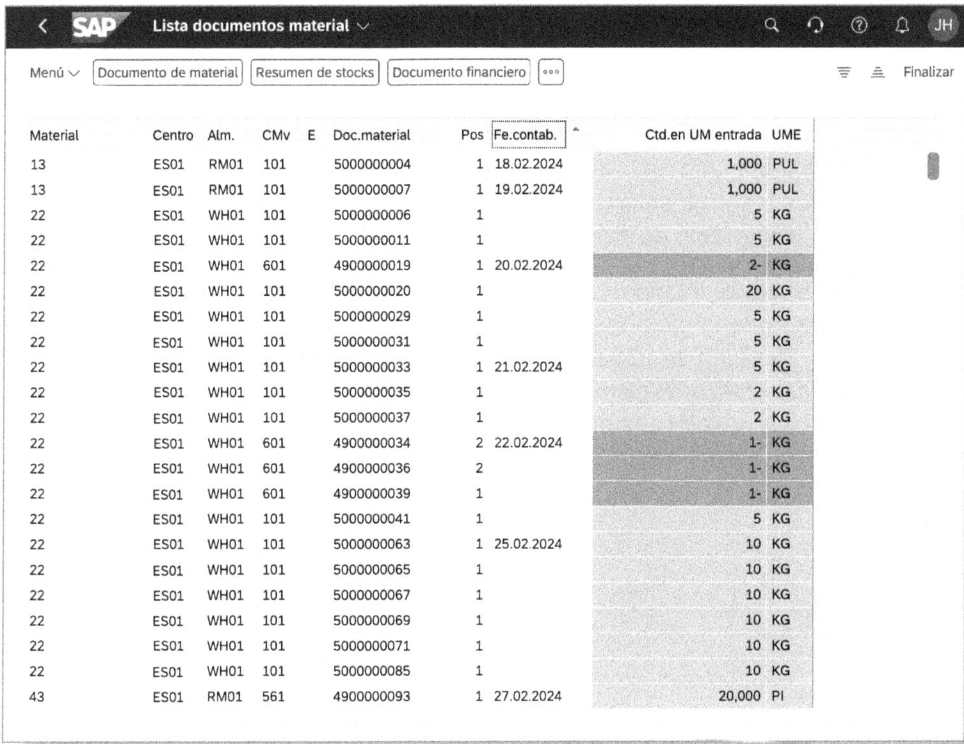

Material	Centro	Alm.	CMv	E	Doc.material	Pos	Fe.contab.	Ctd.en UM entrada	UME
13	ES01	RM01	101		5000000004	1	18.02.2024	1,000	PUL
13	ES01	RM01	101		5000000007	1	19.02.2024	1,000	PUL
22	ES01	WH01	101		5000000006	1		5	KG
22	ES01	WH01	101		5000000011	1		5	KG
22	ES01	WH01	601		4900000019	1	20.02.2024	2-	KG
22	ES01	WH01	101		5000000020	1		20	KG
22	ES01	WH01	101		5000000029	1		5	KG
22	ES01	WH01	101		5000000031	1		5	KG
22	ES01	WH01	101		5000000033	1	21.02.2024	5	KG
22	ES01	WH01	101		5000000035	1		2	KG
22	ES01	WH01	101		5000000037	1		2	KG
22	ES01	WH01	601		4900000034	2	22.02.2024	1-	KG
22	ES01	WH01	601		4900000036	2		1-	KG
22	ES01	WH01	601		4900000039	1		1-	KG
22	ES01	WH01	101		5000000041	1		5	KG
22	ES01	WH01	101		5000000063	1	25.02.2024	10	KG
22	ES01	WH01	101		5000000065	1		10	KG
22	ES01	WH01	101		5000000067	1		10	KG
22	ES01	WH01	101		5000000069	1		10	KG
22	ES01	WH01	101		5000000071	1		10	KG
22	ES01	WH01	101		5000000085	1		10	KG
43	ES01	RM01	561		4900000093	1	27.02.2024	20,000	PI

Figura 4.50: Listado de movimientos de stock

- TIPO DE MOVIMIENTO. Indica qué movimiento se realizó con el material.
- MATERIAL.
- CANTIDAD del movimiento.
- FECHA DE CONTABILIZACIÓN. Indica cuándo se realizó el movimiento realmente. Puede que esta fecha sea anterior a la fecha en la que estemos realizando la entrada en el sistema.

4.6 Cierre de órdenes de producción

El ciclo de vida de una orden de fabricación culmina con su cierre, momento en el que se indica que el proceso productivo ha concluido por completo. Posteriormente, y tras un periodo de tiempo establecido, las órdenes pueden archivarse, lo que implica su eliminación de la base de datos activa del sistema. Vamos a ver a continuación algunos detalles de estos procesos.

4.6.1 Cierre de la orden

Existen dos tipos de cierre de las órdenes de fabricación, el **cierre técnico** y el **cierre final**. La principal diferencia es que mientras que el cierre técnico permite finalizar la orden desde el punto de vista logístico manteniendo cierta flexibilidad para realizar ajustes administrativos y contables, el cierre final significa la terminación completa del ciclo de vida de la orden, sin que se permita ningún tipo de modificación.

Al realizar el cierre técnico, la orden pasa a estado *CTEC*. Se eliminan las reservas de material abiertas asociadas a la orden y sus necesidades de capacidad. También se impedirán los movimientos de stock asociados a la orden. Para realizar el cierre técnico entramos a la app MODIFICAR ORDEN DE PRODUCCIÓN, y seleccionamos la opción de menú FUNCIONES • LIMITAR TRATAMIENTO • CIERRE TÉCNICO (Figura 4.51).

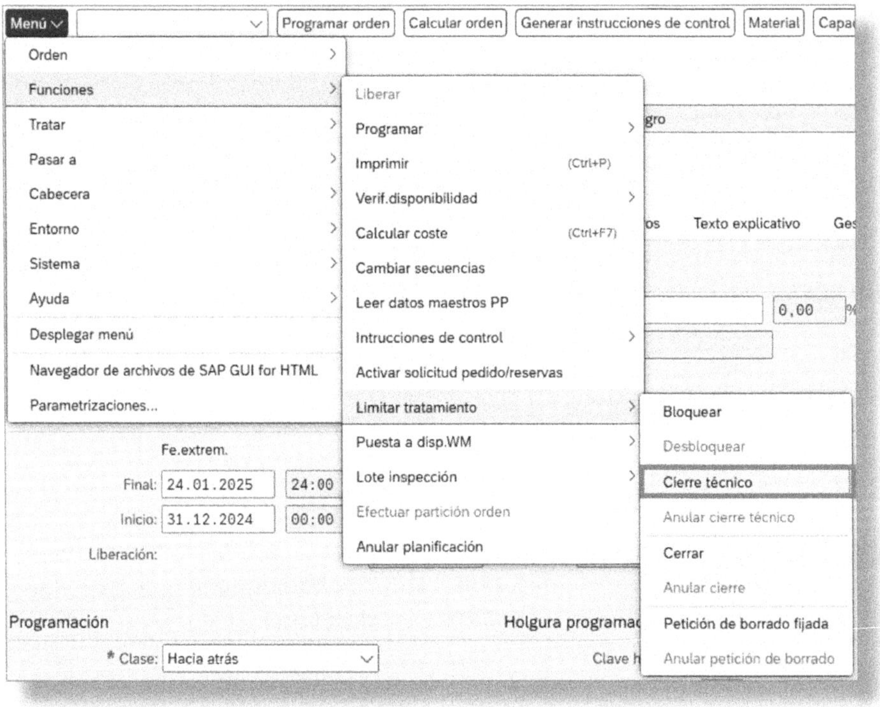

Figura 4.51: Orden de fabricación. Cierre técnico

El cierre técnico es reversible en caso de que necesitemos hacer alguna acción más con la orden. Para ello ejecutamos la opción de menú FUNCIONES • LIMITAR TRATAMIENTO • ANULAR CIERRE TÉCNICO (Figura 4.52).

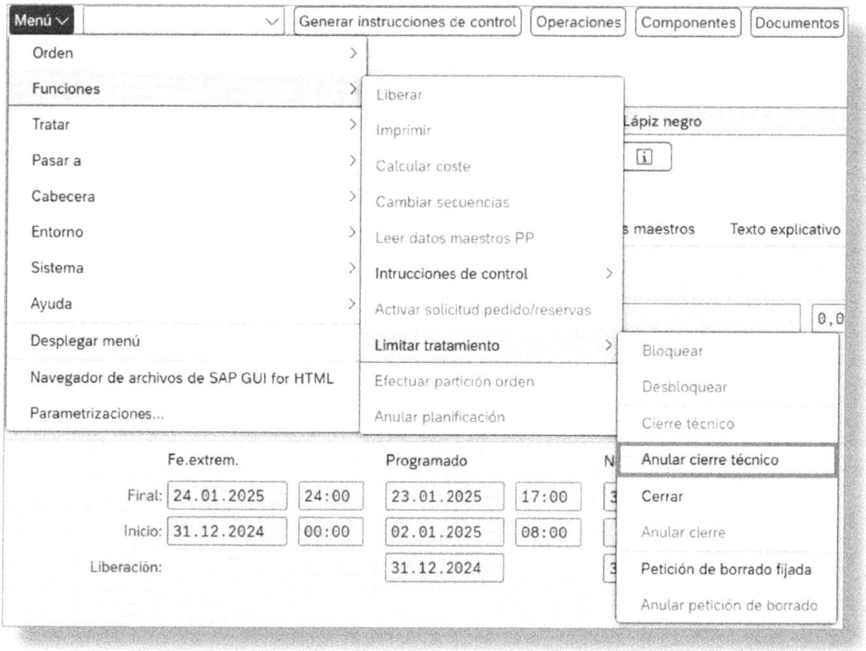

Figura 4.52: Orden de fabricación. Anular cierre técnico.

En este caso, el estado *CTEC* se revertirá al estado anterior que tuviera la orden, quedando abierta para que podamos realizar modificaciones y operaciones con ella de nuevo.

Cuando tenemos cerrada técnicamente la orden, podemos hacer el cierre final mediante la acción de menú FUNCIONES • LIMITAR TRATAMIENTO • CERRAR (Figura 4.53).

La orden pasará de estado *CTEC* a *CERR*, y ya no podremos realizar ninguna operación con ella.

! Cierre de la orden

Antes de realizar el cierre de la orden debemos asegurarnos de que todos los costes asociados estén contabilizados y liquidados, pues este tipo de cierre, a diferencia del cierre técnico, es irreversible.

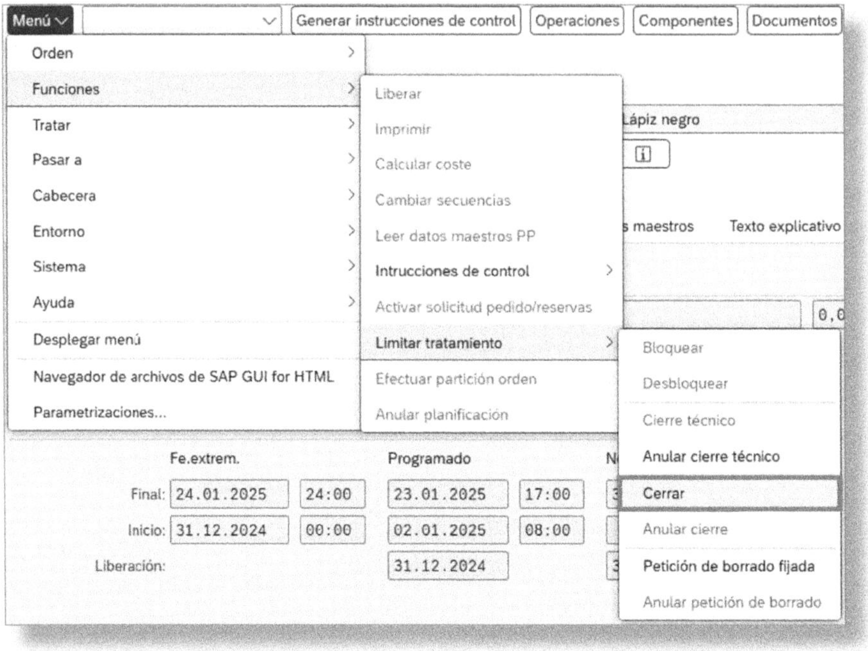

Figura 4.53: Orden de fabricación. Cierre

4.6.2 Archivado de la orden

El proceso de archivado de las órdenes de fabricación permite eliminarlas permanentemente del sistema de trabajo para optimizar el uso de la base de datos. Esta operación normalmente se realiza transcurridos unos años de la terminación de la orden. Las órdenes se transfieren a un sistema de archivos externo a la base de datos de SAP, para su posible consulta posterior.

El archivado de órdenes se puede realizar únicamente si la orden tiene estados *CTEC* o *CERR*, e implica los siguientes tres pasos:

1. **Marcado para borrado**. A las órdenes que queramos archivar, una vez liquidadas completamente y sin reservas pendientes, se les asigna el indicador de borrado.

2. **Borrado de las órdenes marcadas**. Confirmamos que las órdenes se borran del sistema.

3. **Realizar el archivado**. Para ello se emplea un programa especial que elimina las órdenes de la base de datos.

El archivado de órdenes no suele ser una tarea que puedan realizar las personas que usan el sistema, sino que está destinada a personal especializado del departamento de sistemas de información.

Conclusiones

En este trabajo hemos proporcionado un exhaustivo recorrido por las principales funcionalidades del módulo PP de SAP, ofreciendo una visión estructural completa que abarca tanto los componentes fundamentales del sistema como los datos maestros que sustentan los diversos procesos productivos. Si bien la vasta extensión del módulo impide un análisis minucioso de todas sus capacidades, nos hemos focalizado en aquellos procesos y herramientas que constituyen el núcleo de las operaciones principales que realizan en su día a día las personas encargadas de la planificación, el control y la ejecución de los procesos productivos.

Hemos visto cómo la correcta implementación de este módulo permite optimizar recursos y facilitar la toma de decisiones. Uno de sus aspectos más valiosos es su flexibilidad para adaptarse a distintos entornos y modelos productivos. Ya sea en entornos de fabricación discreta, de industria de procesos o de producción repetitiva, el módulo PP ofrece procesos sólidos y opciones de personalización que permiten adaptar su funcionamiento a las necesidades específicas de cada industria.

No obstante, esta versatilidad conlleva una exigencia fundamental: la necesidad de un entendimiento profundo sobre los datos maestros y sus interdependencias. Como hemos ido enfatizando, incluso pequeñas imprecisiones en la definición de los datos maestros pueden generar ineficiencias operativas significativas. Por ello, la fase de configuración de datos maestros que vimos en detalle en el capítulo segundo es trascendental, pues constituye los cimientos sobre los que se construye todo el sistema.

Otro punto clave es la capacidad de SAP PP para integrarse con otros módulos, creando un ecosistema unificado. Por ejemplo, la conexión con MM (gestión de materiales) asegura que las órdenes de producción dispongan de las materias primas necesarias; el vínculo con SD (ventas) permite alinear la producción con la demanda de los clientes; la integración con CO (controlling) proporciona visibilidad sobre costos y rentabilidad, o la integración con QM (gestión de calidad) garantiza que los productos fabricados cumplan las normas de calidad exigidas. Esta sinergia entre los distintos módulos que comprende SAP elimina silos de información y facilita una toma de decisiones basada en datos únicos y consolidados.

En conclusión, este trabajo trasciende su carácter introductorio al ofrecer una perspectiva holística: desde los detalles técnicos hasta el impacto de los procesos en la correcta y eficiente gestión de la producción. Más que un punto final, esperamos que estas páginas representen el comienzo de un viaje de descubrimiento hacia el máximo aprovechamiento de las capacidades del módulo PP. Invitamos a los lectores a utilizar este conocimiento como plataforma para explorar las posibilidades avanzadas que ofrece este completo módulo.

A Sobre el autor

José Miguel Hernández Jaramillo es un ingeniero informático con casi 30 años de experiencia en consultoría, especializado en la implementación y la optimización de soluciones SAP. A lo largo de su trayectoria profesional, ha participado en numerosos proyectos internacionales, liderando la implantación de diversos módulos logísticos como MM (Materials Management), WM (Warehouse Management), QM (Quality Management) y, de manera destacada, PP (Production Planning). Su amplia experiencia abarca una diversidad de industrias, lo que evidencia su capacidad para adaptarse a entornos complejos y diversos.

José Miguel cuenta con cuatro certificaciones de SAP, entre las que resalta la de «SAP S/4HANA Production Planning & Manufacturing», que refuerza su perfil como experto en planificación de producción y gestión de proyectos. Además, posee una sólida formación académica, incluyendo dos doctorados, uno por la Universidad de Sevilla y otro por la Universidad Nacional Autónoma de México (UNAM).

Como consultor SAP altamente cualificado, José Miguel ha liderado con éxito proyectos de implantación de SAP, transformación digital, migraciones a SAP S/4HANA y roll-outs internacionales. Su enfoque metódico, su capacidad para trabajar en entornos multiculturales y su habilidad para integrar módulos SAP con sistemas externos, como MES (*Manufacturing Execution Systems*), lo convierten en un profesional de referencia en el ámbito de la consultoría del módulo PP.

B Índice

M

N

O

P

R

S

T

U

V

C Aviso legal

Esta publicación contiene referencias a productos de SAP SE.

SAP®, ABAP®, ExpenseIt®, Joule, OpenSAP®, SAP ActiveAttention®, SAP® Adaptive Server® Enterprise, SAP® Advantage Database Server®, SAP® AppGyver®, SAP Ariba®, SAP Business ByDesign®, SAP® Business Explorer®, SAP® Bex, SAP® BusinessObjects, SAP® BusinessObjects Explorer®, SAP® BusinessObjects Web Intelligence®, SAP Business One®, SAP Business Workflow®, SAP BW/4HANA®, SAP Concur®, SAP® Crystal Reports®, SAP EarlyWatch®, SAP® Emarsys®, SAP Fieldglass®, SAP Fiori®, SAP Garden®, SAP® Global Trade Services (SAP® GTS®), SAP HANA®, SAP® Jam, SAP Lumira®, SAP MaxAttention®, SAP® MaxDB®, SAP NetWeaver®, SAP® PartnerEdge®, SAP® Sapphire®, SAP® PowerBuilder®, SAP® PowerDesigner®, SAP® R/3®, SAP® Replication Server®, SAP® Roambi®, SAP S/4HANA®, SAP S/4HANA® Cloud, SAP Signavio®, SAP® SQL Anywhere®, SAP Strategic Enterprise Management® (SAP® SEM®), SAP SuccessFactors®, SAP Vora®, Taulia®, The Best Run SAP®, TripIt®, y otros productos y servicios de SAP mencionados aquí, así como sus logos respectivos son marcas o marcas registradas de SAP SE en Alemania y otros países.

SAP SE no es el autor ni el editor de esta publicación y no es responsable de su contenido. El grupo SAP no es responsable de errores u omisiones respecto a los materiales aquí expuestos. Las únicas garantías de productos y servicios del grupo SAP son aquellas enunciadas expresamente en la garantía que acompaña dichos productos y servicios, si la hubiera. Nada de lo incluido en esta publicación puede llegar a constituir una garantía adicional.

Otros libros de Espresso Tutorials

Sebastian Brunner, Martin Munzel, Philipp Reichhardt, Íñigo Montoya:

Primeros pasos en SAP S/4HANA®

- Presentación de los procesos de negocio a través de los diferentes módulos
- Los términos básicos del mundo SAP explicados de manera sencilla y entendible
- Introducción a la nueva interfaz de usuario SAP Fiori
- Material adicional: 4 horas de vídeo en nuestra plataforma online et.training

https://es-tu.de/PRUm

Luis Mariano De García Mérida, Maddie Allens-pach-Kukura:

Primeros pasos en contabilidad financiera con SAP S/4HANA®

- Se exploran las principales áreas de contabilidad financiera en SAP S/4HANA.
- Se analizan las principales aplicaciones de SAP Fiori.
- Se desglosan los conceptos clave de SAP S/4HANA.
- Se muestra cómo personalizar la experiencia del usuario en SAP Fiori.

https://es-tu.de/QSCK

Robin Schneider, Adrian Aldave Aguado:

Guía práctica Interlocutor comercial en SAP® – Funciones e integración en SAP S/4HANA®

- El concepto de SAP Business Partner
- La integración de SAP Business Partner en SAP ERP y SAP S/4HANA
- La sincronización de SAP Business Partner y Customer-Vendor Integration (CVI)
- Descripción general de los ajustes de personalización y el mantenimiento de datos maestros

https://es-tu.de/8Q3WJe

Francisco José Ramírez, Mike Juchem:

Ventas con SAP S/4HANA® – SAP SD Novedades de Customizing

- Concepto de los Interlocutores Comerciales, incluido Customer-Vendor-Integration
- Nueva Gestión de Liquidación de Rappels (Settlement Management)
- Funcionalidades principales de Comprobación de Disponibilidad Ampliada (aATP) en S/4HANA
- Control de Salida con SAP S/4HANA

https://es-tu.de/7VDEj

Aušra Gustainienė, Damian Jordan, Daniel Mateo:

Estrategias y mejores prácticas en despliegues de SAP S/4HANA®

- Guía completa para proyectos de despliegue de SAP S/4HANA
- Cómo elegir el enfoque adecuado para cada organización
- Modelo global
- Directrices para la implementación

https://es-tu.de/hmDGW

Francisco Javier García Somolinos, Matthew Johnson, Jawad Akhtar:

Maestro de materiales de SAP® en SAP S/4HANA® – Guía práctica

- Conceptos básicos del maestro de materiales de SAP
- Cómo la confi guración afecta a otros módulos de SAP
- Técnicas rentables de planifi cación y aprovisionamiento
- Mejores prácticas de gestión de la calidad e inventario

https://es-tu.de/AUBprD

www.ingramcontent.com/pod-product-compliance
Ingram Content Group UK Ltd.
Pitfield, Milton Keynes, MK11 3LW, UK
UKHW021249031026
15588UKWH00001B/355

9 783960 124665